Krähen über
Crécy

Dr. Johann Baier

Krähen über Crécy

Verlag Angelika Hörnig

Krähen über Crécy

von Dr. Johann Baier

Mit Illustrationen von Dr. Johann Baier und Luise Baier

2. Auflage 2010

Lektorat: Friedhelm Lövenich
Titelillustration, Umschlaggestaltung: Annelie Wagner
Layout: Annelie Wagner & Angelika Hörnig
Druck: Fuldaer Verlagsanstalt & Co KG

ISBN: 978-3-938921-14-2

Verlag Angelika Hörnig
Siebenpfeifferstr. 18
D-67071 Ludwigshafen am Rhein

www.bogenschiessen.de

Krähen über
Crécy

C

Danksagung

Ich danke meiner Verlegerin Angelika Hörnig und ihrem Team, dass sie nach meinem ersten Buch „Die Schlacht bei Agincourt“ nun auch dieses über die Schlacht bei Crécy veröffentlicht haben.

Meinen Freunden Mag. Walter Hornik, Andreas Schweiger, Bela Kromer-Fabienke, Sigrid Schreckenthaler und Dieter Senk danke ich dafür, dass sie das Manuskript zu diesem Buch gelesen, korrigiert und kritisiert haben.

Meiner Frau Luise danke ich für ihre Mithilfe bei der Überarbeitung des Manuskripts ebenso wie für ihre Mitarbeit an den Illustrationen.

Die Personen

Englischer Kammerherr	Genuesischer Gonfalionere
Walisischer Centenar	Französischer Mundschenk
Englischer Kapitän	Böhmischer Kreuzfahrer
Englischer Bogenschütze	Französischer Fahnenträger
Englischer Waffenmeister	Französischer Ritter

Inhalt

schottland
irland
england
flandern
brabant
hennegau
luxemburg
bretagne
frankreich
aquitanien
genua
aragon

Battle Pieces

Man schreibt den 26. August im Jahre des Herrn 1346. Es ist ein heißer Sommernachmittag, und am Himmel ballen sich die ersten Wolken eines aufziehenden Gewitters. Ein gewaltiges Heer unter der Führung des französischen Königs Philip VI. bewegt sich von Süden her auf die kleine Ortschaft Crécy en Ponthieu zu. Sein Rivale um den Thron Frankreichs, der englische König Edward III., hat sein Heer auf einem flachen Hang nordöstlich des Städtchens in Stellung gebracht und wartet hier auf seinen Gegner, um sich ihm zur Schlacht zu stellen.

Die vielen tausend französischen Ritter, die als Angehörige der paneuropäischen Kriegerkaste die Hauptlast des Kampfes tragen werden, bieten auf ihren wertvollen Schlachtrössern mit ihren bunten Wappenröcken und Pferdedecken ein prächtiges Bild. Sie sehen sich selbst als die Blüte der Ritterschaft des christlichen Abendlandes. Sie fühlen sich durch die Engländer gedemütigt, die weite Teile des Königreichs Frankreich verwüstet haben, und sind begierig, sich auf die verhassten Feinde zu stürzen.
Fußvolk, auch ihr eigenes – kampfunerfahrene Milizen und genuesische Söldner – betrachten sie als notwendiges Übel, keinesfalls aber als ebenbürtige Kämpfer.

Englands Ritter hingegen haben sich längst vom Idealbild des strahlenden Kämpfers zu Pferd gelöst und erwarten ihre Gegner zu Fuß. Sie haben auch die Vorstellung des Kampfes Mann gegen Mann – Ritter gegen Ritter – als einzige standesgemäße Form der Kriegsführung aufgegeben und neue Taktiken entwickelt. Für sie sind die erfahrenen und vielfach kampferprobten Bogenschützen, die zahlenmäßig den größten Teil des englischen Heeres bilden, unverzichtbare Mitstreiter.

Bei Crécy en Ponthieu prallen also zwei von Grund auf verschiedene militärische Weltanschauungen aufeinander. Die Schlacht bei Crécy ist die erste große Landschlacht in einer Auseinandersetzung, die spätere Generationen den „Hundertjährigen Krieg" nennen werden.

Seit jenem 26. August 1346, an dem sich die Heere Edwards III. und Philips VI. nordöstlich der kleinen Ortschaft Crécy en Ponthieu gegenüber standen, sind mittlerweile mehr als 660 Jahre vergangen. Wenn wir nachvollziehen wollen, was an jenem Sommernachmittag und in den Wochen davor und danach geschehen ist, so stehen wir vor dem Problem, dass es heute naturgemäß niemanden mehr gibt, der uns die damaligen Geschehnisse aus eigener Anschauung berichten könnte.

Wir sind also auf die wenigen Berichte der Teilnehmer der Schlacht und die Erzählungen jener Historiker angewiesen, die sich in den Jahren danach mit den Geschehnissen auf dem Feldzug König Edwards III. in Frankreich in den Jahren 1346 und 1347 beschäftigt haben. Jene „erste" Generation von Historikern konnte noch die Gelegenheit nutzen, um mit den Überlebenden beider Seiten, mit den Siegern, den Verlierern und den Opfern, zu sprechen.

Jean Froissart, der prominenteste und meistgelesene unter den Chronisten des 14. Jahrhunderts, bereiste sein Leben lang die Fürstenhöfe Europas und sprach mit den Zeugen der Ereignisse seiner Zeit, die er in seinen Werken schildert. Wie andere Historiker dieser Epoche, etwa Jean le Bel, Geoffrey le Baker oder Giovanni Villani, konnte er auf Informationen aus erster Hand zurückgreifen.

Dennoch standen schon die Zeitgenossen der Kämpfer von Crécy – bei allem Willen zu einer objektiven Schilderung der Ereignisse – vor demselben Problem, vor dem wir heute auch stehen: Jeder Zeuge sieht nur einen kleinen, auf ihn selbst bezogenen Teil der Ereignisse, an denen er teilhat. Die Art und Weise, wie er die Fakten aufnimmt, wie er sie verarbeitet und wie er sie weitergibt, ist durch vielerlei Umstände beeinflusst. Sie hängt nicht zuletzt davon ab, wo er sich zu welchem Zeitpunkt befunden hat, was er zu jenem Zeitpunkt getan hat, und natürlich auch davon, wie seine Psyche auf die Ereignisse reagiert hat.

Ein einfacher englischer Bogenschütze, der in der ersten Reihe der Division des Prince of Wales Pfeil um Pfeil auf die heranbrandenden französischen Ritter abgeschossen hat, wird die Ereignisse während der Schlacht ganz anders erlebt haben als etwa ein Kammerherr des englischen Königs, der mit diesem von der Windmühle aus, welche sich im Rücken der englischen Formation befand, die Angriffe der feindlichen Kavallerie beobachtet hat. Niemand, selbst der erfahrenste Historiker nicht, kann in jedem einzelnen Moment einer Schlacht das komplexe Zusammenspiel der gleichzeitigen Handlungen von tausenden Männern erfassen.
Jeder Historiker, der sich bei seiner Wiedergabe der Ereignisse während einer Schlacht auf die Berichte anderer Menschen stützt, verarbeitet daher Material, das bereits eine Verarbeitung durch seine Informanten durchgemacht hat. Er selbst schildert die Handlungsabläufe wieder von einer Warte aus, die durch seine persönliche Stellung zu den Geschehnissen bestimmt ist. Außerdem muss er die Lücken in den Berichten, auf welche er sich stützt, manchmal durch Vermutungen schließen, um ein möglichst komplettes Bild der Ereignisse geben zu können.

In seinem Standardwerk „The Face of Battle" nennt der englische Autor John Keegan die Schilderungen der Historiker „Battle Pieces“ – Schlachtengemälde. Je nach seinen persönlichen Fähigkeiten und Vorlieben, gefärbt von seiner Umwelt und den Traditionen in denen er steht, wird ein Historiker seinem „Battle Piece“ mehr oder weniger Farbe geben – und mancher Augenzeuge, der an einem geschilderten Ereignis selbst teilgenommen hat, wird dieses Geschehen vielleicht gar nicht mehr als jenes erkennen, dem er teilhaftig geworden ist.
In diesem Sinne ist auch das vorliegende Buch ein „Battle Piece“: ein Schlachtengemälde, das, gemalt in den verbalen Farben des 21. Jahrhunderts, das Bild einer spätmittelalterlichen Schlacht zeichnen soll.

Dieses Buch unternimmt den Versuch, den Leser durch die Augen von verschiedenen – weitgehend erfundenen – Teilnehmern an den Kampfhandlungen und Ereignissen jenes Feldzuges teilhaben zu lassen. Es ist der Versuch, den Leser nicht nur mit geschichtlich belegten Fakten zu konfrontieren, sondern das Buch soll ihm ein „Gefühl" dafür vermitteln, was es bedeutet haben muss, Teilnehmer, Zeuge oder Opfer dieses Feldzuges gewesen zu sein.

Die geschilderten Personen haben, so wie sie dargestellt sind, vielleicht nie existiert. Menschen, die die dargestellten Funktionen erfüllt haben, hat es natürlich gegeben. Wir wissen etwa, dass der Kammerherr Edward III. seinen König auf dem geschilderten Feldzug ebenso begleitet hat, wie der Mundschenk Philips VI. den seinen.

Wir wissen heute viel über die Herkunft, die Ausrüstung und das Training der englischen Bogenschützen, wir wissen aber nicht, was es für den einzelnen Schützen bedeutet haben muss, seine heimatlichen Waliser Berge zu verlassen und in einer Armee zu dienen, deren Sprache er ebenso wenig verstanden hat, wie die Sprachen und Dialekte der Menschen auf dem europäischen Festland, welche er bekämpft hat.

Keine der Personen, durch die der Leser den Verlauf der Ereignisse miterlebt, befindet sich in einer Position, von der aus sie den Fluss der Ereignisse entscheidend beeinflussen kann. Sie stehen immer nur unmittelbar neben den Entscheidungsträgern oder im Zentrum von Geschehnissen, die sie beobachten.

Für uns Menschen des 21. Jahrhunderts ist kaum vorstellbar, was die Menschen in einer von mittelalterlichen Denkansätzen geprägten Welt gedacht und empfunden haben. Zu weit hat sich unsere Kultur von der damaligen entfernt. Der Versuch, die Ereignisse an jenem 26. August 1346 und während des Feldzuges, dessen Höhepunkt die Schlacht bei Crécy zweifelsohne gewesen ist, durch die Augen erfundener Personen darzustellen, mag gewagt erscheinen. Die geschilderten Fakten sind historisch belegt und das Ergebnis ausgedehnter Recherchen und Studien, wobei vor allem auf die Literaturliste im Anhang dieses Buches zu verweisen ist. Die Handlung, in die diese

Fakten eingebettet sind, soll es dem Leser erleichtern, sich in eine mittelalterliche Welt zu versetzten und so die Kluft von 660 Jahren zwischen dem Spätmittelalter und dem beginnenden 21. Jahrhundert zu überbrücken.

Es ist für uns heute schwer nachzuvollziehen, dass die Gräueltaten, die in diesem Krieg von beiden Seiten verübt worden sind, Mittel einer „normalen" – von König und Kirche sanktionierten – Kriegsführung gewesen sind. Dieses Buch soll dem Leser auch diese Aspekte des mittelalterlichen Kriegsalltages nahe bringen und ihm die Abgründe jenseits der Ritterromantik Hollywoods und die Wahrheit jenseits der Helden in den glänzenden Rüstungen aus den Romanen der Romantik zeigen.

Um dem „Schlachtengemälde" weitere Farbe zu verleihen, werden immer wieder auszugsweise direkte Reden zitiert, die die zeitgenössischen Chronisten den handelnden Personen in den Mund gelegt haben. Sie sind im Text *kursiv* dargestellt und die jeweilige Zahl an ihrem Ende – (x) – weist auf die laufende Nummer der Quelle im Literaturverzeichnis am Ende dieses Buches hin.

Dr. Johann Baier

Illustration: Annelie Wagner

Prolog

Die beiden großen Krähen fliegen hoch über das sommerliche Land. Sie erkennen die Zeichen am Himmel: Schwarze Wolken ballen sich zusammen, künden von Unwetter, Verderben und Tod. Die beiden großen Krähen lassen sich von den Flüchen, Verwünschungen und Gebeten, die sie auf dem Feld unter sich hören, in ihrem Flug nicht beirren. Wesen, die auf den Schultern der alten Götter gesessen sind und die nach den Schicksalsfäden der Nornen gepickt haben, lassen sich von sterblichen Menschen nicht beirren.

Der auffrischende Wind reißt die Worte von den Lippen der Männer, deren Hände Kreuze schlagen, Zeichen gegen den Bösen Blick und anderes Unheil machen und Amulette berühren.

Die beiden großen Krähen, wie alle Angehörigen ihrer Art sensibel für die Wandlungen des Wetters und die Energien, die sie steuern, suchen Schutz in den Bäumen des nahen Waldes. Schon öffnen sich die Schleusen des Himmels, und ein wütender Regenguss geht auf die Menschen nieder, die ihm auf dem offenen Feld schutzlos ausgeliefert sind.

Die beiden großen Krähen sehen, dass sich die Menschen auf dem Feld weder durch die Zeichen am Himmel noch durch das Unwetter von ihrem Tun haben abhalten lassen. Tausende Geschosse steigen mit bösartigem Zischen in den nach dem Regensturm glasklaren Himmel. Ihre scharfen Spitzen, die sie im Flug wie tödliche Schnäbel vorrecken, glänzen in der blendenden Abendsonne. Den beiden großen Krähen erscheinen sie wie Raubvögel, die mit mörderisch scharfen Schnäbeln die Lüfte auf der Suche nach Beute zerschneiden.

Die beiden großen Krähen fliegen hoch über das sommerliche Land. Auch ohne die Zeichen am Himmel und auch ohne auf die Flüche, Verwünschungen und Gebete unter ihnen zu achten, wissen sie, dass der heutige 26. August im Jahre 1346 ein Festtag für sie sein wird.

england 1346

1. Kapitel

England, Frühling 1346

Der König Englands, Edward III. aus dem Haus Plantagenet, verlässt den Saal; seine Berater folgen ihm. Zurück bleibt die spannungsgeladene Atmosphäre, in der die Besprechung stattgefunden hat. Wie eine giftige, dunkle Wolke scheint sie im Raum zu hängen, jeden bedrohend, der über die Schwelle tritt. Der Kammerherr erhebt sich aus seiner Verbeugung. Er spürt die gespannte Atmosphäre wie ein bösartiges Tier in den Ecken des Raumes und hinter den Gobelins lauern. Für ihn ist sie eine alte Bekannte. Er ist schon oft dabei gewesen, wenn sie sich langsam entwickelt hat, gewachsen ist und schließlich wie eine vielarmige Krake alle im Raum erfasst hat.
Er weiß, dass teures Räucherwerk sie zurückdrängen aber nicht endgültig vertreiben kann, solange der Besitz und die Ländereien des englischen Königs in Aquitanien in Gefahr sind. Denn der französische König Philip VI. hat ein Heer unter der Führung seines Sohnes Jean und des Connétable von Frankreich in die aquitanische Grafschaft Agenais entsandt und belagert die befestigte Stadt Aiquillon. Der Earl of Derby hat sie bis jetzt verteidigen können, aber der Druck auf Aquitanien ist groß.

Der Kammerherr kennt die Ursprünge des Krieges, den die Könige Englands und Frankreichs in den letzten neun Jahren führen. Seit Jahrhunderten sind die englischen Könige übermächtige Lehnsnehmer der französischen Krone. Nachdem William der Bastard – als Herzog der Normandie Lehnsmann des französischen Königs – England im Jahr des Herrn 1066 erobert hatte, waren nach und nach auch noch die französischen Lehen Maine, Anjou, Touraine, Poitou und Aquitaine durch Heirat und Erbschaft unter die Herrschaft der Könige Englands gekommen. Die Nachfolger Williams des Eroberers können Anspruch auf den Westen Frankreichs von Ponthieu bis hinunter zu den Pyrenäen erheben.

Das ist für die Könige Frankreichs immer untragbar gewesen.
Im Lauf der Jahre konnten die französischen Könige unter Ausnutzung ihrer Lehnshoheit und mit militärischer Gewalt all diese Gebiete mit Ausnahme Aquitaniens im Südwesten Frankreichs zurückerobern.

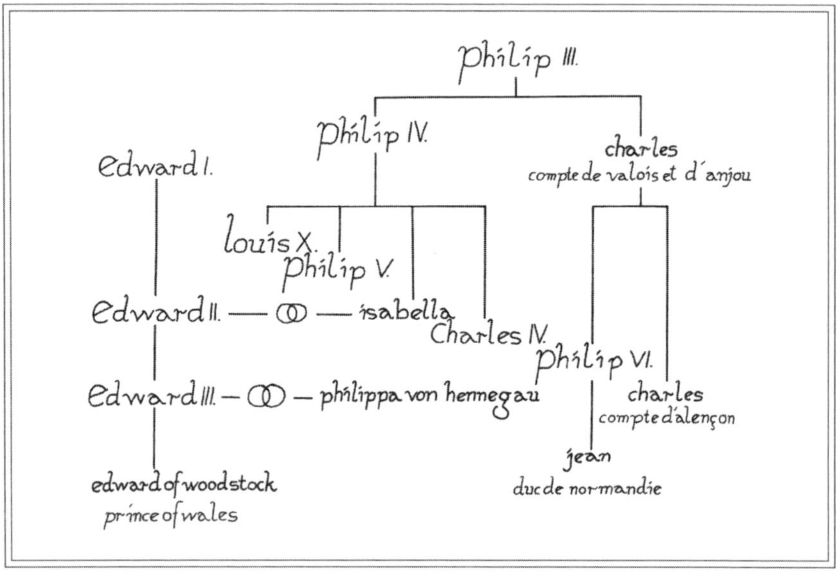

Im Jahr 1314 starb König Philip IV. von Frankreich. Seine drei Söhne: Louis IX., Philip V. und Charles IV., folgten ihm auf den Thron und starben nacheinander. Nachdem Charles IV. ohne männlichen Erben verstorben war, bestieg Philip de Valois, sein Cousin, als Philip VI. mit Unterstützung des französischen Hochadels am 29. Mai 1328 den Thron Frankreichs.

Durch die Anwendung des salischen Rechts, das die Thronfolge von weiblichen Kindern und deren Abkömmlingen verbietet, war Isabella, Tochter Philips IV. und Schwester von Charles IV., damit Cousine Philips VI., als Erbin des französischen Thrones ausgeschlossen. Isabella, die Witwe des in ihrem Auftrag ermordeten englischen Königs Edward II. beanspruchte den Thron Frankreichs für ihren noch jungen Sohn König Edward III.

Als Neffe stand Edward dem verstorbenen König näher als Philip als Cousin. Man beschied ihn jedoch, dass er von der Thronfolge ausgeschlossen sei, da er seinen Anspruch von einer Frau ableite und er darüber hinaus als Lehnsnehmer für die aquitanischen Gebiete nur ein Vasall der französischen Krone sei. Der Kammerherr war schon Mitglied des königlichen Haushalts, als der Prince of Wales, den man nach seinem Geburtsort auch Edward of Windsor nannte, am 1. Februar des Jahres 1330 als Edward III. den Thron Englands bestiegen hatte. Er hat miterlebt, wie die Spannungen zwischen England und Frankreich von Mal zu Mal stärker wurden.

Die Interessen der Herrscher der beiden Reiche prallen immer wieder aufeinander. Im Kampf um die Thronfolge in der Bretagne unterstützt König Edward die Erben Jean de Montforts gegen Charles de Blois, den Neffen Philips VI. Im Streit um die Grafschaft Artois steht er auf der Seite von Robert d'Artois gegen den Grafen von Flandern, der von seinem Onkel Philip VI. unterstützt wird. In Flandern ist er mit den reichen Städten verbündet, die sich gegen ihren ungeliebten französischen Grafen erhoben haben. Hier stehen für England vitale wirtschaftliche Interessen auf dem Spiel, denn die flandrischen Städte sind die Hauptabnehmer für die qualitativ hochwertige englische Schafwolle. Flandern gehört zum Königreich Frankreich, und Philip hat seinen flandrischen Untertanen den Handel mit England untersagt. Das bedroht die englische Landwirtschaft ebenso wie Gewerbe und Handel in Flandern, die von der englischen Wolle abhängig sind. Beide Könige haben Verbündete im Heiligen Römischen Reich gewonnen, und König Philip ist eng mit König David II. von Schottland verbunden, der Englands Nordgrenze bedroht.

Der Kammerherr tritt auf den Gang vor dem Saal hinaus und winkt zwei seiner Sekretäre herein, die schon warten. Unter seinen wachsamen Augen beginnen die beiden jungen Männer die Schriftstücke, die überall im Raum liegen geblieben sind, einzusammeln und zu sortieren. Der Kammerherr fragt sich, ob auch sie die noch immer greifbare Spannung spüren. Er lässt seine Gedanken zurückschweifen und erinnert sich an das Jahr, in dem die ersten schweren Kampfhandlungen ausbrachen.

In jenem Jahr 1337 hatte der französische König Philip VI. das aquitansche Lehen, das immerhin die Provinzen Gascogne, Armagnac, Saintonge und Agenais umfasste, für verfallen erklärt und begonnen, mit seinen Truppen das Gebiet zu besetzen. Nur entschlossener Widerstand und der Umstand, dass der aquitanische Adel hinter der englischen Krone stand, hatten bis jetzt eine Katastrophe für England verhindert. Edward III antwortete mit der Entsendung von Truppen in die Aquitaine und mit Feldzügen in Flandern. Bei diesen war er bisher auf die Hilfe seiner holländischen und deutschen Verbündeten angewiesen, die jedoch nicht immer so zuverlässig und tatendurstig waren, wie König Edward sich dies gewünscht hatte. Der Kammerherr kann sich noch gut an die Temperamentsausbrüche seines Herrn erinnern.

Jetzt plant König Edward einen neuen Feldzug. Diesmal will er nicht auf das Wohlwollen seiner Verbündeten angewiesen sein. Diesmal sollen sie nur für Ablenkung sorgen. Diesmal ist es eine rein englische Armee, die den König begleiten wird.

Der Kammerherr zweifelt ebenso wenig wie irgendjemand sonst in England am Recht des Königs, Krieg zu führen. Krieg ist das Mittel, mit dem der König sein Recht verteidigt. Der König und sein Volk sind eins: Sein Krieg ist auch der ihre. Verteidigt er sein Recht, so verteidigt er auch das Recht seines Volkes. Dies wird in königlichen Proklamationen verlautbart und von den Kanzeln der Kirchen gepredigt. König Edwards Männer, die sich darauf vorbereiten, in Frankreich einzufallen, fühlen sich daher im Recht – ebenso wie die Krieger König Philips, die sie erwarten.

Der König hat den Adel Englands angewiesen, Truppen für den bevorstehenden Feldzug zu sammeln. Die Mächtigen des Königreiches sind der Verpflichtung nachgekommen, aber die Zahl der Männer, die sie für ihre Gefolgschaft aufbringen konnten, ist zu gering. Der König hat daher den Sheriffs und den Rekrutierungskommissionen in den Grafschaften und Städten südlich des Flusses Trent den Befehl erteilt, zusätzliche Truppen auszuheben. Die Kämpfer in den nördlichen Grafschaften sind unabkömmlich, denn sie müssen bereit stehen, falls König David seinem französischen Verbündeten zu Hilfe kommt und schottische Krieger in England einfallen.

Der Kammerherr weiß allerdings, dass dennoch Adelige von der Nordgrenze mit ihren Gefolgschaften den König nach Frankreich begleiten werden. Zu ihnen zählen etwa Thomas Hatfield, der kriegerische Bischof von Durham, und John, der älteste Sohn des Baron de Neville, der einer der mächtigsten Männer des Grenzlandes ist.

Eine Flotte muss bereitgestellt werden: Schiffe müssen gebaut, gekauft, gemietet oder beschlagnahmt und zu Truppentransportern umgebaut werden. Die Häfen müssen überwacht und feindliche Spione in die Irre geführt werden. Zusätzliche Anforderungen müssen an die Grafschaften hinausgehen. Der Kammerherr glaubt nicht, darauf hinweisen zu müssen, dass man besonders auf die Versorgung mit Pfeilen zu achten hat. Jeder Beamte des Königs weiß, dass der Erfolg eines kriegerischen Unternehmens maßgeblich von den Bogenschützen abhängt.

Der Kammerherr ist als Adeliger selbst in der Kriegskunst ausgebildet und erfahren. Er hat seinen König auf dessen Feldzügen begleitet, seit dieser sein Heer im Jahr 1333 nach Schottland geführt hat. Er wird seinen königlichen Herrn auch diesmal begleiten.

Er zieht die Sehne des Bogens bis hinter sein Ohr. Für einen Moment spürt er die gewaltige Kraft, die sich in der Waffe aufgebaut hat. Dann geben seine Finger dem Zug der Sehne nach. Der Pfeil wird von seiner Bogenhand geschnellt und rast fauchend davon. Die Nocke des Pfeils hat kaum die Sehne verlassen, da weiß er schon, dass dieser Pfeil treffen wird – wie die anderen Pfeile vor ihm. Mit einem dumpfen Geräusch schlägt der Pfeil in den weichen Erdhügel, der als Auflage für das Ziel dient, und bleibt in dem Kreis stecken, der von einem zusammengerollten Stück roten Stoffes gebildet wird – wie die anderen Pfeile vor ihm.

Er macht eine übertriebene, nicht ganz ernst gemeinte Verbeugung in Richtung der Grafschaftsbeamten, die hinter dem Tisch im Schatten eines Baumes am Eingang des Dorfes sitzen, und gesellt sich dann grinsend zu den anderen Schützen. Die Männer, die der Sheriff geschickt hat, um Truppen für das Heer des Königs auszuheben, nicken anerkennend.

Einer macht ein Zeichen neben der langen Liste der Namen der Wehrpflichtigen auf dem Pergament, das er vor sich auf dem Holztisch ausgebreitet hat. Die Grafschaftsbeamten haben den Befehl, nur die besten unter den Bogenschützen anzuwerben. Dazu lassen sie die Männer ihr Können an den „Butts", den Zielscheiben, zeigen.

Hier in der Grafschaft Flint werden die Beamten keine Probleme haben, ihr Soll zu erfüllen. Die Männer Flints rühmen sich, die besten Bogenschützen Britanniens – und damit natürlich der ganzen Welt – zu sein. Natürlich behaupten das die Schützen im benachbarten Cheshire ebenso von sich. Der Sold, den die Grafschaftsbeamten bieten, ist dem angemessen. Ein Bogenschütze, der dem König zu Fuß folgt, erhält am Tag drei Pence. Das ist so viel, wie ein guter Handwerker oder ein fleißiger Bauer verdient. Ein Schütze, der so gut gestellt ist, dass er zu Pferd in den Kampf zieht, kann natürlich vielseitiger und flexibler eingesetzt werden als ein Infanterist. Er erhält sechs Pence am Tag, was dem Einkommen eines Handwerksmeisters entspricht – und dann ist da noch die Beute, die winkt.
Der Leiter der Rekrutierungskommission ruft die Männer zum Tisch. Ein Teil von ihnen sind Veteranen, die in Schottland, Flandern, der Bretagne oder in Aquitanien für König Edward III. gekämpft haben. Sie kennen die Prozedur, die sie jetzt erwartet. Die Jungen, die heute das erste Mal in den Dienst des Königs treten, sind neugierig und unruhig. Einige von ihnen haben nicht so gut geschossen, wie es eigentlich von Männern zu erwarten sein sollte, die von Kindesbeinen an mit Pfeil und Bogen trainieren. Sie müssen befürchten, für das Unternehmen, bei dem sie den Thronfolger Englands, Edward of Woodstock, begleiten sollen, nicht tauglich genug zu sein.

Die Grafschaftsbeamten, die alle auch das Walisisch sprechen, das die Sprache der Einwohner dieses Grenzlandes ist, lassen die Männer vor dem Tisch in einer Reihe antreten. Einer nach dem anderen treten die Bogenschützen vor den Tisch, nennen ihren Namen und zeigen den Werbern ihre Waffen und ihre Ausrüstung. Die Beamten, die seit vielen Jahren hier in Flint Männer für die Heere des Königs anwerben, mustern die Bogen und die Pfeile, die Handwaffen und die Rüstungen der Männer mit Kennerblick. Ausrüstung, die nicht den Anforderungen entspricht oder fehlt, wird der Sheriff aus seinen Beständen ersetzen müssen.

Er legt seinen Bogen und die beiden Leinensäcke mit den Pfeilen auf den Tisch und grüßt den Grafschaftsbeamten vor ihm lächelnd. Der Mann ist ein alter Bekannter, der wie er aus der Grafschaft Flint stammt. Er hat schon öfter bei Rekrutierungen mit seinen Waffen vor diesem Beamten gestanden. Er ist ein Veteran der Feldzüge König Edwards III. und hat für ihn in Flandern und zuletzt als Vintainer, als Kommandant von 20 Männern, in der Bretagne gegen die Franzosen gekämpft. Er ist ein gut situierter Mann, der über eigenen Grund und Boden verfügt und über Vieh, um das sich seine Frau und seine Kinder kümmern, wenn er auf einem Feldzug ist. Der Sold des Königs und die paar Beutestücke, die er vom Festland mitgebracht hat, ermöglichen seiner Familie neben den Einkünften aus der Landwirtschaft ein ruhiges, wenn auch arbeitsreiches Leben.

Sein Bogen hat die ideale Länge. Von Sehnennocke zu Sehnennocke ist er so lang wie der Abstand zwischen den Spitzen seiner Mittelfinger bei waagrecht ausgestreckten Armen. Der Bogen hat einen D-förmigen Querschnitt und ist dort, wo er ihn beim Schuss hält, gut zwei Finger dick.
Die Nocken, in denen die gespleißte Leinensehne sitzt und die die Enden seines Bogens schützen, sind aus Horn geschnitzt. Keiner der Bogen, die die Männer vor dem Tisch in den Händen halten, scheint weniger als 80 Pfund Zuggewicht zu haben; manche leisten sogar deutlich mehr.
So wie er haben die meisten der Männer Bogen aus Eibenholz mit seinem fast weißen Splintholz und dem dunklen, rötlichen Kernholz. Es gilt als das beste Holz für Bogen. Als allerbestes Holz gilt importiertes Eibenholz aus dem Süden des Heiligen Römischen Reiches, aus dem Baltikum und vor allem aus Spanien. Am besten eignet sich Holz von Eiben aus den Rändern des Verbreitungsgebietes dieser Bäume. In diesen Gebieten wachsen die Eiben wegen der für sie nicht idealen Bedingungen nicht so schnell, und die Wachstumsringe sind ganz dicht beieinander. Das gibt dem Bogen mehr Schnellkraft und Widerstandsfähigkeit.

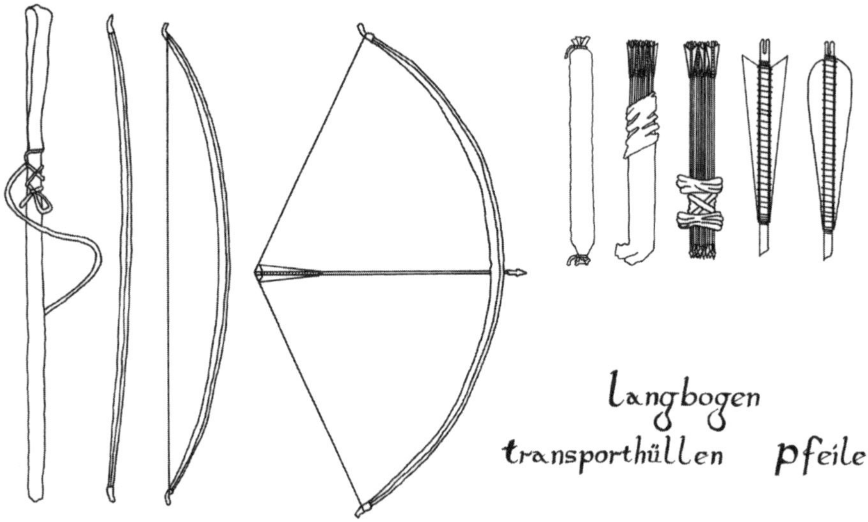

Bogen werden auch aus dem Holz von Ulmen, Eschen, Hasel und Goldregen gefertigt. Aber kein Holz kommt dem der Eibe gleich.
Er öffnet einen der beiden Leinensäcke und zeigt dem Mann vor ihm die zwei Dutzend Pfeile. Der Grafschaftsbeamte wirft nur einen kurzen Blick darauf. Pfeile sind Massenware und werden in riesigen Mengen im ganzen Königreich aus allen möglichen Hölzern produziert. Die Pfeilmacher bevorzugen allerdings das Holz von Espen, Erlen, Eschen und Birken. Für Pfeile, die besonders hart treffen sollen, ist Eschenholz gefragt, aber es ist schwer zu bearbeiten und wird in großen Mengen für die Lanzen der Ritter und für die Schäfte der Stangenwaffen der Infanterie benötigt.

Üblicherweise sind die Pfeile, die für die Truppe gefertigt werden, eine Dreivierteleelle, also 34 Zoll lang und können bis zu einem Zoll dick sein. Zur Stabilisierung des Fluges sind hinten an den Schäften, zirka ein Zoll vor den einfachen, in das Ende der Pfeile eingeschnittenen Nocken, mehrere Zoll lange, dreieckig zugeschnittene Gänsefedern festgeklebt. Sie sind mit einem spiralig um den Schaft gewickelten Leinenfaden zusätzlich gesichert. Alle seine Pfeile haben die selben, zwei Zoll langen, flachen Spitzen mit nur kleinen Widerhaken, die sich als wirksam für die Bekämpfung der meisten Ziele erwiesen haben.

Er streckt dem Beamten seine Arme hin, um ihm zu zeigen, dass er seine Finger vor dem scharfen Zug der Sehne mit Handschuhen schützt. Seine Finger sind wie bei den meisten Bogenschützen vom vielen Schießen so hart, dass er eigentlich keinen Fingerschutz braucht, aber er hat gelernt, dass ihm die Handschuhe zusätzlichen Schutz geben, wenn es zum Nahkampf kommt. Manche Schützen bevorzugen Handschuhe, die nur zwei oder drei Finger ihrer Zughand schützen. Andere begnügen sich mit einem einfachen Stück Leder, in das ein Loch geschnitten ist, durch das sie den Mittelfinger stecken können, um es in der Hand zu fixieren. An den linken Unterarm hat er mit einem einzelnen Riemen einen Armschutz geschnallt, der seinen Arm und seine Kleidung vor dem Schlag der Sehne schützt. Denn da er beim Schießen seinen Bogenarm voll durchstreckt, um jeden Millimeter Auszugsweite nutzen zu können, schlägt die Sehne aufgrund der Konstruktion des Bogens immer wieder hart gegen seinen Unterarm.

Das Schwert, das er dem Werber zeigt, hat im Vorjahr noch dem Gefolgsmann eines bretonischen Ritters gehört. Hinter der ledernen Gürteltasche trägt er einen langen, zweischneidigen Dolch in einer schmucklosen Lederscheide. Der ist leichter zu führen als das Schwert, wenn das Gewühl des Nahkampfes so dicht wird, dass kaum noch eine Bewegung möglich ist.

Zuletzt legt er auch noch sein Wams und den Helm auf den Tisch. Er hat die Sachen eingerollt unter dem Arm getragen. Das Wetter ist jetzt schon viel zu warm, um das warme Zeug über der Alltagskleidung zu tragen, wenn es nicht notwendig ist. Der Helm ist eine einfache Beckenhaube ohne Visier, die über seinem Schädel konisch zusammenläuft. Auch sie hat dem Bretonen gehört. Wie alle Bogenschützen bevorzugt er Helmtypen, die die Sicht nicht behindern.
Sein Wams ist von der Art, die die Engländer „Jack“, die Franzosen und andere Ausländer aber „Gambeson“ oder „Aketon“ nennen. Die Jacke, die auf seine halben Schenkel hinabreicht, besteht aus einem guten Dutzend Lagen von sehr festem Leinengewebe und ist längs abgesteppt, damit sie ihre Form behält. Oft stopft man zwischen die Stofflagen Wolle oder Filz, fest gedrehten Hanf oder auch nur Heu.

Sie behindert ihn nicht, wenn er sich bewegt und ist einigermaßen billig; billiger jedenfalls als die teuren und schweren Kettenhemden, die sich kaum ein Bogenschütze leisten kann.
Der Grafschaftsbeamte schreibt seinen Namen als ersten auf ein neues Stück Pergament und schreibt daneben „Yeoman“. Damit stellt er fest, dass der Mann vor ihm ein Freisasse ist, frei auf eigenem Grund und Boden und kein untertäniger Knecht. Die Yeomen stellen die große Masse der Infanterie, vor allem aber der Bogenschützen. Sie sind es, die den Kern und die Elite des englischen Fußvolkes bilden. Sie gelten als die besten und die verlässlichsten Soldaten.
Die Bogenschützen kommen für gewöhnlich aus den ländlichen Gebieten, seltener aus den Städten. Sie sind harte Arbeit, Entbehrungen und das Leben in der freien Natur gewohnt. Es sind muskulöse Männer, deren Arme und Schultern durch das jahrelange Training mit immer stärker werdenden Bogen kräftig geworden sind und deren Schultergelenke sich den gewaltigen Belastungen durch Überentwicklung angepasst haben.
Schon der Großvater des jetzigen Königs, Edward I., hat seinen Untertanen per Verordnung das Schießen mit Pfeil und Bogen befohlen. Sein Sohn Edward II. hat gar das Fußballspielen und andere „unnötige“ Spiele zugunsten des Bogenschießens verboten. Der regierende König Edward III. hat den männlichen Einwohnern seines Königreiches Arbeit an den Wochentagen und Kirchenbesuch und Bogenschießen am Sonntag verordnet.
Der Beamte dreht das Pergament um und reicht ihm die Schreibfeder, nachdem er sie nochmals in den Tintenkessel getaucht und die überflüssige Tinte abgestreift hat. Er nimmt die Feder und kritzelt mit beträchtlicher Anstrengung die Buchstaben, die seinen Namen bilden, dort auf das Pergament, wohin der Finger des Mannes hinter dem Tisch zeigt. Er ist jetzt Teil des Heeres des Königs.

Die Dorfschenke ist zum Bersten voll. Die Luft ist zum Schneiden dick. Es riecht nach Männerschweiß, verbranntem Essen, verschüttetem Ale und noch ein paar Dingen, die der Centenar, der Befehlshaber der hier ausgehobenen Hundertschaft, gar nicht wissen will. Die gut hundert Männer, die sich im Schankraum und draußen vor der Tür drängen, prosten einander zu, lachen, schreien quer durch den Raum und verlangen nach noch mehr Ale. Die Stimmung ist gut, der Lärm ohrenbetäubend. In einer Ecke des Raumes beginnen ein paar von den Betrunkeneren in ihrer walisischen Mundart ein zotiges Lied zu grölen. Einer der fünf Männer, die in der Hundertschaft des Centenars als Vintainer – als Anführer von 20 Männern – dienen sollen, grinst ihn an und prostet ihm zu. Die Worte des Mannes gehen im Lärm unter, aber der Hundertschaftsführer grinst zurück und nimmt einen tiefen Zug Ale aus dem Tonkrug in seiner rechten Hand.

Der Centenar ist hierher ins nördliche Wales geschickt worden, um in diesem Dorf eine frisch ausgehobene Hundertschaft von walisischen Spießknechten zu übernehmen. Die keltischen Randgebiete des Königreiches, Wales, Cornwall und Irland, sind im Vergleich zum englischen Kernland rückständig und ärmlich. Hier ist es leicht, Truppen auszuheben.
Das Leben hier ist hart und entbehrungsreich. Die Männer in den walisischen Hügeln sind froh, wenn sie ihre kargen Einkünfte durch die Teilnahme an einem Feldzug aufbessern können. Obwohl die walisischen Krieger hartgesottene und brutale Kämpfer sind, bekommen sie nur zwei Pence am Tag, unabhängig davon, ob sie als Spießknechte oder als Bogenschützen dienen. Sie sind daher ständig auf der Suche nach Beute, und nichts und niemand ist vor diesen beutegierigen Plünderern sicher.
Der Centenar kennt die Probleme, die auf dem geplanten Feldzug auf ihn zukommen werden. Seine Männer werden jede Gelegenheit zum Rauben, Plündern und Brandschatzen nützen, sie werden morden und vergewaltigen, aber wenn er sie richtig führt und eisern im Griff behält, werden diese Wilden kämpfen wie die Teufel.

Der Centenar trinkt sein Ale aus, winkt seinen Vintainern zu und drängt sich dann durch die Masse der grölenden Spießknechte hinaus ins Freie. Die Abendluft umfängt ihn wie ein kühler Mantel. Er genießt es für einen Moment, dem Lärm und dem Gestank im Inneren der Schenke entkommen zu sein.

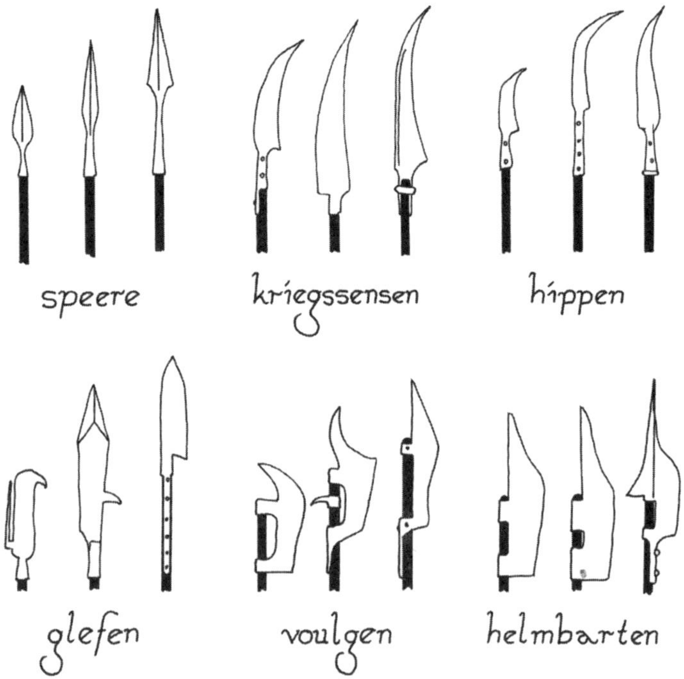

Stangenwaffen

Die walisischen Krieger haben ein ganzes Sammelsurium von Stangenwaffen an die Wand des niedrigen Hauses gelehnt. Waffen, die je nach ihrer Form Namen wie Kriegssense, Hippe und Glefe tragen, stehen da. Man sieht ihnen auf den ersten Blick an, dass als Ausgangsmaterial für ihre Herstellung landwirtschaftliches Werkzeug gedient hat.

Sensenklingen, Sicheln und Haumesser sind mehr oder minder unverändert auf kräftige Holzstangen genagelt worden. Sie sehen primitiv und brutal aus – wie ihre Eigentümer. Ein paar Speere lehnen daneben, denen die Spießknechte ihre englische Bezeichnung „Spearmen" verdanken.

Sehr beliebt ist bei den Fußsoldaten auch die Voulge, bei der eine wuchtige Klinge an einem langen Schaft befestigt ist, die sich mehr zum Hauen als zum Stechen eignet. Sogar ein paar einfache Hellebarden finden sich unter dem vorspringenden Strohdach. Wegen des vielen Eisens, das für ihre Herstellung notwendig ist, sind sie teuer. Ihre Eigentümer sind also für die hiesigen Verhältnisse wohlhabend oder haben sie auf früheren Feldzügen erbeutet. Keine der Stangenwaffen gleicht der anderen, und jede Art hat einen anderen Namen, der von Gegend zu Gegend unterschiedlich ist.

Ein paar der Krieger, die vor dem Haus der kühlen Abendluft trotzen, singen ein walisisches Lied. Ihr Dialekt ist kaum zu verstehen, aber der Centenar glaubt, dass es um ein Mädchen und um grüne Wiesen geht.
Einige der Sänger haben Helme auf dem Kopf. Es sind einfache Hirnhauben oder Eisenhüte, ein paar haben auch nur Helme aus gehärtetem Leder. Fast alle tragen eine Gugel, das ist eine Kapuze, die Kopf und Schultern bedeckt und deren Kopfteil in einen langen Zipfel, die „Liripipe", ausläuft. Die Engländer nennen dieses universelle Bekleidungsstück „Hood". Im Land beginnen gerade Balladen zu kursieren, die von einem Mann handeln, dem dieses Kleidungsstück seinen Namen gegeben hat. Manche der Männer besitzen nur die einfachen Leinenhauben, die fast jedermann trägt und die nicht nur vor den Unbilden des Wetters, sondern auch vor Ungeziefer schützen sollen.
Körperpanzer tragen die Spießknechte kaum. Die meisten tragen primitiv gearbeitete Jacks, also abgesteppte und wattierte Jacken, oder ärmellose Westen aus kräftigem Leder, manche mit eisernen oder kupfernen Nägeln beschlagen. Einige wenige tragen Kettenhemden oder Panzerwesten, in die Eisenplatten eingenietet sind. Der Centenar weiß, dass die Infanteristen, die von den Städten im reichen Süden Englands gestellt werden, weit besser ausgerüstet sind als seine Leute, aber ihnen fehlt die Wildheit dieser walisischen Teufel. Aus der Schenke kommt ein Schankknecht und bringt dem Centenar unaufgefordert noch einen Krug voll Ale. Der Offizier gibt dem Jungen eine Münze aus dem wohlgefüllten Beutel an seinem Gürtel. Die Waliser, die jetzt ein Lied grölen, das der Centenar noch weniger versteht als das vorige, tragen ihre Nahkampfwaffen noch am Gürtel.
Kaum einer hat seine Waffen abgelegt. Der Centenar hofft, dass es zu keinen Streitereien unter den Männern kommt, die sie mit ihren Waffen

austragen. Er würde erbarmungslos dazwischen fahren und von vornherein klar stellen, dass er von seinen Leuten eiserne Disziplin verlangt. Diese Wilden sollen ihre Streitlust für den Feind aufheben!
Die Spießknechte führen für den Nahkampf alle möglichen Waffen mit sich. Lange Dolche, Schwerter, Äxte, ja selbst eisenbeschlagene Keulen und große Holzhämmer warten darauf, gegen den Feind erhoben zu werden.
Viele bevorzugen für den Nahkampf den Falchion, ein kurzes Hiebschwert mit breiter, geschwungener Klinge, deren Schwerpunkt so weit vorne liegt, dass jeder Schlag furchtbare Wucht entwickelt.
Die meisten Waliser, Spießknechte wie Bogenschützen, haben das Cledd, das walisische Kurzschwert mit der bauchigen Klinge, hinten am Gürtel hängen. Das Wort „Cledd“ bedeutet im Walisischen so viel wie „Schwert“ oder „Klinge“. Die walisischen Krieger tragen das Cledd in einer einfachen Lederscheide ohne Holzkern. Hat man einmal das Schwert gezogen, baumeln diese weichen Scheiden wie Schwänze lose hinter dem Rücken und behindern nicht, wenn man durch das Unterholz streift. Diese Scheiden haben den walisischen Kriegern bei den Engländern den Spitznamen „geschwänzte Teufel“ eingetragen, als sie bei ihren Eroberungszügen in den Wäldern von Wales von diesen immer wieder aus dem Hinterhalt angegriffen wurden.
Zwei der Vintainer kommen aus der Wirtshaustür. Ihre Gesichter sind von der Hitze im Inneren und vom Ale gerötet. Der Centenar beobachtet sie und sieht erfreut, dass sie nicht einfach hinter dem Haus verschwinden um sich zu erleichtern, sondern kontrollierende Blicke nach allen Seiten werfen und den Spießknechten vor der Tür zeigen, dass sie ein Auge auf sie haben. Es sieht so aus, als ob ihm diese Männer, die immerhin das Doppelte der normalen walisischen Krieger verdienen, bei der Führung seiner Hundertschaft eine Hilfe sein werden.

Der Centenar beschließt, nach seinem Pferd zu sehen, das in einem Stall hinter der Schenke untergebracht ist. Er dient, da er ein gutes Pferd besitzt, für einen Sold von einem Shilling am Tag im Gefolge des Earl of Arundel und bekommt damit so viel wie ein adeliger Knappe. Er ist in einem Dorf östlich von Shrewsbury in der Grafschaft Shropshire aufgewachsen, und

obwohl er Engländer ist, versteht und spricht er das Gälisch der Waliser so einigermaßen. So wie er sind viele Offiziere, Centenare und Vintainer nach Wales und nach Cornwall gesandt worden, um Einheiten der bei den Engländern als wild und undiszipliniert geltenden walisischen Krieger, die oft kein Wort Englisch verstehen, anzuführen. So soll wenigstens ein gewisses Maß an Ordnung erzielt werden.
Der Centenar klopft seinem Pferd auf die Kruppe und überlegt, ob er diese Nacht nicht besser hier im Stall verbringen sollte. In der Schenke wird er heute bestimmt keine Ruhe finden.

Es ist ein gutes Gefühl, die Münzen klimpern zu hören und das Gewicht des Geldbeutels zu spüren. Die Bauern sind froh, den weiten Weg hinter sich gebracht zu haben. Sie haben drei Tage lang eine Herde von Schweinen durch den Wald getrieben. Jetzt haben sie die Tiere verkauft und gutes Geld für sie bekommen.
Der Waffenmeister, den die königliche Schatzkammer, die für die Beschaffung von Waffen verantwortlich ist, in die Grafschaft York entsandt hat, kann die Freude der Bauern nachempfinden.
Die Beamten des Sheriffs kaufen von den Bauern im ganzen Umland an Lebensmitteln, was sie bekommen können. Das Gerücht geht um, dass der König einen neuen Feldzug unternehmen will. Hier in Yorkshire allein gibt es sieben Sammelstellen, an denen Grafschaftsbeamte warten. Sie zahlen gute Preise, lassen sich aber nicht übers Ohr hauen. Das Beschaffungssystem, das für die Versorgung der Armeen Englands aufgebaut worden ist, überzieht das ganze Königreich mit einem Netz von Sammelstellen. Es gibt den lokalen Beamten und Würdenträgern die Möglichkeit zu kaufen, was immer für die Feldzüge gebraucht wird – zu jedem Preis, der ihnen als angebracht erscheint. Damit ist natürlich der Korruption Tür und Tor geöffnet, und sie hat mit der Zeit so Überhand genommen, dass König Edward eingeschritten ist. Im ganzen Land spricht man davon, dass der König Händler bestraft hat, die ihre Stellung missbraucht hatten.
Die Bauern, denen der Waffenmeister nachschaut, können sich gar nicht satt sehen an den vielen Dingen, die hier hergeschafft, gesammelt, gelagert

und von hier abtransportiert werden. Für die einfachen Männer geradezu unglaubliche Mengen an Nahrungsmitteln sind herangebracht worden, manchmal noch lebend die Wege und Straßen entlang trottend, manchmal in Fässern, schon verarbeitet und haltbar gemacht durch Einpökeln oder Räuchern.
Überhaupt sind Fässer die Universalverpackung. Man verstaut alles in Fässer, was sich denken lässt. Fässer sind widerstandsfähig und halten ihren Inhalt trocken. So schützen sie ihn vor Regen und Meerwasser. Fässer können wiederverwendet werden oder wenn es notwendig werden sollte, auch als Brennmaterial dienen. Nicht nur Lebensmittel und Flüssigkeiten werden in Fässern transportiert, sondern zum Beispiel auch Pfeile und Bogensehnen für die Bogenschützen.
Auf Wagen verladen, auf die Rücken von Tragtieren gebunden, in den Bäuchen von flachgehenden Flusskähnen oder eben auf eigenen Beinen werden ständig lebende Tiere, Fässer, Kisten und Säcke zu den Sammelstellen im ganzen Land geschafft. Dort werden sie von den Versorgungsbeamten in Empfang genommen, kontrolliert, registriert und schließlich, nach einer entsprechenden Zwischenlagerung, auf Tragtieren, Wagen, Booten und Schiffen zu den Einschiffungshäfen der Armee geschafft.
Es scheint, als ob sich ein unermüdlicher Strom von Waren aus dem ganzen Land zur Südküste bewegt, wo die Soldaten und die seetüchtigen Transportschiffe warten.
Wie viele, die nie an einem Feldzug teilgenommen haben, glauben sicher auch die Bauern, denen vor Staunen die Münder offen stehen, dass sich ein Heer auf dem Marsch versorgen kann, indem es das Gebiet ausplündert, durch das es zieht – sich buchstäblich „vom Land ernährt".
Der Waffenmeister weiß es besser. Der Vergleich der Größe eines Heeres, wie es der König gegen seine Feinde führen will, mit der Einwohnerzahl einer durchschnittlichen Stadt zeigt, dass deren Nahrungsmittelreserven zu dessen Versorgung niemals ausreichen würden. Den Bauern ist dies nur recht. Für sie sind die Feldzüge des Königs, dessen Armeen sie mit Lebensmitteln beliefern, eine gute Einnahmequelle.
Der Waffenmeister hat andere Sorgen. Er ist gesandt worden, um dafür zu sorgen, dass die wichtigsten Kampfmittel des Königreiches – Bogen und

Pfeile – in der angeordneten Menge von Yorkshire zur Südküste gelangen. Er hat schon dafür gesorgt, dass ein Wagenzug zusammengestellt wird, der alles, was von den hier gelagerten Nachschubgütern für die Bogenschützen bestimmt ist, in den Hafen von Hull an der Mündung des Humber bringt. Außerdem hat er noch einige Fässer eines besonderen Stoffes aufgetrieben, auf deren Inhalt man im Tower von London schon wartet.

Der Kapitän des Küstenseglers erkennt an der Mole vor dem Tower einen freien Liegeplatz und zieht das Steuerruder zu sich heran. Das kleine Schiff ändert seinen Kurs auf Steuerbord, und er brüllt einen Befehl. Die Matrosen an der Backbordseite beginnen mit ihren langen Stangen nach dem Grund der Themse zu staken. Minuten später liegt der schwer beladene Segler sicher vertäut vor der alten Festung. Die lange Fahrt die englische Ostküste entlang, dann rund um East Anglia und die Themse hinauf, ist zu Ende.

Oben, am Ufer, nicht weit von der Burg, die William der Eroberer hatte erbauen lassen, wartet bereits einer der königlichen Beamten, die dafür zu sorgen haben, dass die Magazine des Tower ständig mit ausreichend Waffen versorgt sind. Der Kapitän winkt dem Mann zu und vergewissert sich, dass die Liste der Güter, die er in Hull an der Mündung des Humber übernommen hat, auch wirklich in seiner Gürteltasche ist.

Dann, mit einem Blick auf die Scheuerleute am Ufer und die allgegenwärtigen Wachen, verlässt er sein Schiff und steigt zu dem Wartenden hinauf. Der Mann ist ein Beamter der königlichen Schatzkammer, die für die Beschaffung von militärischen Nachschubgütern verantwortlich ist. Er nimmt die Ladeliste mit einem knappen Gruß entgegen und liest langsam, Zeile für Zeile, die Aufstellung, die ein anderer Beamter weit im Norden an der Ostküste Englands verfasst hat.

Der Kapitän wartet geduldig. Dieses Mal ist er im Auftrag der Krone unterwegs. In Hull hatte er eine Ladung Waffen für den Tower in London entgegengenommen. Aus dem ganzen Hinterland hatten die Bogenbauer, die Pfeil- und die Sehnenmacher und wer sonst noch das königliche Heer

mit Waffen, Ausrüstung und sonstigen Gütern beliefert, ihre Erzeugnisse in den Hafen von Hull geliefert. Dort war dann alles registriert und für den Weitertransport sortiert worden. Von all den Schiffern, die sich um die königlichen Transportaufträge bemühten hatten, hatte er den lukrativsten Auftrag bekommen. Der Hafenmeister in Hull hatte ihn dafür selbst ausgewählt. Der alte Mann hatte ihn verschmitzt angelächelt und erklärt, dass seine Fracht ausschließlich für den Tower bestimmt sei. Er würde seinen Lohn diesmal direkt von der königlichen Schatzkammer bekommen. Er müsse direkt nach London segeln und dürfe seine Fracht an keinen anderen Kapitän weitergeben.
Der Kapitän hatte sich über den Auftrag gefreut, denn durch den Krieg hat der Handel und damit die Schifffahrt stark gelitten. Die Fahrten mit Schafwolle die englische Ostküste hinunter und dann über den Ärmelkanal weiter nach Flandern sind in den letzten Jahren stark zurückgegangen. Ein Hafenbeamter in London hat ihm erzählt, dass die Importe von aquitanischem Wein gar auf ein Sechstel gesunken seien. Die normannischen, genuesischen und aragonischen Schiffe im Sold des französischen Königs stellen eine ständige Bedrohung für die englische Schifffahrt dar. Ständig muss man mit ihren Überfällen rechnen. Die Angst vor Angriffen vom Meer aus ist so groß, dass es die Bauern in Sussex zeitweise nicht wagen, ihre Felder zu bestellen.

Der königliche Beamte winkt den Männern am Kai zu, und die Scheuerleute beginnen die Ladung zu löschen. Auf einen Wink des Kapitäns hin helfen die Matrosen des Küstenseglers mit, denn je schneller die Ladung an Land gebracht ist, desto schneller erhalten sie ihre Heuer. Die Ladung des Schiffes besteht vor allem aus Pfeilen. Die Pfeilmacher haben die fertigen Pfeile zu Sheafs gebündelt und für den Transport in Fässer verpackt. Das Wort „Sheaf" bedeutet „Garbe" und leitet sich von den Getreidegarben auf dem Feld ab.
Die fertigen Pfeile werden zu Garben von 24 Pfeilen, seltener auch 30 Pfeilen, zusammengebunden und dann in Leinenhüllen, Kisten und vor allem in Fässer verpackt, wo sie vor Beschädigung und Feuchtigkeit sicher sind. Auf dem Küstensegler befinden sich aber auch Fässer, die viele Dutzend

Bogensehnen, lederne und hölzerne Armschützer, Pfeilspitzen und andere Gegenstände enthalten, die für die Bogenschützen des Königs bestimmt sind.
Die Bogen, die der Küstensegler geladen hat, sind gut in Leinentücher eingeschlagen. Sie sind zusätzlich mit Kuhhäuten bedeckt, die noch mehr Schutz vor Regen und Seewasser geben sollen. Die Scheuerleute an der Anlegestelle des Tower, die tagein, tagaus Schiffe mit militärischer Fracht entladen, kennen die langen Bündel und schaffen sie sofort in das Innere der Burg, während sie die Fässer in einem Hof aufstapeln.
Dann sind da nur noch die Fässer, deren Inhalt nicht zur anderen Fracht passt. Der Hafenmeister in Hull hat ein ziemliches Getue um sie gemacht. Er hat angeordnet, dass sie besonders geschützt gelagert werden sollen. Der Kapitän fragt sich, was an Schwefel und Salpeter so Besonderes sein kann. Der königliche Beamte, der das Entladen des Schiffes schweigend und mit der Liste in der Hand beobachtet hat, winkt einem anderen Trupp von Arbeitern zu. Die Männer besteigen ohne ein Wort zu verlieren das Schiff, nehmen die Fässer auf und tragen sie durch die flussseitige Pforte in den Tower. Der Kapitän schaut ihnen nach. Die Träger verschwinden durch eine Tür, die von einem Wächter mit einer Hellebarde bewacht wird.

Als sich der Kapitän umdreht, hat sich ein weiterer Beamter zu ihnen gesellt. Obwohl der Mann gekleidet ist wie ein Kämmerer oder Sekretär am Hof, sieht ihm der Kapitän sofort den Seemann an. Mit einem Mal versteht er das verschlagene Grinsen des Hafenmeisters in Hull. Er hätte mehr auf die Gerüchte über einen Feldzug zur Entlastung der aquitanischen Provinzen geben sollen. Der andere Seemann erklärt ihm ohne große Worte, dass sein Schiff groß und stark genug für den Weg in die Gascogne sei und daher ab sofort dem königlichen Heer zur Verfügung zu stehen habe. Falls er und seine Besatzung nicht in des Königs Dienst treten wollten, würden sich in den Gefängnissen genug Männer finden, die ein Schiff führen könnten.

Das englische Königreich ist weit davon entfernt, eine Seemacht zu sein. Der König selbst verfügt nur über wenige Schiffe, die entweder angekauft oder vom Feind, wie etwa in der Seeschlacht bei Sluys am 24. Juni des

Jahres 1340, erbeutet worden sind. Diese Schiffe besitzen keine ständigen Besatzungen, so dass diese erst angeheuert, zum Dienst gepresst oder aus Gefängnissen rekrutiert werden müssen. England besitzt nur ein einziges ständiges Marinearsenal, das sich im Tower von London befindet.

Edward III. ist also gezwungen, für seinen Feldzug Schiffe zu beschlagnahmen oder mitsamt ihrer Besatzung in seinen Dienst zu zwingen. Die Hafenbeamten an der englischen Ost- und Südküste haben daher den Befehl, nach geeigneten Fahrzeugen Ausschau zu halten. Wo dies nicht möglich ist, ist der König wohl oder übel gezwungen, Schiffe zu Lasten der königlichen Schatzkammer zu mieten, wobei die Bezahlung durch die Hafenmeister der Heimathäfen der Schiffe erfolgt. Die Schiffe der Flotte, die sich so im Lauf des späten Frühjahres versammelt, kommen aus ganz England zusammen. Hauptsächlich stammen sie jedoch von der englischen Südküste und aus East Anglia, sodass ihre Besatzungen mit den Gewässern, die sie befahren sollen, vertraut sind.
Was bleibt dem Kapitän übrig, als gute Miene zum bösen Spiel zu machen. Er beginnt mit den beiden Beamten um das Entgelt für seine Dienste zu feilschen.

Er bleibt mit den anderen Bogenschützen am Straßenrand stehen, als die Reiter vorbeiziehen. Wie er und seine Männer tragen die berittenen Bogenschützen die grün-weiße Livree aller Soldaten aus den Grafschaften Flint und Chester, die in den Diensten des Prince of Wales stehen. Er und seine Männer haben kurz vor ihrem Aufbruch auf Kosten der Grafschaft neue kurze Mäntel und Gugeln – Kapuzen, die Kopf und Schultern bedecken mit langen, bis zum Gürtel reichenden Zipfeln – in den Farben Grün und Weiß erhalten. Er hat gehört, dass Truppen aus Nordwales, die im Sold des Earl of Arundel stehen, rot-weiße Jacken und Kapuzen tragen.
Die Reiter sind eine Hundertschaft von Bogenschützen, die in der Grafschaft Chester für die persönliche Leibwache des Prince of Wales ausgewählt worden sind. Sie sind die Besten, die Cheshire aufbieten kann – und

sie wissen es. Entsprechend hochnäsig schauen sie drein, als sie die Kolonne der Fußsoldaten passieren. Diese rufen ihnen Scherzworte und Beleidigungen zu. Die Berittenen antworten, und der Ton wird rauer. Ein paar der Reiter halten ihre Pferde an, und für einen Moment sieht es aus, als ob es zu Tätlichkeiten kommen könnte. Befehle gellen die Reihen entlang, und die Schützen aus Chester setzen ihren Weg fort. Auch er und die anderen Infanteristen aus Flint machen sich wieder auf den Weg. Ihnen folgt eine Kolonne von schweren Wagen, unter deren Planen sich hoch die Ladungen auftürmen, auch sie auf dem Weg zur Südküste. Er hat den Eindruck, als ob sich im Moment ganz England nach Süden bewege.

Vor fünfzehn Tagen sind sie aufgebrochen, versorgt mit genug Geld aus der Kasse der Grafschaft Flint, damit sie nicht in Versuchung kommen, sich im Land zu „versorgen", durch das sie marschieren. Von Flint sind sie nach Shrewsbury und dann den Severn hinunter bis Gloucester gezogen. Von dort sind sie mehr oder weniger geradlinig den Straßen nach Southampton gefolgt. Entlang der ganzen Strecke waren passable Quartiere zu finden und sie konnten Nahrungsmittel und guten Wein zu gesetzlich festgelegten Preisen kaufen.
In der großen Hafenstadt Southampton verbrachten sie nur eine einzige Nacht. Zu groß sind dort noch immer die Zerstörungen durch den französischen Überfall im Jahr 1338. Ganze Teile der Stadt liegen auch jetzt, acht Jahre danach, noch in Trümmern, und der Hafen ist weit von seiner einstigen Leistungsfähigkeit entfernt. Bald werden sie ihren Bestimmungsort Portsmouth erreichen und dort ihren Sold aus der königlichen Schatzkammer erhalten.

Sie überholen eine Rinderherde, die von Bauern langsam über die Wiesen am Straßenrand nach Osten, auf Portsmouth zu, getrieben wird. Er denkt an seine Familie, die jetzt vielleicht auch einige der von ihm gezüchteten Rinder zu den Einkäufern des Königs bringt.
Als er als einer der ersten um die Biegung der Straße kommt, sieht er vor sich die große Stadt und dahinter den Hafen und die Masten der Schiffe und den Ärmelkanal, jenseits dessen Frankreich liegt.

frankreich 1346

2. Kapitel

Frankreich, Frühsommer 1346

Der König Frankreichs, Philip VI. aus dem Haus Valois, trinkt den gläsernen Kelch leer. Dann betrachtet er ihn, als ob er noch nie ein Trinkgefäß aus Glas gesehen hätte. Es scheint, als ob sein Geist von einer unendlich weiten Reise zurückgekehrt sei. Ohne dem Kelch weitere Beachtung zu schenken, stellt er ihn auf einen Tisch und geht ans Fenster. Der Kelch steht genau in einem Strahl der Abendsonne, der schräg durch das Fenster fällt, vor dem der König steht. Das mit Rosetten verzierte Glas bricht das Licht und erzeugt auf der Tischplatte ein Muster von elfenhafter Zartheit.

Der Mundschenk nimmt die gläserne Karaffe, die ebenso wie der Kelch von der weit entfernten Insel Murano kommt, und schenkt das Trinkgefäß erneut voll. Das Elfengespinst auf der Tischplatte färbt sich rot – rot wie Blut. Der Mundschenk nimmt es als Omen, denn er weiß, dass sich die Gedanken des Königs um Krieg und um bevorstehende Schlachten und Tod drehen.

Der König ist mit dem Hofbeamten allein im Raum. Dieser ist wie viele andere Beamte am königlichen Hof adeliger Abkunft, erzogen und ausgebildet im Geiste edelsten christlichen Rittertums.

Der Blick des Mundschenks schweift durch den Raum. Bewundernd verweilt er auf den fein gearbeiteten Möbeln und den erlesenen Gobelins an den Wänden. Jedes Stück in diesem Raum zeigt, dass Philip VI. der reichste König der Christenheit ist. Frankreich ist das wohlhabendste Land Europas. König Philip bezieht aus seinen Ländereien ein jährliches Einkommen von 26 Tonnen Silber. Für die Verteidigung des Königreiches kommen zu diesem Vermögen noch die Erträge aus den Abgaben, die jene Wehrpflichtigen bezahlen, die nicht im Heer des Königs dienen wollen. Damit kann Philip VI. seine Armeen weitgehend finanzieren.

König Philips Feind, der König von England, bezieht aus seinen Ländereien nur ein Einkommen von fünf Tonnen Silber im Jahr. Edward III. ist gezwungen, Steuern zu erheben; dafür muss er allerdings die Genehmigung des englischen Parlaments einholen, die sich die Lords mit Zugeständnissen abkaufen lassen. Der Mundschenk findet das beschämend für einen König.
König Philip regiert über mehr als zwölf Millionen Untertanen, während in den Ländern Edwards III. vermutlich nicht einmal halb so viele Menschen leben. Die annähernd 50.000 adeligen Familien stellen viermal so viele Ritter, als dies die Nobilität Englands kann. Tausende andere adelige Kämpfer haben nur den Rang eines Knappen, da sie die gewaltigen Kosten der ritterlichen Hofhaltung nicht aufbringen können. Dem französischen König stehen daher immer genügend gut gerüstete, gut trainierte und hervorragend motivierte adelige Kämpfer zur Verfügung.

Dennoch ist die Stirn des Königs sorgenumwölkt. Seit dem Vorjahr versammelt Edward III. ein Heer an der englischen Südküste. Damit war zu rechnen: Die französischen Erfolge in Aquitanien hatten nach einer Reaktion verlangt. Philip VI. hatte erwartet, dass Edward Truppen nach Aquitanien schicken würde. Doch in den letzten Monaten haben sich die Gerüchte verdichtet, dass der englische König ein Unternehmen im Norden plant. Diese Gerüchte haben neue Nahrung erhalten, seit dem Feldherrn Edwards III. in Aquitanien, dem Earl of Derby, einige Gegenschläge gelungen sind. Die französischen Truppen sind im vergangenen Herbst bei Bergerac und bei Auberoche geschlagen worden. Jetzt steckt auch noch das Heer, das Philips Sohn Jean, der Duc de Normandie, anführt, vor Aiquillon fest: Es will ihm nicht gelingen, die Stadt einzunehmen.
Der Mundschenk hat gehört, dass der Sohn seines Königs in der Provinz Agenais in einer wirklich misslichen Lage steckt. Während seine Männer Aiquillon berennen, werden sie ständig von englischen und aquitanischen Trupps aus dem Hinterhalt angegriffen. Unter diesen Voraussetzungen ist es sogar sehr wahrscheinlich geworden, dass Edward im Norden landen wird. Der englische König hat in der Bretagne eine starke Basis. Dort rekrutierte Charles de Blois, König Philips Neffe, in Erwartung einer

englischen Invasion, ein großes Heer und führte es dann in eine Offensive gegen seine Rivalen im Kampf um die Thronfolge in der Bretagne. Am 9. Juni 1346 wurde er bei Saint Pol de Leon trotz überwältigender zahlenmäßiger Überlegenheit von einer kleinen englischen Aufklärungseinheit unter Sir Thomas Dagworth blutig geschlagen. Die Engländer hatten keinen einzigen Toten zu beklagen, obwohl sie so hart bedrängt worden waren, dass jeder einzelne Mann des Aufklärungstrupps verwundet wurde.

Im abtrünnigen Flandern stehen den Engländern die Häfen weit offen. Die reichen Städte haben sich gegen Louis de Nevers, den Grafen von Flandern, der ein Neffe des französischen Königs ist, erhoben und prompt mit den Engländern verbündet. Im Jahr 1339 fielen Engländer, Flamen und Truppen aus dem Heiligen Römischen Reich in die Provinz Cambrae im Osten des Herzogtums Normandie ein und richteten furchtbare Verwüstungen an, um König Philip zur Schlacht zu reizen. Im Januar des Jahres 1340 erklärte sich Edward III. in Gent zum König von Frankreich. Am 24. Juni 1340 schlug er bei Sluys in der Scheldemündung eine französische Flotte vernichtend. Am französischen Hof erzählt man sich immer noch, wie der Hofnarr dem König die schlechte Nachricht überbracht hatte:

> *„Wisst Ihr, Sire, warum die Engländer solche Feiglinge sind? Ich will es Euch sagen, Sire, weil sie es nicht wagen, wie die Franzosen, ins Meer zu springen und zu schwimmen."* (16)

Als Folge seines Sieges führte Edward erneut ein Heer aus Flandern nach Frankreich. Der Mundschenk ist sich sicher, dass die rebellierenden Flandern nur auf eine neue Gelegenheit warten, an Englands Seite in Frankreich einzufallen.

An der Ostgrenze des Herzogtums Normandie steht es heute besser für Frankreich. König Philip ist es gelungen, Johann, den Grafen von Hennegau, der damals mit seinem Schwager Edward III. in Frankreich einfiel, auf seine Seite zu ziehen. Schlecht ist es allerdings um die Küsten Frankreichs bestellt. Die Normandie hat seit Generationen keinen Krieg mehr erlebt. Der Mundschenk weiß aus eigener Erfahrung, dass viele Städte kaum befestigt sind.

Viele der Stadtmauern und der Burgen im Herzogtum gehen noch auf die Zeiten Williams des Bastards zurück und sind mehr oder minder verfallen. Hier hat der König weitreichende Maßnahmen ergriffen. Als gegen Ende Juni dieses Jahres immer klarer geworden war, dass die englische Invasion doch im Norden drohen könnte, hatte der König sogar den Connétable Frankreichs, den Comte d'Eu et de Guines, Raoul II. de Brienne, mit einem Teil des Heeres des Duc de Normandie von der Belagerung von Aiquillon abgezogen. Er hat den Connétable in Harfleur an der Mündung der Seine stationiert und seinen Neffen Louis, den vertriebenen Grafen von Flandern, mit seinem Gefolge ebenfalls nach Harfleur geschickt.
Damit stehen französische Kräfte in der Mitte der Kanalküste auf dem halben Weg zwischen den Grenzen zur Bretagne und zu Flandern und schützen zudem noch den wichtigen Schifffahrtsweg nach Rouen und Paris.
Für den Mundschenk steht außer Frage, dass Paris in jedem Fall vor den englischen Horden geschützt werden muss. Paris ist nicht nur nach Rom die zweitgrößte Stadt des christlichen Abendlandes, sie ist auch Sitz des französischen Königs. Ebenso wichtig ist es aber auch, Rouen zu schützen. In Rouen befindet sich der Clos des Galées. Es ist das erste Arsenal im Norden und ist nach genuesischem Vorbild 1293, im Geburtsjahr Philips VI., errichtet worden. Dort werden Schiffe, Waffen, Rüstungen und alle möglichen anderen Nachschubgüter für die Armeen Frankreichs produziert und gelagert.
Der Mundschenk hat dem König bei Besprechungen aufgewartet, bei denen Vorbereitungen getroffen wurden, um dem englischen Angriff auch zur See zu begegnen. Im Clos des Galées und in den anderen Werften an der Kanalküste werden nicht nur neue Schiffe wie Koggen und normannische Barken gebaut, sondern auch beschlagnahmte Schiffe zu Kriegsschiffen umgerüstet. Allein 78 größere Schiffe sind in der Unteren Normandie mit hölzernen Kastellen – Türmen, in denen vor allem Armbrustschützen für den Kampf gegen andere Schiffe postiert werden sollen – ausgerüstet worden. In den Häfen der Picardie und der Oberen Normandie sind weitere Schiffe stationiert worden. Alle sind mit genuesischen Offizieren und Armbrustschützen bemannt und sollen als Unterstützung für eine Flotte von genuesischen Kriegsgaleeren dienen.

Die Republik Genua ist zwar Teil des Heiligen Römischen Reiches, aber seit langer Zeit eng mit Frankreich verbündet. Seit vielen Jahren kämpfen genuesische Schiffe und Truppen, vor allem die berühmten Armbrustschützen, in den Heeren Frankreichs. Im vergangenen Jahr haben Abgesandte König Philips in Genua eine Flotte von dreißig großen und zwei kleineren Kriegsgaleeren unter dem Befehl von Carlo Grimaldi und Ottone Doria angeworben. Diese Schiffe sollen das Rückgrat der französischen Flotte bilden, die bereit steht, um die Engländer abzufangen.
Vom Zuhören weiß der Mundschenk, dass sich die Lage dramatisch zugespitzt hat. Seit Tagen sind keine Schiffe mehr von der englischen Kanalküste nach Frankreich gekommen. Seit Tagen gibt es keine Nachrichten über die englischen Kriegsvorbereitungen. Die englische Flotte könnte bereits in diesem Augenblick irgendwo an den langen Küsten des französischen Königreiches Truppen an Land setzen.
Der König winkt dem Mundschenk, und dieser stellt die Karaffe auf den Tisch neben den Kelch. Vor ein paar Tagen noch saß an diesem Tisch ein Schreiber, dem König Philip einen Brief an König David II. von Schottland diktiert hat. Philip VI. hatte dem jungen Schotten Asyl gewährt, als Edward Balliol mit Hilfe Edwards III. diesen im Jahr 1333 vom schottischen Thron vertrieben hatte. König David ist der Bitte seines Verbündeten, in England einzumarschieren und so die Aufmerksamkeit Edwards auf den Norden seines Reiches zu ziehen, nicht nachgekommen. Dementsprechend dringend war König Philips Brief:

> *„Ich bitte Euch, ich beschwöre Euch mit aller Kraft, die ich habe, Euch der Blutsbande und der Freundschaft zwischen uns zu erinnern. Tut für mich, was ich gerne für Euch in solch einer Krise tun würde und tut es so schnell und so gänzlich, wie Ihr es mit Gottes Hilfe könnt."* (25)

Der Mundschenk greift nach dem gläsernen Kelch, um diesen dem König zu reichen, und er erstarrt für einen Moment. Das Licht der nun schon sehr flach stehenden Abendsonne wird jetzt in einem anderen Winkel gebrochen und fällt durch beide Gefäße. Das Elfengespinst hat sich in eine ausufernde Blutlache verwandelt. Der Mundschenk erkennt das Zeichen und fühlt, wie sich die Härchen in seinem Nacken vor Schreck aufrichten.

Der Gonfaloniere steht im Kastell der genuesischen Galeere „Sainte Marie“ und blickt über das Deck unter ihm. Er ist der Befehlshaber über alle Soldaten an Bord des Schiffes. Seine Männer sind zum wiederholten Mal dabei, die Ausrüstung der Galeere zu überprüfen, Schäden auszubessern und dafür zu sorgen, dass das Schiff kampfklar ist, wenn sie auf Engländer treffen.
Die Sainte Marie ist Teil einer Flotte von 32 Kriegsgaleeren, die in den Golf von Biscaya einlaufen. Der Schiffsverband ist auf dem Weg nach Norden. Er soll den Kern einer französischen Flotte bilden, deren Aufgabe es ist, die Flotte, die der englische König Edward III. seit dem vergangenen Herbst in den Häfen an der Südküste Englands versammelt hat, zu zerstören.
Die Sainte Marie ist am 24. Mai dieses Jahres aus Nizza in der Grafschaft Provence, die Teil des Heiligen Römischen Reiches ist, ausgelaufen. Ihr Kapitän ist Crestien Grimaldi aus der mächtigen Grimaldi-Familie. Das Schiff hat eine Besatzung von 205 Seeleuten, Armbrustschützen, Schildknechten und sechs Offizieren. Die Besatzung ist bestens für den Kampf gegen andere Schiffe ausgerüstet, kann aber auch an Land eingesetzt werden.

Die Offiziere und die Besatzung des Schiffes haben schon oft im Sold der französischen Krone gekämpft. Viele der Männer, die jetzt auf dem Deck arbeiten, haben schon mehrmals unter dem Gonfaloniere gedient. Sie haben unter seinem Befehl die Decks englischer Schiffe an der Küste Aquitaniens, vor der Bretagne und im Ärmelkanal mit ihren Armbrusten leergefegt und dann geentert. Unter ihm haben sie Häfen und Städte an den englischen Küsten von Cornwall bis hinauf zur Mündung des Humber an der englischen Ostküste überfallen, zerstört und geplündert. Der Gonfaloniere war schon als Offizier beim Angriff auf Southampton dabei.
Der 5. Oktober 1338 war ein Sonntag – sie hatten die Bürger der Stadt in den Kirchen erwischt. Die Verwüstungen und die Beute in der reichen Hafenstadt, die noch nicht einmal von einer Mauer geschützt war, waren gewaltig. Sehr zum Spott für die Engländer nahmen sie sogar das Siegel und die Waage der Stadt mit. Für ein ganzes Jahr fiel Southampton als Hafen und Handelsplatz aus, und bis heute hat sich die Stadt noch nicht von dem Überfall erholt. Operationen wie diese haben die Veteranen unter den

Besatzungsmitgliedern wohlhabend gemacht. Ein Kapitän wie Crestien Grimaldi hat Anspruch auf die Hälfte der Beute, die das Schiff macht, und seine Männer kommen auch nicht zu kurz.

Der Gonfaloniere beschattet seine Augen mit der Hand und schaut hinüber zum Führungsschiff. Dort steht Carlo Grimaldi, „Il Grande", der Befehlshaber der Flotte, auf dem Kastell seiner Galeere. Carlo Grimaldi, der Seigneur de Monaco, gehört einer der vier herrschenden Familien Genuas an. Er steht politisch im Lager der Guelfen, jener politischen Fraktion, die glaubt, dass der Papst über Italien herrschen sollte und nicht der römisch-deutsche Kaiser. Damit ist er automatisch ein Verbündeter Frankreichs, das den Papst unterstützt. Ein Teil der Schiffe wird von Ottone Doria befehligt. Seine Familie bekennt sich klar zu den Ghibellinen, die für die Herrschaft des Kaisers des Heiligen Römischen Reiches über Italien eintreten. Damit ist Ottone Doria eigentlich ein Rivale Carlo Grimaldis, doch jetzt vereint sie eine gemeinsame Aufgabe. Ihre Heimatstadt ist mit Frankreich verbündet.
Genua ist zu dieser Zeit der beherrschende Hafen des westlichen Mittelmeeres. Seine Werften und Werkstätten produzieren Kriegs- und Handelsschiffe, rüsten sie aus und fertigen Waffen und Rüstungen für die Männer an, die sie bemannen. Genua ist ein Zentrum für die Rekrutierung und Anwerbung von Söldnern. Alle Söldner, die in Genua angeworben werden, werden ungeachtet ihrer eigentlichen Herkunft als „Genueser" bezeichnet. Das ist vor allem ein Qualitätsbeweis, denn die „genuesischen" Armbrustschützen gelten als die allerbesten Fußsoldaten, die für Geld zu haben sind. Jetzt hat Genua eine starke Flotte zur Unterstützung ihres Verbündeten Frankreich – und nicht zuletzt auch für gutes Geld – auf den Weg in den Atlantik geschickt. Die Kapitäne der Schiffe, die Genua entsendet, haben im Allgemeinen große militärische Erfahrung und erhalten ein fürstliches Entgelt für ihre Dienste. Die Sainte Marie steht bis zum Oktober unter Vertrag, und Crestien Grimaldi erhält neunhundert Goldflorin jeden Monat und dreißig Goldflorin für jeden weiteren Tag, an dem die Sainte Marie im Dienst Frankreichs steht. Das sind im Ganzen 4.830 Goldflorin – ein gutes Geschäft!

Der Gonfaloniere hofft, dass das gute Wetter und die günstigen Winde anhalten. Die Flotte wird sonst Schwierigkeiten haben, ihren Auftrag zu erfüllen, denn sie ist jetzt schon verspätet. Die Vorhut der Flotte lief erst am 6. Mai dieses Jahres unter dem Befehl von Carlo Grimaldi aus Nizza aus, da es früher im Jahr wegen der tobenden Atlantikstürme nicht möglich gewesen wäre, den Golf von Biscaya zu passieren. Der Rest der Flotte ging am 24. Mai in See und stieß entlang der spanischen und portugiesischen Küste nach Norden vor. Im Atlantik war die Flotte von einem heftigen Sturm zerstreut worden und hatte an der portugiesischen Küste Schutz suchen müssen. Die für diese Jahreszeit ungewöhnlich starken Stürme hielten sie dann bis Anfang Juli dort fest.

Jetzt ist die Fahrt zu einem Rennen gegen die Zeit geworden. Wenn die Engländer ihre Häfen verlassen, bevor die Flotte sich mit ihren französischen Verbündeten vereinigt hat, war die weite Fahrt umsonst. Wenn das passiert, kann die Flotte nur mehr die englischen Küsten verwüsten, um für Ablenkung zu sorgen. Eine Invasion kann sie dann nicht mehr verhindern. Der Gonfaloniere muss damit rechnen, dass die Seesoldaten der Flotte an Land gegen die Invasionsarmee kämpfen müssen. Was es bedeutet, gegen große Massen englischer Bogenschützen antreten zu müssen, hat der Gonfaloniere schon erlebt. Er möchte diese Erfahrung nicht noch einmal machen müssen.

Der böhmische Kreuzfahrer aus dem Gefolge König Johanns von Luxemburg, des Königs von Böhmen, der am Hofe König Philips VI. von Frankreich weilt, um ihm gegen die Engländer beizustehen, beugt sich vor und stützt sich auf sein Schwert, während er den Männern im Hof bei ihrem Fechttraining zuschaut. Er hat heute selbst schon gefochten, und ein weiterer Gang steht ihm noch bevor. Er ist ein großer, starker Mann, aber er spürt, dass er nicht mehr so kräftig und ausdauernd ist wie in seiner Jugend.

Der Kreuzfahrer flucht leise in seiner böhmischen Muttersprache und schiebt die Kapuze seines Kettenhemdes mitsamt der stählernen Hirnhaube nach hinten.

Seine Hände steckt er dabei durch die Schlitze in den ledernen Handflächen der Fäustlinge aus Kettengeflecht, in die die Ärmel seines Panzerhemdes auslaufen. Er spürt wie die vierzehn Kilogramm, die das Kettenhemd wiegt, von seinen Armen und Schultern nach unten ziehen, und er lässt sich auf einer der Bänke nieder, die entlang der Mauer aufgereiht sind. Die Kniekacheln und die Beinschienen aus gehärtetem Leder behindern ihn ein wenig, und er flucht erneut, während er sich den Schweiß von der Stirn wischt. Einer der jüngeren böhmischen Ritter in König Johanns Gefolge grinst ihn frech an. Der alte Kreuzfahrer brummt etwas auf Böhmisch, das die französischen Ritter im Hof nicht verstehen, die anderen Böhmen aber zum Lachen bringt. Der junge Frechdachs wird rot. Die beiden jungen Franzosen aus dem Gefolge des Comte d'Alençon, deren Schwertkampftraining er beobachtet, tragen Rüstungen allerneuesten Zuschnitts.

Der böhmische Ritter wird sich bewusst, dass seine Rüstung ebenso wie die der meisten anderen Böhmen hier im Hof dagegen vollkommen veraltet wirkt. Fast alle tragen sie Kettenpanzer mit Kapuzen und Fäustlingen, einige sogar Kapuzen aus Kettengeflecht zu ihren Kettenhemden, die den Kopf und die Schultern bedecken. Manche besitzen Handschuhe, auf die Plättchen aus Stahl oder Walfischbein genietet sind. An ihren Rüstungen finden sich viel weniger Stahlplatten als bei den Franzosen.
Dem alten Mann ist klar, dass sich die jüngeren unter seinen Kameraden hier unter diesen modisch gekleideten und modern ausgerüsteten Franzosen und Luxemburgern wie Hinterwäldler vorkommen müssen. Auf der Bank neben dem alten Kreuzfahrer liegen sein großer Topfhelm und die kurzschäftige Reiteraxt, die er für den Nahkampf bevorzugt. Sie ist weder sehr elegant noch besonders ritterlich, doch sie hat ihm in vielen Kämpfen gute Dienste geleistet. Sie war schon in seinem Besitz, als er seinen König das erste Mal auf einen Kreuzzug gegen die heidnischen Litauer folgte.
Der Ritter begleitete damals Johann von Luxemburg, den Kaiser Heinrich VII. im Jahr 1310 mit dem Königreich Böhmen belehnt hatte, auf dessen drei Kreuzzügen. In den Jahren 1328, 1337 und 1345 nahm er das Kreuz und zog mit seinem König an der Seite des Deutschen Ordens gegen die Heiden in Litauen.

Der Deutsche Orden hatte im Baltikum einen Kreuzfahrerstaat errichtet, der im ständigen Kampf gegen die Heiden lag, die von den polnischen Königen unterstützt wurden. Diese fürchteten die Macht und den Einfluss der „Deutschen Ritter" im Baltikum. Johann von Luxemburg erhob selbst Anspruch auf den polnischen Thron, und die Kreuzzüge gegen die baltischen Heiden richteten sich daher auch gegen deren polnische Verbündete. Die deutschen Ordensritter waren jedoch zu wenige, um auf Dauer gegen ihre vielen Feinde bestehen zu können, und so waren sie auf Unterstützung aus dem Westen angewiesen. Viele Fürsten und Ritter nahmen zur Ehre Gottes und seiner Kirche an den jährlichen Feldzügen des Ordens gegen die Heiden teil.

Johann von Luxemburg gilt als einer der erfahrensten Feldherrn des Abendlandes. Er führte praktisch sein Leben lang Kriege in ganz Europa und erwarb auch viel Ruhm als Turnierkämpfer. Seine Popularität als tugendhafter Ritter gründet sich nicht zuletzt auch darauf, dass er die Ritter des Deutschen Ordens davon abgehalten hatte, sechstausend heidnische Samogiter abzuschlachten, die sich im Jahr 1329 bei Medwege in Litauen ergeben hatten. Der alte Kreuzfahrer war damals dabei und hat die Geschichte selbst unzählige Male erzählt.
Obwohl er als König Böhmen regiert, ist Johann von Luxemburg durch und durch von französischer Lebensart. Er wuchs in Paris auf und studierte dort in jungen Jahren. In seinem Königreich Böhmen verbrachte er nur wenig Zeit, und so hat er dort wenig Rückhalt. Er hält sich sehr oft am Hof in Paris auf, wo das Turnierwesen in einem Maß gepflegt wird, das an den anderen Höfen Europas nicht erreicht wird. Johann von Luxemburg ist ein enger Vertrauter des französischen Königs, dem er als Krieger und Diplomat zur Seite steht.
Im Jahr 1337 ereilte die furchtbare Erbkrankheit der Luxemburger den König, und er erblindete auf dem rechten Auge. Drei Jahre später verlor er bei einer missglückten Operation durch Guy de Chauliac das Augenlicht ganz. Seither heißt der böhmische König bei vielen auch „Johann der Blinde". Dennoch ist sein Ruf als idealer Ritter ungebrochen.

Der Böhme weiß, dass sein König darauf brennt, den Engländern noch einmal entgegenzutreten, wie schon in den Jahren 1338 und 1339, wo er als Befehlshaber der französischen Truppen in Südwestfrankreich große Erfolge erzielte. Der böhmische Ritter fürchtet nur, dass alle Erfolge, die Frankreich in den ersten Kriegsjahren in Aquitanien erzielt hat, jetzt, wo der Sohn des französischen Königs den Befehl im Südwesten führt, zunichte gemacht werden. Der alte Kreuzfahrer zuckt die Schultern. Die Zukunft wird weisen, was kommt.

Der junge Ritter aus der Auvergne macht eine Finte und trifft seinen Gegner mit der Spitze seines Schwertes am Arm. Der Schlag wird vom Armzeug abgelenkt, und der andere Ritter revanchiert sich mit einem Schlag, der den jungen Mann aus dem Gefolge des Comte d'Alençon wanken lässt. Der Auvergner keucht vor Anstrengung. Hinter dem Visier seines Helmes bekommt er kaum Luft. Unter seiner Rüstung ist es heiß, und er ist schweißgebadet. Er holt tief Luft und wirft sich wieder auf seinen Gegner. Seine Schläge prasseln so dicht auf den anderen herab, dass dieser nicht zum Zurückschlagen kommt.

Der junge Auvergner hasst die Engländer. Sie haben seinen Bruder getötet. Dieser ist im Vorjahr bei der Verteidigung von Bergerac gefallen. Primitive englische Bauern haben ihn mit ihren Pfeilen durchbohrt. Das werden diese Teufel büßen.

Er holt mit dem Schwert weit aus und schlägt mit aller Kraft zu. Sein Gegner versucht den Schlag mit dem Schild abzufangen, doch der Hieb ist so wuchtig, dass der Schild zersplittert. Sein Kontrahent schüttelt die Reste des Schildes ab und schlägt im selben Moment zu, aber der Auvergner pariert den Hieb. Blitzschnell schlägt er selbst zu, wieder und wieder. Dem anderen gelingt es kaum, die Schläge abzuwehren. Er wankt und torkelt zurück. Der Auvergner setzt nach und landet noch einen Hieb. Sein Gegner macht zwei schnelle Schritte rückwärts und hebt die Arme.

Der Auvergner will weiter auf seinen Gegner einschlagen, aber er beherrscht sich und lässt das Schwert sinken. Dann öffnet er sein Visier und atmet tief die frische Luft ein. Sein Gegner nestelt für einen Moment an seinem Visier herum, dann kann auch er frische Luft schnappen. Die beiden Männer nicken einander zu, dann schütteln sie einander die Hand.

Die beiden Ritter gehören zum Gefolge des Comte d'Alençon. Charles de Valois ist der jüngere Bruder des französischen Königs. Während der König mehr als Politiker denn als Krieger gilt, sieht sich Charles als erfolgreicher Feldherr. Im Jahr 1330 nahm er die strategisch wichtige Stadt Saintes in Westfrankreich trotz ihrer großen Garnison ein. Er gilt als einer der erfahrensten militärischen Berater des Königs und seines Sohnes, des Duc de Normandie.
Der junge Ritter, der schwer atmend dasteht, ist der zweite Sohn eines Ritters aus dem Osten der Grafschaft Auvergne. Als Siebenjähriger war er als Page an den Hof des Comte d'Alençon gekommen, während sein älterer Bruder mit diesem Alter an den Hof eines Onkels mütterlicherseits gesandt worden war. Am Hof des Comte d'Alençon lernte der junge Adelige, was für ein Leben als Ritter am Hof eines Fürsten notwendig ist. Er versteht es ebenso, sich höflich und galant zu benehmen, Gedichte und Lieder vorzutragen, wie den Damen aufzuwarten und ihnen ein angenehmer Gesellschafter zu sein.Im Alter von vierzehn Jahren wurde er einer der Knappen des Grafen. Damals begann für ihn das Training mit Waffen und Rüstung, das bisher ein Spiel war, ernsthaft. Jeden Tag trainierte er hart. Den Grafen begleitete er bei dessen kriegerischen Unternehmungen ebenso wie auf die Jagd oder zu den glänzenden Turnieren am königlichen Hof zu Paris. Im Lauf der Jahre ist aus ihm ein hervorragender Schwertfechter und gewandter Höfling geworden. Bisher hat er noch keine Gelegenheit gehabt, selbst in einer Schlacht zu kämpfen und er brennt darauf, den Tod seines Bruders zu rächen.

Im Frühjahr des vergangenen Jahres erreichte sein Leben seinen bisherigen Höhepunkt. Der Graf schlug ihn in einer großen Zeremonie gemeinsam mit mehreren anderen jungen Adeligen seines Gefolges zum Ritter. Die Zeremonie gab ihm das Bewusstsein, etwas ganz Besonderes zu sein. Er nahm ein symbolträchtiges Bad, um gereinigt zu werden, begab sich dann ins Bett,

um sich getrocknet wieder zu erheben und so einen Blick ins Paradies zu tun. Dann wachte und betete er mit den anderen Knappen die Nacht über in der Kapelle, während sein zuvor geweihtes Schwert mit den Schwertern der anderen auf dem Altar lag. Dabei trug er die Rüstung, deren Kosten sein Vater ebenso übernommen hatte wie die für sein Schlachtross.
Den kräftig geführten Ritterschlag in Form einer Ohrfeige nahm der junge Auvergner vor seinem Herrn kniend hin ohne mit der Wimper zu zucken. Damit zeigte er die Selbstbeherrschung, die den erwachsenen Mann vom Knaben unterscheidet. Er wusste, dass dies der letzte Schlag in seinem Leben sein sollte, den er unerwidert hinzunehmen hatte. Der würdige Abschluss des Festes war ein dreitägiges Turnier. Als Ritter weiß er, dass Turniere nicht nur glänzende gesellschaftliche Ereignisse sind, in denen ein Ritter sein Können zeigen kann, sondern dass sie auch eine wichtige Vorbereitung auf den Krieg sind. Hier am Hof des Comte d'Alençon erwartet man täglich eine Landung der Engländer, weshalb alle Krieger des gräflichen Gefolges ständig ihre Waffenfertigkeit üben.

Der Auvergner steckt das Schwert in die Scheide, legt den Schild beiseite und winkt die Pagen heran, die ihm helfen sollen, die Rüstung abzulegen. Sein Vater ist ein reicher Mann, und so entspricht seine Ausrüstung dem letzten Stand der Technik.
Er zieht seine Handschuhe aus und gibt sie einem Pagen, der sie bewundernd betrachtet. Der junge Auvergner zählt zu den höchst modebewussten Mitgliedern des gräflichen Hofes, und so sind seine Handschuhe modisch und extravagant. Auf die Finger der ledernen Handschuhe sind Eisenplättchen aufgenietet und über den Knöcheln sitzen Metalldornen. Wenn der Ritter mit der Faust zuschlägt, ist das, als ob er einen Schlagring tragen würde. Die weit ausgestellten eisernen Stulpen geben den Handschuhen die Form eines Stundenglases.
Diese Art von Handschuhen, die bei den älteren Rittern noch als modische Torheit gilt, wird innerhalb der nächsten Jahre zum dominierenden Modell werden. Mit geschickten Fingern löst der Ritter den Kinnriemen seines Helmes und nimmt ihn ab. Der Helm gehört zu jener Art, die man „Beckenhaube“ oder „Bacinet“ nennt. Er läuft über dem Scheitel konisch

zusammen, wo er von einem vergoldeten Ornament in der Form von ineinander verschlungenen Blüten gekrönt wird. Er ist tiefer über die Ohren gezogen als dies bisher bei Helmen dieses Typs üblich war. An seinem unteren Rand ist ein Kettengeflecht befestigt, das den Hals und die Schultern seines Trägers bedeckt. Das Gesicht wird von einem leicht vorgewölbten Visier geschützt, das sich mittels eines Scharniers über der Stirn hochklappen lässt.

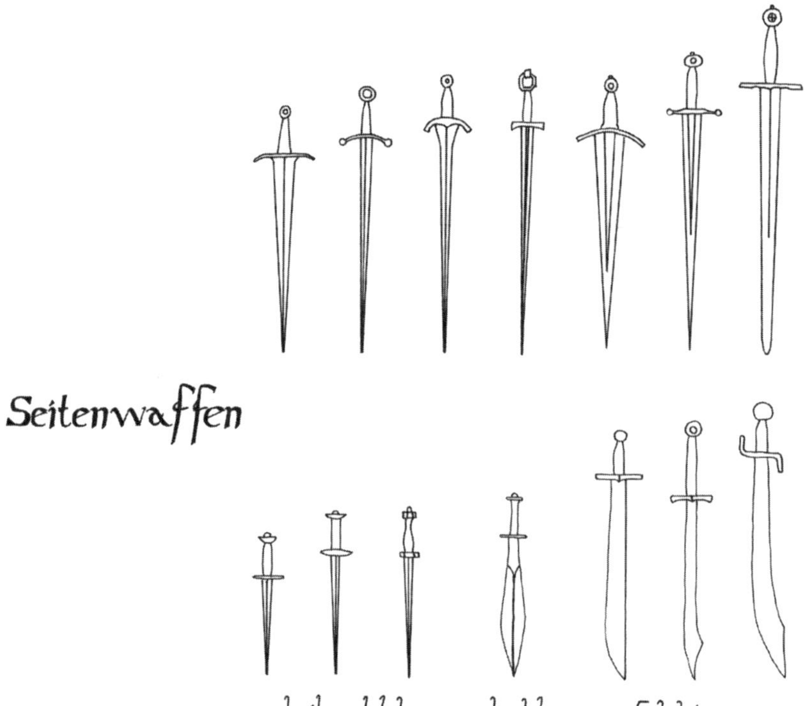

Er reicht den Helm einem Pagen, der ihn auf den langen Holztisch an der schattigen Mauer des Burghofes legt. Der andere Page löst den Schwertgürtel von den Hüften des Ritters. Er ist an die drei Finger breit, aus blau gefärbtem Leder und mit kleinen Lilien aus vergoldetem Zinn beschlagen.

An ihm hängen Schwert und Dolch in Scheiden, die ebenso gefärbt und verziert sind. Durch ihre Holzeinlagen sind sie steif, wodurch sich die Waffen leicht ziehen und wieder wegstecken lassen. Ihre Enden sind durch vergoldete Eisenkappen geschützt.
Das Schwert hat die klassische Kreuzform. Es hat eine lange schmale Klinge, die vorne spitz ausläuft. Der Griff ist lang, und der Knauf ist eine dicke Scheibe, die ebenso vergoldet ist wie die Parierstange. Es ist eine elegante Waffe, perfekt ausgewogen, die ebenso zum Hauen wie zum Stoßen geeignet ist. Als zweite Seitenwaffe trägt der Auvergner einen Dolch mit langer, schmaler, spitz zusammenlaufender Klinge, die dazu geschaffen ist, durch die Panzerringe von Kettenhemden oder die Sehschlitze von Visieren gestoßen zu werden. Wegen der beiden vergoldeten Scheiben, die Heft und Knauf bilden, wird diese Waffe „Scheibendolch“ genannt.

Einer der beiden Pagen tritt hinter den Ritter und öffnet die Schnallen des Plattenpanzers. Dann zieht er den Rückenteil vorsichtig über den Kopf des Adeligen, während der andere Page die Seitenteile ergreift, einen Schritt zurücktritt und so den Auvergner von der Last des Panzers befreit.
Der Panzer ist ein ponchoartiges Kleidungsstück aus sehr festem Leinen mit Seitenteilen, die sich hinter dem Rücken zusammenschnallen lassen. Zwischen die Stoffschichten sind an der Vorderseite waagrechte und an den Seitenteilen senkrechte Stahlplatten genietet. An den Schultern sind ovale Schulterstücke aus Stahl befestigt. Die Außenseite des „Côte à Plates“, wie das Kleidungsstück in Frankreich genannt wird, ist mit roter Seide belegt. Die dekorativen Zaddeln am unteren Ende sind mit goldenen Fransen und kleinen vergoldeten Blumen verziert. Diese Art von Körperpanzer beginnt sich gerade durchzusetzen und bietet einen deutlich besseren Schutz als die Kettenhemden, über denen der Plattenpanzer getragen wird.

Den Wappenrock aus festem, gefüttertem Stoff, der mit wertvoller Seide überzogen ist und auf seiner Vorder- und Rückseite das Wappen des Ritters zeigt, trägt der Auvergner nicht, wenn er trainiert. Wenn er dem Grafen in die Schlacht folgt, wird er ihn über den Plattenpanzer ziehen. Sein Wappenrock ist, der letzten Mode folgend, seitlich geschlitzt und vorne auf

Höhe der halben Schenkel abgeschnitten, während er hinten bis zu den Kniekehlen reicht. Das Wappen zeigt seinen Feinden, dass er ein würdiger Gegner für jeden Ritter ist. Es gibt ihm darüber hinaus die Gewissheit, dass ihn ein siegreicher Gegner nicht einfach erschlagen wird. Sollte er einen Kampf verlieren, wird man ihn gefangen nehmen und dem Kodex der Ritterschaft folgend, gegen Lösegeld wieder freilassen.
Mit schnellen Griffen öffnen die Pagen die Schnallen der Riemen, mit denen die eisernen Armschienen an den Ober- und Unterarmen des Ritters befestigt sind. An seinen Unterarmen sitzen unter dem Kettenhemd zweiteilige Röhren, die mit Scharnieren und Schnallen geschlossen werden und den ganzen Unter-arm umschließen. Die Oberarmschienen sind rinnenartig und bedecken nur die Außenseite seiner Oberarme.

Zu zweit befreien die Pagen den Ritter von seinem Kettenhemd. Es besteht aus tausenden eisernen Ringen, von denen ein jeder mit vier anderen Ringen verbunden ist. Jeder einzelne Ring ist vernietet. Die Ärmel des Ketten-panzers reichen dem Auvergner bis auf die halben Unterarme. An den Ellenbogen und vor den Achseln sind metallene Scheiben befestigt, um diesen empfindlichen Stellen noch mehr Schutz zu geben.
Das Kettenhemd selbst reicht bis zu den Knien des jungen Ritters, wo es hinten und vorne keilförmig ausläuft. Es umschließt den Hals seines Trägers mit einem verstärkten Kragen. Eine Kapuze, wie sie früher üblich war, hat das Kettenhemd nicht mehr. Sie ist durch das Kettengeflecht am Helm unnötig geworden. Sie wird nur mehr von Kämpfern getragen, die anstelle einer Beckenhaube einen der altertümlichen und klobigen Topfhelme tragen. Für viele Generationen von Rittern hat ein Kettenpanzer als Schutz ausgereicht, aber jetzt hat sich gezeigt, dass die englischen Bogenschützen mit ihren Pfeilen, auf denen scharfkantige, meißelartige Spitzen sitzen, das Kettengeflecht aufsprengen und zerreißen können.

Der Auvergner muss wieder an seinen gefallenen Bruder denken, und erneut flammt Hass in ihm auf. Er wünscht sich, den Engländern endlich gegenüber zu stehen. Wie ein Strafgericht wird er zwischen sie fahren und sie auf seine Lanze spießen, sie mit seinem Schwert erschlagen und sie unter den Hufen seines Streitrosses zermalmen. Die Pagen lösen die Haken, mit denen der Aketon des Ritters verschlossen ist. Das knielange Kleidungsstück besteht aus mehreren Lagen festen Stoffes und ist weich gefüttert. Es soll nicht nur das Tragen der Rüstung angenehmer machen, sondern auch Schläge abmildern und verhindern, dass aufgerissene Kettenglieder in den Körper seines Trägers getrieben werden. Der Aketon ist innen ebenso schweißnass wie das Unterhemd, das der Auvergner direkt am Körper trägt. Die Wärme, die sich unter einer Rüstung bildet, stellt für einen Ritter ein großes Problem dar. Im Verbund mit der durch das Visier stark eingeschränkten Luftzufuhr hat sie schon so manchen Kämpfer, der in der Hitze des Kampfes seinen Helm nicht rechtzeitig hat öffnen können, ohnmächtig werden lassen.

Jetzt fehlt nur noch das Beinzeug. Der junge Ritter wird ungeduldig. Zu lange schon dauert ihm die Prozedur. Er hat einer der jungen Damen aus dem gräflichen Gefolge versprochen, sie mit Gedichten zu unterhalten, und nichts wäre ihm unangenehmer, als sich zu verspäten.
Die Pagen haben kaum die Beinschienen, die seine Schienbeine zusätzlich schützen, entfernt, als der Auvergner auch schon die Riemen öffnet, mit denen die Beinlinge aus Kettengeflecht und die Dichlinge, die er darüber trägt, an einem Gürtel um seine Hüften befestigt sind. Die Dichlinge sind kurze Röhren aus mehreren Lagen gefütterten Stoffes, in die kleine Stahlplättchen eingenietet sind. Sie sind außen mit blauer Seide belegt, und die Köpfe der Nieten sind vergoldet. Sie reichen bis unter die Knie des Ritters, und an ihnen sind die eisernen Kniekacheln befestigt. Die Kniekacheln schützen die Kniescheiben, die bei einem Mann zu Pferd das verwundbarste Ziel bieten.

Der Auvergner schlüpft aus dem Beinzeug und überlässt es den Pagen, die Kettenstrümpfe mit den Ledersohlen von den Dichlingen zu trennen. Er zieht sich das Unterhemd über den Kopf und nimmt das dargebotene Tuch, um sich trocken zu reiben. Dann hastet er, nur in seinen ledernen Hosen, die Treppe zu seiner Kammer hoch, wo ihn ein anderer Page mit seinen besten Kleidern erwartet. Man lässt eine Dame nicht warten!

Der Fahnenträger hebt den Kopf zum bleichen normannischen Himmel. Sein Blick gilt nicht dem weiten Firmament, das sich über der Halbinsel Cotentin spannt, sondern dem Banner, das über ihm im Wind knattert. Stolz reckt sich der grüne Löwe der Barone von Briquebec auf dem goldenen Feld des Fahnentuchs. Der Normanne klemmt die Fahnenstange mit dem Fuß fester gegen das Eisen des Steigbügels und treibt sein Pferd an. Vor ihm reitet sein Herr Robert Bertrand, der Baron von Briquebec. Der Baron, der seine Blutlinie bis zu einem norwegischen Wikingerfürsten zurückverfolgen kann, ist seit dem Jahr des Herrn 1325 Marschall von Frankreich. Er ist der Befehlshaber der Küsten der Normandie von der Bretagne bis zu Seine. Seine Aufgabe ist es, die Küstengebiete auf die drohende englische Invasion vorzubereiten. Die Küsten von der Seine bis zur Somme, von der Somme bis zur Grenze Flanderns und von der Südgrenze der Bretagne bis Aquitanien hat der König anderen Marschällen anvertraut.

Marschall Bertrand stehen für die Erfüllung seiner Aufgaben kaum Mittel zur Verfügung. Der Connétable, der Befehlshaber über alle Truppen des französischen Königs, und der Graf von Flandern haben alle verfügbaren Truppen nördlich der Seinemündung in Harfleur zusammengezogen. Große Teile des französischen Heeres befinden sich noch in Aquitanien. Dem Marschall sind daher zur Verteidigung der Küste neben ein paar verstreuten Garnisonen und einigen hundert genuesischen Armbrustschützen nur die Milizen geblieben.

In den letzten Wochen ist der Fahnenträger als Teil des Gefolges des Marschalls entlang der normannischen Küste von Ort zu Ort gezogen. Was er gesehen hat, liegt drückend auf seiner Kriegerseele. Seit den Tagen Williams des Bastards ist die Normandie durch den seit Generationen andauernden Frieden reich geworden. Handel und Gewerbe haben die Städte aufblühen lassen. Die Bürger leben in Wohlstand – und dieser Wohlstand hat die einst gefürchteten Eroberer träge werden lassen.

Die Mauern der Städte und Burgen sind seit Jahrzehnten nicht in Stand gehalten worden. Viele Mauern sind eingestürzt und – wenn überhaupt – nur notdürftig repariert worden. Die Bevölkerung des Landes ist wie überall in Europa in den Jahrhunderten seit Karl dem Großen stark angewachsen. Wo Städte über ihre alten Mauern hinausgewachsen sind, sind die neuen Stadtviertel oft von keinen Verteidigungsanlagen umgeben. Die Bürger scheuen die Kosten und die Arbeit.

Der Fahnenträger lässt seinen Blick über die Landschaft, durch die sie reiten, streifen. Flache Hügel wechseln ab mit Ebenen. Es finden sich keine natürlichen Hindernisse, an denen man eine feindliche Armee aufhalten kann. Starke Mauern und wohlgefüllte Lager sind hier das einzige, das einer Stadt und der Bevölkerung in ihrem Umland das Überleben sichert, wenn ein feindliches Heer herannaht.
Die Anweisungen des Marschalls, die Wehranlagen so schnell wie möglich in Stand zu setzen, sind zumeist mit Widerwillen aufgenommen worden. Der Fahnenträger ist überzeugt, dass nur wenige Kommunen den Befehlen Robert Bertrands nachkommen werden. Zu wichtig sind den Städtern ihre Ruhe und ihr Geld.

Um die Milizen, die die Städte verteidigen sollen, ist es nicht besser bestellt. Grundsätzlich müssen alle wehrfähigen Männer einer Stadt in deren Miliz dienen. Verpflichtet sind nicht nur die gewöhnlichen Bürger, sondern auch jene Adeligen, die ihre Sitze auf dem Land aufgegeben haben und in die Städte gezogen sind. Sie haben oft Kommandofunktionen in der Miliz oder dienen in eigenen berittenen Einheiten. Die wohlhabenden Städter können sich gute Ausrüstung leisten, doch die wenigsten können damit auch umgehen. Die meisten Milizionäre sind kaum ausgebildet und trainiert. Kampferfahrung fehlt ihnen völlig.

Dem Fahnenträger ist ebenso bewusst wie seinem Herrn, dass sie das Land kaum gegen einen Einfall der Engländer verteidigen können. Der Marschall braucht also richtige Kämpfer. Einige wenige Burgen verfügen über Garnisonen, die stark genug sind, um einer Belagerung zu trotzen. In ein paar Orten und an Bord der Schiffe, die die Ankunft der genuesischen Flotte erwarten, gibt es einige hundert genuesische Söldner, vor allem Armbrustschützen. Sie werden gemeinsam mit Robert Bertrands eigenen

Gefolgsleuten das Rückgrat der Truppen des Marschalls bilden müssen. Die Milizen können bestenfalls zu ihrer Verstärkung dienen.
Der Fahnenträger spornt sein Pferd und schließt zu seinem Herrn auf. Der Baron wirkt müde. Er ist beinahe sechzig Jahre alt, und die letzten Wochen haben sichtlich an seinen Kräften gezehrt. Die langen Ritte und die ständigen Versuche, die Bevölkerung auf die bevorstehenden Schrecken vorzubereiten und sie dazu zu bringen, zur Verteidigung des Königreiches beizutragen, haben alle im Gefolge des Barons müde gemacht.
Jetzt sind sie unterwegs, um einem schrecklichen Gerücht nachzugehen. Man erzählt sich, dass an die fünfhundert genuesische Armbrustschützen von der Halbinsel Cotentin abgezogen sein sollen, nachdem sie ihren Lohn nicht erhalten hatten.

3. Kapitel

Kanalküste, Juli 1346

Der Kammerherr liegt wach in seinem Quartier. Durch das schmale Fenster sickert ein erstes Grau herein, das davon kündet, dass es noch sehr früh am Morgen, fast noch Nacht ist; eine Nacht Anfang Juli im Jahre des Herrn 1346. Für den Kammerherrn war es wieder eine Nacht mit zu wenig Schlaf, mit Magenschmerzen und zu vielen Sorgen. Die größte Sorge des Kammernherrn gilt der Geheimhaltung. Er fragt sich seit Tagen, wie viel die Franzosen über die Invasionsarmee wissen. Er kann nicht glauben, dass die Vorbereitungen für das große Unternehmen völlig unbemerkt geblieben sein können.
Wissen die Franzosen, wie viele Männer hier an der englischen Südküste versammelt sind? Wissen sie, wie viele Schiffe in den Häfen der Kanalküste auf günstigere Winde warten? Kennen sie vielleicht gar das streng geheim gehaltene Ziel der Flotte? Warten bereits feindliche Kampfschiffe auf das Auslaufen der englischen Schiffe? Steht die französische Flotte mit ihren genuesischen und aragonischen Verbündeten bereit, die englischen Transportschiffe auf hoher See abzufangen und auf den Grund des Atlantiks zu schicken?
Der Kammerherr legt die Hand auf seinen schmerzenden Magen. Er kennt die Berichte der Spione aus Südfrankreich. Der französische König hat im vergangenen Herbst durch seine Gesandten eine Flotte von genuesischen Galeeren, bemannt mit Söldnern, angeworben. Diese Schiffe sind gefährlich für die schwer beladenen Transporter, die ihnen nicht entkommen können. Vermutlich machen auch schottische Piratenschiffe, mit ihren aus Schotten und Franzosen gemischten Besatzungen, die Gewässer rund um die französischen Küsten unsicher.
Der Kammerherr ist sich im Klaren, dass selbst die beste Geheimhaltung nicht lückenlos sein kann, schon gar nicht über einen so langen Zeitraum hinweg.

Es kann den Franzosen nicht entgangen sein, dass König Edward seit dem vergangenen Jahr ein Heer versammelt. Es ist alles so furchtbar langsam gegangen!
Am 1. Juni dieses Jahres war es endlich so weit. König Edward kam nach Portsmouth und bezog in Porchester Castle Quartier, um selbst den Oberbefehl über das Unternehmen zu übernehmen. Die Häfen, unter ihnen die von London, Dover, Winchelsea und Sandwich, sind gesperrt worden. Kein Schiff darf auslaufen, bis die Flotte nicht wenigstens eine Woche auf See ist – mit einer Ausnahme … aber das hat noch Zeit.
Draußen heult der Wind, aber er klingt nicht mehr so wild wie in den letzten Tagen. Der Kammerherr richtet sich auf. Wieder spürt er den Druck auf seinen Magen. Das Wetter hat es bisher nicht gut gemeint mit König Edward und seinem Heer. Bis Ende Juni war die Flotte von ungünstigen Winden an der Küste festgehalten worden. Am 28. Juni liefen die Schiffe das erste Mal aus. Sie kamen nur bis Yarmouth auf der Insel Wight, dann trieben widrige Winde sie nach Portsmouth und Forland zurück. Am 3. Juli versuchten sie es wieder. Bei Saint Helens an der Ostküste der Isle of Wight wurden sie vom stürmischen Wind gezwungen, für einige Tage vor Anker zu gehen. Die rollenden, stampfenden und schwankenden Schiffe waren für die Männer und die Pferde die Hölle.
Der Kammerherr, der mit seinem König auf einer großen Kogge fuhr, wagt gar nicht daran zu denken, wie es für die Männer, die gedrängt in den kleinen Fischerbooten ausharren mussten, gewesen sein muss. Man hatte ihnen gesagt, dass die Fahrt nach Bordeaux in der Gascogne gehen würde. Wenn die See hier im Ärmelkanal schon so rau war, was würde dann erst der offene Atlantik mit den kleinen Booten machen? Der Wind hatte gedreht, und der Ankerplatz war zu unsicher geworden. Wieder hatten sie in die Häfen zurückkehren müssen. Jetzt wartet das ganze Heer abermals darauf, dass der Wind erneut dreht und sie zum dritten Mal in See stechen können. Gut nur, dass die Schiffe Proviant für die Fahrt bis in die Gascogne, die mehr als zwei Wochen dauern kann, geladen haben.
Der Kammerherr steht auf und beginnt sich im fahlen Licht des nahenden Morgens anzukleiden. Dann sucht er einen der Pagen. Vielleicht beruhigt ein ausgiebiges Frühstück seinen nervösen Magen.

Der Centenar seufzt tief, und die Flamme der Kerze auf dem Tisch vor ihm flackert. Er schaut in die verschwollenen Gesichter vor ihm und schickt ein Stoßgebet zu Gott dem Herrn, dass der Wind endlich drehen möge und sie in See stechen können. Die Männer der Hundertschaft, die er befehligt, werden von Tag zu Tag unruhiger und aggressiver. Seit Wochen sitzen sie schon hier an der Südküste herum. Das Warten macht sie mürbe und reizbar. Zweimal sind sie schon ausgelaufen, und zweimal hat die Fahrt wieder in einem englischen Hafen geendet. Das Gedränge auf den Schiffen und der hohe Wellengang haben ihren Tribut gefordert. Den Männern aus den Bergen von Wales war die ganze Zeit über übel. Kaum einer, der sich nicht ein paar Mal übergeben hat. Kein Wunder, dass sie bei schlechter Laune sind. Sie sind in den Sold des Königs getreten, um zu kämpfen und um Beute zu machen, nicht um die Fische zu füttern.

Heute hat sich ein ganzes Dutzend dieser walisischen Teufel eine wüste Wirtshausschlägerei mit einheimischen Fischern geliefert. Messer sind gezogen worden, und Blut ist geflossen. Von den Spießknechten ist keiner ernstlich verletzt. Der Hundertschaftsführer hofft, dass es auch bei den Fischern keine ernsten Verletzungen oder gar Tote gegeben hat. Zwei der Einheimischen sollen von ihren Kameraden gestützt worden sein, als sie abgezogen sind. Vermutlich sitzen sie irgendwo beisammen und sinnen auf Rache. Die nächste Schlägerei ist jetzt schon absehbar.
Wenn die Fischer den Vorfall anzeigen, muss er sich morgen auch noch mit den Beamten des Sheriffs und vielleicht auch noch mit denen des Königs auseinandersetzen.Natürlich beteuern die Unschuldslämmer vor ihm, dass die Fischer den Streit begonnen haben, aber irgendwie kann sich keiner mehr genau erinnern, worum es eigentlich ging.
Natürlich sind auch die Fischer mit ihrer Situation unzufrieden, und das macht auch sie reizbar. Die Fischer, die große, seetüchtige Boote haben, sind mehr oder minder zwangsverpflichtet worden, in der Flotte Dienst zu tun. Sie dürfen nicht zum Fischen hinausfahren. Sie müssen genauso wie die Soldaten herumsitzen und auf besseres Wetter warten.
Der Centenar seufzt wieder und erneut flackert die Kerze. Die Männer vor

ihm treten von einem Fuß auf den anderen und werden immer unruhiger. Mit einer ungnädigen Handbewegung bedeutet er ihnen zu verschwinden. Drängelnd und stoßend ziehen sie ab.
Der Centenar schickt ein weiteres Stoßgebet um besseres Wetter und günstige Winde zum Himmel. Dann löscht er die Kerze und macht sich auf einen Rundgang, um für Ruhe in den Quartieren seiner Hundertschaft zu sorgen. Noch mehr Scherereien kann er heute nicht mehr brauchen.

An Bord der großen Kogge ist es dunkel, und die Luft ist feucht und muffig. Der Waffenmeister tastet im Halbdunkel die Planen und die Pferdehäute ab, die die Wagen bedecken, für die er hier an Bord des Schiffes verantwortlich ist. Sie sollen die Fahrzeuge und ihre wertvolle Ladung vor der allgegenwärtigen Feuchtigkeit schützen. Trotz der im Schiff herrschenden Dunkelheit bedeutet der Waffenmeister den beiden Männern an seiner Seite, mit den Laternen weiter weg von der Ladung zu bleiben. Er kontrolliert die festgezurrten Wagen täglich. Ein Schiff ist kein guter Ort für die Ladung, die sich unter den Planen befindet. In einem Schiff ist es immer feucht, Wasser dringt stets von irgendwoher ein. Fässer halten zwar jeden Inhalt trocken, aber der Waffenmeister ist ein vorsichtiger Mann. Wasser ist für seine Wagen fast genauso schlecht wie Feuer.
Der Waffenmeister bückt sich und kontrolliert jedes der Seile, mit denen die Wagen vertäut sind. In der fast völligen Dunkelheit unter den Fahrzeugen prüft er den Sitz der Keile, die unter die Räder geschoben sind. Die Vorstellung, dass sich ein Wagen losreißen und im schweren Seegang gegen die Bordwände krachen könnte, ist erschreckend. Die wie Dachziegel aufgetragenen Planken würden eine solche Belastung kaum überstehen, und das Schiff würde sinken. Zufrieden nickt der Waffenmeister und scheucht seine Helfer mit einem Wedeln der Hand weiter. Sie müssen sich um die Pferde kümmern.
Die schweren Zugpferde sind in eigenen Transportabteilen untergebracht, wo sie so angebunden sind, dass sie sich nicht verletzen können. Die Tiere haben unter den beiden fehlgeschlagenen Auslaufversuchen mindestens

ebenso gelitten wie die menschlichen Passagiere. Aus langjähriger Erfahrung mit dem Transport von Pferden weiß der Waffenmeister, dass einige der Tiere wenige Tage nachdem die Flotte ihr Ziel erreicht hat, an der Transportkrankheit sterben werden. Trotz des begrenzten Platzes an Bord der Schiffe haben die königlichen Beamten im Tower vorsorglich Reservepferde für seine Wagen an Bord des Schiffes bringen lassen.

Der Waffenmeister, der sich immer auch mit den Problemen der Versorgung zu beschäftigen hat, denkt an die Tausende Pferde, die die Armee begleiten. Für sie sind auf zahlreichen Schiffen eigene Boxen eingebaut und Laderampen montiert worden. Eiserne Ringe sind an den Balken der Fahrzeuge angebracht worden, an denen man die Tiere so festbinden kann, dass sie weder sich noch andere verletzen können. Trotzdem ist der Transport von Pferden immer problematisch. Sie müssen gefüttert und getränkt werden, und ihre Exkremente müssen beseitigt werden. Wenn der Seegang hoch ist, kann das eine fast unlösbare Aufgabe darstellen. Am Zielhafen müssen die Tiere dann über die Laderampen an Land gebracht werden. Sie brauchen mehrere Tage, wenn nicht gar Wochen, um sich von den Strapazen der Reise zu erholen, so dass eine Armee erst Tage nach der Landung aufbrechen kann. Allein die Zahlen lassen den Waffenmeister erschauern. Für einen Reisigen rechnet man drei Pferde, ein Ritter benötigt vier Reittiere, und einer der hohen Adeligen, ein Bannerherr, Baron, Graf, Herzog oder gar der König führt mindestens fünf von ihnen mit sich. Dazu kommen noch ein paar Tausend Pferde für die berittenen Bogenschützen und die anderen leichten Reiter. Nicht zuletzt sind auch viele der Pagen und Knechte beritten, um mit ihren Herren Schritt halten zu können.
Auch die vielen Zugpferde und die Tragtiere dürfen nicht vergessen werden. Um all diese Tiere müssen sich die Rossknechte kümmern und sie versorgen. Am wenigsten beneidet der Waffenmeister diejenigen Rossknechte, die sich in der Enge der Schiffe um die Schlachtrösser kümmern müssen. Alle Streitrösser sind Hengste und werden aggressiv, wenn sie in die Nähe anderer Hengste kommen. Diese natürliche Aggressivität kann gegen die Pferde des Feindes gerichtet werden, die sie beißen und treten – und natürlich muss jeder Ritter zeigen, dass er so ein Tier beherrschen kann.

An Bord der Schiffe sind oft mehrere Hengste gemeinsam untergebracht, und sie sind daher ständig nervös und angriffslustig. Die Enge, der Seegang und der Bewegungsmangel tun ein Übriges.
Die wertvollsten unter den Schlachtrössern sind die so genannten „Dextrier". Der Name kommt vom lateinischen Wort „dexter" für „rechts". Diese Pferde sind so abgerichtet, dass sie nur mit der rechten Hand oder dem rechten Fuß gelenkt werden müssen. Das ist ein großer Vorteil, wenn der Reiter in einer Hand eine Lanze und in der anderen einen Schild hält. Sie kosten ein Vermögen, und manche werden nur bei Turnieren eingesetzt. Ein Dextrier kostet an die hundert Pfund, und das ist enorm viel Geld, wenn man bedenkt, dass als das Mindestjahreseinkommen eines Ritters zehn Pfund angenommen werden und ein Bürgerlicher, der über ein Einkommen von zehn Pfund im Jahr verfügt, als reich gilt. Etwas billiger sind die „Renner". Sie werden mit den Sporen und mit den Zügeln gelenkt, die mittels langer Zugstangen mit Kandarengebissen verbunden sind.

Der Waffenmeister begutachtet jedes einzelne der Pferde, für die er verantwortlich ist. Es sind große, starke Tiere, gezüchtet um schwere Lasten zu ziehen. Sie stehen geduldig in ihren Boxen und erwecken den Eindruck, als ob sie nichts aus der Ruhe bringen könne. Der Waffenmeister prüft ihre Fesseln, klopft einem auf die Kruppe und streicht einem anderen über die Nüstern. Diese Pferde müssen die Reise gesund und sicher hinter sich bringen, wenn er seine Aufgabe erfüllen will.
Verglichen mit den Zugpferden für die schweren Wagen sind Schlachtrösser nicht besonders groß. Nicht ihre Größe, sondern ihr Körperbau ist entscheidend. Schlachtrösser haben eine breite Brust, die eine tiefe Atmung erlaubt. Sie haben starke Muskeln, die es ihnen ermöglichen, einen gepanzerten Mann zu tragen und trotz seines Gewichtes zu traben und über kurze Strecken sogar zu galoppieren.
Da es unbequem ist, auf den Schlachtrössern zu reiten, besitzt jeder Ritter zusätzlich noch zumindest einen Zelter. Hier in England nennt man sie „palfrey". Das sind ruhigere Pferde, die man dazu abgerichtet hat, im Passgang zu gehen. Das ist für den Reiter bequemer und viel angenehmer als der Trab oder der Galopp. In voller Rüstung zu traben, ist eine echte Qual.

Bei den Deutschen Rittern im Baltikum wird es daher sogar als Strafe, etwa für Ungehorsam, verhängt. Nur die Reichen können sich derart teure Reittiere wie Schlachtrösser und Zelter leisten. Die Pagen und die Knechte, die Bogenschützen und die Hobilare – das sind die leichtbewaffneten und kaum gerüsteten Aufklärer und Fouragiere, die auch für die Verpflegung eines Heeres zuständig sind – können nur auf billigen Pferden reiten.

Der Waffenmeister hat seine Inspektion beendet und geht wieder von Bord. Seine Knechte folgen ihm. Sie treten nach ihm ins Licht der Abendsonne, die einen Teil der Anlegestelle vergoldet, und sie löschen die unnötig gewordenen Laternen. Die Luft ist warm, und der Abendwind ist ein Lüftchen, das die Stürme vergessen lässt, die die Schiffe zweimal in die Häfen zurück getrieben haben.
Der Waffenmeister atmet tief die würzige Seeluft ein, an die er sich mittlerweile schon gewöhnt hat. Morgen soll es so weit sein. Morgen soll die Flotte in See stechen. Morgen soll der Feldzug beginnen.

Er klopft jedem der Bogenschützen, die vom Kai herunter auf das Deck des kleinen Segelschiffs klettern, auf die Schulter und sagt ein paar Worte, die aufmunternd klingen sollen. Die Männer in den grün-weißen Jacken und Gugeln, die ihre Köpfe und Schultern bedecken, sind müde und mürrisch. Kaum einer antwortet etwas. Das kann er verstehen, er ist selbst noch müde. Vielen sieht man an, dass sie nicht glauben, ihr Frühstück diesmal bei sich behalten zu können. Zu schlimm war es die beiden letzten Male.
Er und seine Männer haben erst gestern Abend erfahren, dass die Flotte heute zum dritten Mal auslaufen wird – nun ja, aller guten Dinge sind drei. Sie sind im ersten Morgengrauen aufgestanden, haben ihre Waffen und ihre Ausrüstung, ihr ganzes Hab und Gut, zusammengepackt und sind unter der Führung ihres Hundertschaftsführers in den Hafen marschiert – 95 Mann, fünf Vintainer, der Hauptmann, der Fahnenträger und der Priester. Der letzte seiner neunzehn Männer ist an Bord gegangen, und er winkt dem Hauptmann zu, der noch an Land steht. Dieser bemerkt ihn jedoch

nicht. Für einen Moment ist es zu einer Verzögerung gekommen, die den Hundertschaftsführer ablenkt. Einer der Bogenschützen hat entdeckt, dass er einen Sack Pfeile vergessen hat. Der Offizier, der ebenso wie die meisten Männer seiner Hundertschaft aus Flint kommt, winkt den Mann weiter. Ein paar fehlende Pfeile sind kein Problem. Die Schiffe haben hunderttausende geladen. Er kennt das kleine Schiff, auf dessen Deck er steht, noch nicht. Bei den beiden letzten Versuchen, die englischen Gewässer zu verlassen, war die Hundertschaft auf ein paar Fischerboote verteilt und hatte furchtbar unter den Stürmen und den Wellen gelitten.

Die Männer aus Flint und Nordwales haben gelernt. Sie verteilen sich so auf dem Deck, auf dem es langsam eng wird, dass die Männer mit den schwachen Mägen näher bei der Reling sind als jene, die Wind und Wellen besser vertragen.

Er schaut nach oben. Der Himmel ist blau, die Sonne scheint, und der Wind, der mit der Takelage spielt, ist nicht mehr so wild wie in den letzten Tagen – hofft er. Plötzlich spürt er, wie sich das Schiff vom Kai wegdreht und seinen Bug auf die Hafenausfahrt richtet. Die Fahrt beginnt.

Der Kapitän steht zwischen den Steuerleuten am Heck des kleinen Küstenseglers und betrachtet die Männer, die sich auf dem Deck vor ihm drängen. Es sind Bogenschützen aus dem Norden, ihrer unverständlichen Sprache nach vermutlich aus Wales. Sie müssen etwas Besonderes sein. Jeder einzelne von ihnen trägt eine Jacke und eine Gugel, die halb grün und halb weiß ist. Normale Soldaten sind nicht so gekleidet, haben nicht alle die gleichen auffälligen Uniformen an. Jedenfalls hat der Kapitän noch nie einfache Soldaten gesehen, die Livrees, also Jacken in den Hoffarben ihres Herren, über ihrer normalen Kleidung tragen. Wenn er den Geschichten trauen kann, die man sich im Hafen erzählt, sind so die Krieger aus dem nördlichen Wales gekleidet, die für den Prince of Wales kämpfen sollen.

Bis jetzt ist die Fahrt perfekt gelaufen. Der Wind steht richtig, das Meer ist spiegelglatt, und die Sonne scheint. Ein perfekter Tag für die Überfahrt.

Der Kapitän ist gut gelaunt. Seit sich die Flotte bei Saint Helens versammelt hat, weiß er, dass ihn diese Reise nicht bis ins weit entfernte Aquitanien führen wird. Vor Saint Helens hat der König versiegelte Befehle an die Schiffsführer ausgeben lassen. Das Ziel der Fahrt ist die Bucht von Saint Marco nahe der Hafenstadt Saint Vaast la Hogue auf der Halbinsel Cotentin im Herzogtum Normandie.

Das Meer ist übersät mit Wasserfahrzeugen aller Größen und Typen. Hochseetüchtige Handelsschiffe und Fischerboote, die den Fährnissen des Atlantik trotzen können, fahren an der Seite von Booten, die sich eigentlich nur für den Verkehr an den Küsten oder in den Flussmündungen eignen und gerade den Weg über den Ärmelkanal und entlang der französischen Küste schaffen können. Kauffahrer fahren an der Seite von Fischern und Sträflingen.
Es ist ein gewaltiges Durcheinander, aber alle Schiffe streben demselben Ziel zu. Es ist gut, dass sie alle wissen, wohin die Fahrt geht. Dem König und seinen Kommandeuren wäre es nicht möglich, die Flotte auf See über längere Zeit hinweg zusammenzuhalten. Die in solchen Manövern ungeübten Besatzungen der Schiffe wären auch nicht in der Lage, mit ihren Fahrzeugen eine bestimmte Position in der Flotte einzunehmen und zu halten. Hätte der König das Ziel der Fahrt also nicht vor dem Aufbruch bekannt geben wollen, wäre ihm nur die Möglichkeit geblieben, sein Banner auf dem Flaggschiff zu setzen. Diesem würden dann die Schiffe seiner höchstrangigen Gefolgsleute folgen, deren Bannern – wie auf einem Schlachtfeld – wiederum deren Untergebene folgen würden.

Der Kapitän folgt einfach der großen Kogge vor ihm. Er beobachtet sie bewundernd und fragt sich, wie es sein muss, so ein Schiff zu führen. Die Mehrzahl der Schiffe, die er von seiner niedrigen Position vom flachen Heck seines kleinen Seglers aus sehen kann, sind Fischerboote, kleine Küstensegler und andere kleine Schiffe mit nur begrenzter Ladekapazität. Große Schiffe, wie der breitbäuchige Riese vor ihm, sind in der Minderzahl.
Die Kogge schaut noch ganz neu aus. Er fragt sich, wo sie gebaut worden ist. Koggen haben mit dem Erstarken der Hanse als beherrschende

Handelsorganisation Nord- und Osteuropas die bis dahin gebräuchlichen Hochseeschiffe, deren Ladekapazität kaum dreißig Tonnen überschritten hatte, abgelöst. Der Kapitän spuckt über die Reling ins Meer. Die Hanse beherrscht das gesamte Geschäft mit den Städten an der Ostsee. Ohne die Hanse geht dort gar nichts. Der Kapitän hat das indirekt auch schon zu spüren bekommen.
Ursprünglich waren die Koggen in Lübeck entwickelt worden. Als für den Fernhandel hervorragend geeigneter Bautyp wurden sie dann von den Werften der anderen Hanseküstenstädte übernommen. Die durchschnittliche Kogge ist etwa dreißig Meter lang, sieben Meter breit und hat einen Tiefgang von nicht mehr als drei Metern, dies bei einer Ladefähigkeit von beachtlichen zweihundert Tonnen. Koggen haben charakteristische hohe Vorder- und Achterkastelle und verfügen nur über ein Segel. Sie sind jedoch aufgrund ihrer Konstruktion trotz ihrer Größe relativ wendig und können gegen den Wind kreuzen. Sie können – natürlich abhängig vom Wind – eine Strecke von bis zu fünfzehn Kilometern in der Stunde schaffen.

Ein Fischerboot, das leicht auf den Wellen reitet, setzt sich zwischen den Küstensegler und die Kogge. Es ist mit Fässern beladen, und da es hoch aus dem Wasser ragt, muss seine Fracht leicht sein.
Vielleicht hat es Pfeile für die Bogenschützen geladen. Viele der Boote in der Flotte gehören Fischern, die damit ihrem Handwerk auf dem Atlantik nachgehen. Diese Boote gleichen jenen, mit denen skandinavische Fischer schon bis Island und Grönland gefahren sind. Der Kapitän nimmt an, dass unter den „Wikingern“, die diese Inseln erkundet und in der Folge besiedelt hatten, auch Engländer waren. Die Boote, auf denen sie fahren, sind jedenfalls starke Konstruktionen, dazu geschaffen den Stürmen und den Wellenbergen des Nordatlantiks zu trotzen.

Während der Kapitän die Boote vor und neben seinem Schiff taxiert, tauchen aus den Tiefen seines Unterbewusstseins Gedanken auf, die ihn beunruhigen. Wissen die Franzosen, dass die Flotte unterwegs ist? Warten schon Kampfschiffe vor der französischen Küste, um über die englische

Flotte herzufallen? Jeder Seemann weiß, dass immer wieder genuesische, aragonische und schottische Schiffe die Meere unsicher machen und im Sold des französischen Königs englische Schiffe jagen. Den schnellen Galeeren der Genuesen kann kaum ein Schiff entkommen – schon gar nicht, wenn es so schwer beladen ist, wie die meisten Transporter in dieser Flotte. Der Kapitän ist kein ängstlicher Mann, aber er fragt sich, ob die Flotte auf eine Falle zusteuert.

Der Gonfaloniere blinzelt in die Sonne. Es ist ein perfekter Morgen: Die Sonne steht strahlend über einem ruhigen Meer und der Wind ist sanft und noch kühl. Alle Anzeichen sprechen dafür, dass ein herrlicher Sommertag seinen Anfang nimmt. Die Sainte Marie macht gute Fahrt. Die Arbeit der letzten Tage trägt ihre Früchte. Das Schiff ist kampfklar, die Stimmung unter den Seeleuten und den Infanteristen an Bord der Sainte Marie ist gut.

Alle an Bord warten nur darauf, endlich auf englische Schiffe zu treffen.

Alle an Bord halten Ausschau nach den Feinden, warten darauf, dass Mastspitzen über dem Horizont auftauchen.

Alle an Bord sind begierig auf die Beute, die sie erwartet. Diesmal wird es keine Katastrophe geben wie vor sechs Jahren bei Sluys. Für den Gonfaloniere steht fest, dass die Franzosen die Niederlage selbst verschuldet haben: Man legt Schiffe nicht an die Kette!

Damals versuchte eine Flotte französischer und aragonischer Schiffe, eine englische Flotte unter Edward III. im Hafen von Sluys aufzuhalten. Wie eine Armee an Land waren die Schiffe in vier Reihen hintereinander aufgefahren. Die Schiffe der drei vorderen Reihen hatte man mit Ketten und Seilen aneinander gebunden.

Der Gonfaloniere schüttelt in Gedanken den Kopf. Die Engländer wählten eine interessante Taktik. Jedes mit Nahkämpfern besetzte Schiff wurde an beiden Seiten von einem Schiff voll mit Bogenschützen flankiert. Mit pausenlosem Beschuss trieben die englischen Bogenschützen die Besatzungen der bewegungsunfähigen Schiffe zurück.

Dann enterten die Engländer die französischen Schiffe. Sie hackten und schossen sich buchstäblich einen Weg über die ersten drei Schiffsreihen hinweg. Sie trieben die Franzosen vor sich her ins Meer. Nur die Schiffe in der vierten Reihe konnten entkommen.

Der Gonfaloniere ist eine andere Art von Seeschlacht gewohnt. Im Mittelmeer handhabt man die Dinge anders. Dort setzt man hochbewegliche Galeeren ein, die mit Hilfe ihrer Ruder praktisch am Stand wenden können. Man rammt den Gegner und reißt ihm den Rumpf auf. Wenn man ein Schiff kapern will, dann decken es Armbrustschützen mit gut gezielten Bolzen ein, bis sich nichts mehr rührt. Dann entert man und nimmt das Schiff. So geht das!
Der Gonfaloniere wendet sich wieder der Gegenwart zu und lässt seinen Blick weiter über das Meer schweifen. Die Flotte fährt in einer weit auseinander gezogenen Formation, so dass ihr kein feindliches Schiff ausweichen kann. Eine Formation wie eine offene Hand, denkt der Gonfalioniere, bereit, den Gegner zu packen.

Der Fahnenträger hält sein Pferd direkt neben dem Brunnen an. Er steigt ab, ohne die Stange, die das Banner der Barone von Briquebec trägt, loszulassen. Ein Knecht kommt heran und nimmt die Zügel des Pferdes. Der normannische Gefolgsmann überlässt ihm das Tier und dreht sich um.
Eine Frau reicht ihm einen Becher mit Brunnenwasser; er nimmt ihn dankbar, spült den Staub aus seinem Mund und trinkt mit langen Zügen. Dann gibt er den leeren Becher mit einem müden Lächeln zurück.
Wieder ein langer Tag im Sattel!

Seit Tagen ist er im Gefolge Marschall Robert Bertrands, den, wie das Gerücht es will, verschwundenen genuesischen Armbrustschützen auf der Spur. Wie üblich bei einem Gerücht hat niemand selbst etwas gesehen. Jeder, den sie fragten, hatte die Geschichte von jemandem gehört, der die Genuesen ganz bestimmt selbst gesehen oder mit jemanden gesprochen hatte, der es ganz genau wissen muss. Die Orte, durch die sie kamen, waren genauso wenig auf einen Angriff vorbereitet wie die in der Unteren Normandie. Es war immer dasselbe Bild: bequem gewordene Bürger, verfallene Wehranlagen, Unglauben, Widerwillen.

Zum wiederholten Mal fragt sich der Fahnenträger, was aus den Erben der kriegerischen Nordmänner geworden ist, von denen dieses Herzogtum seinen Namen hat.

Vielleicht wird es morgen besser sein. Morgen setzen sie ihre Inspektionstour im äußersten Nordosten der Halbinsel Cotentin fort.

Morgen inspizieren sie wieder eine Miliz.

Morgen reiten sie nach Saint Vaast la Hogue.

sussex
southampton
portsmouth
solent
isle of wight
saint vaast la hogue
saint marco
cotentin
normandie
caen

Saint Vaast la Hogue, 12. Juli 1346

Ein Ruck geht durch den Rumpf des Bootes, als es knirschend auf den Kieseln und dem Sand des Ufers aufsetzt. Die Männer, die dicht gedrängt auf den niederen Bordwänden und den Ruderbänken sitzen, stehen schwerfällig auf, springen über Bord und erreichen mit ein paar platschenden Sprüngen im seichten Wasser trockenen Boden.

Das Boot hinter ihnen legt ab, dreht seinen Bug in Richtung auf das offene Meer und fährt dann zurück zu seinem Mutterschiff. Zahllose Boote tun es ihm gleich, während andere gerade auf dem Weg von der Flotte zum Strand sind. Seit dem Morgengrauen ist die Invasion im Gang. Seit dem Morgengrauen klettern Männer von den großen Schiffen in kleine Boote, die sie zum Strand bringen, während kleinere Schiffe bis weit unter das Ufer fahren und ihre menschliche Fracht im seichten Wasser absetzen. Männer strömen an Land, während sie ihre Waffen und ihre Ausrüstung hoch halten, um sie vor dem salzigen Wasser des Ärmelkanals zu schützen.

Vor ihnen liegt ein Streifen flachen Strandes, dahinter eine Böschung, die gerade hoch genug ist, um ihnen den Blick ins Landesinnere zu verwehren. Sie können nicht sehen, was sie erwartet. Sie sehen nicht, ob das Ufer in der Hand der eigenen Truppen ist, oder ob sie schon vom Feind erwartet werden. Ihre Nerven sind gespannt, und sie sind bereit, sofort auf jede Gefahr zu reagieren.

Dann haben die Männer die Uferböschung erreicht und mühen sich unter dem Gewicht ihrer Lasten hinauf. Sie sind mit allem beladen, was sie für diesen Feldzug benötigen. Alles was sie an Waffen, Ausrüstung, Kleidung und sonstigen weltlichen Gütern mit sich führen, schleppen sie den kurzen Weg hoch, den vor ihnen bereits andere in den Hang der Böschung getreten haben. Dann haben sie endgültig das feste Land erreicht.

Sie sind in der Normandie, in Frankreich, in Feindesland. Bis jetzt hat sich kein Widerstand geregt, obwohl den Bewohnern des nahe gelegenen Städtchens Saint Vaast la Hogue die Ankunft der gewaltigen Flotte kaum entgangen sein kann. Kein Feind zeigt sich, kein feindliches Heer versucht, die Invasoren am Ausschiffen zu hindern und sie ins Meer zurückzutreiben. Den Männern ist das nur recht. Sie sind froh, der qualvollen Enge der Schiffe, dem Rollen und Stampfen der Rümpfe in den Wellen, dem Gestank und der Seekrankheit entronnen zu sein.
Er dreht sich um und lässt seinen Blick noch einmal über das jetzt spiegelglatte Meer streifen, dann winkt er seinen Männern, und sie machen sich auf die Suche nach dem Banner ihrer Grafschaft, das ihnen als Sammelpunkt dient. Dort sollen sie sich mit den anderen Kriegern ihrer grün-weiß livrierten Hundertschaft versammeln, die ebenso wie sie Teil des Invasionsheeres sind, das der englische König Edward III. in diesem Jahr des Herrn 1346 nach Frankreich geführt hat.

Der Kapitän steht hoch aufgerichtet im Bug des Küstenseglers und versucht, über die Uferböschung zu sehen. Er will wissen, was sich an Land abspielt, aber alles, was er sehen kann, sind zahllose Männer, die durch das flache Wasser und über den Strand auf die Uferböschung zu waten. Alles scheint ruhig, sieht man von den Zurufen und den Befehlen ab, die über das Wasser schallen, und dem Lärm, den eine große Armee immer macht. Der Schiffer rechnet damit, dass jeden Moment französische Krieger am Ufer auftauchen und sein Schiff mit Armbrüsten beschießen.
Der Seemann ist froh, dass sich die Männer, die er befördert hat, nicht erst den Weg ans Ufer haben freikämpfen müssen. Zu leicht könnten er oder sein Schiff von Armbrustbolzen oder Pfeilen getroffen werden. Tote an Bord, auch wenn es nur Passagiere sind, bringen Unglück. Bei Kinghorn und bei Cadzand ist es anders abgelaufen. Geschichten über diese beiden Landungen werden immer wieder erzählt. Der Kapitän hat sie schon oft an den Wirtshaustischen gehört, und natürlich haben die Bogenschützen an Bord seines Schiffes auch darüber geredet, um sich Mut zu machen.

Bei Kinghorn an der schottischen Ostküste stieß im Jahr 1332 die Expedition Edward Balliols bereits bei der Landung auf Widerstand. Der Sohn des vertriebenen schottischen Königs John Balliol wollte mit englischer Hilfe sein Erbe zurück gewinnen. Ein Aufgebot von schottischen Kriegern unter der Führung von Alexander Seton, dem Earl of Fife, und Robert Bruce, einem illegitimen Sohn des 1329 verstorbenen schottischen Königs gleichen Namens, erwartete sie bereits. Die englischen Bogenschützen mussten die Feinde erst mit einem schweren Pfeilhagel vom Ufer vertreiben, bevor die Ritter mit ihren Schlachtrössern an Land gehen konnten.
Die Insel Cadzand vor der flämischen Küste war im Jahr 1337 von einem englischen Heer unter Sir Walter Manny angegriffen worden. Dieses Unternehmen sollte die Besatzung der Hafenstadt Sluys zu einem Gegenangriff reizen, um Edward III. zu einem politisch notwendigen, schnellen Sieg zu verhelfen. Als sich die kleine englische Flotte der Insel näherte, hatten sich rund fünftausend Verteidiger am Strand formiert. Die englischen Bogenschützen, die in den Vorderkastellen der Schiffe standen, belegten die feindlichen Truppen mit einem so heftigen Pfeilhagel, dass diese den Strand nicht halten konnten und sich zurückziehen mussten.

Das Ruderboot hat jetzt die letzten Bogenschützen am Strand abgesetzt und kommt schnell zurück. Es dauert nur Minuten, dann ist das Boot wieder hinter dem Heck vertäut, und der Küstensegler steuert auf das offene Meer zu. Der Kapitän kann Boote und Schiffe erkennen, die, kaum dass sie ihre menschliche Fracht an Land gebracht haben, zurück nach England fahren. Damit verstoßen sie gegen den Befehl des Königs, aber niemand kann sie aufhalten. Der Kapitän beneidet sie bis zu einem gewissen Grad, aber er hat Gründe, bei der Flotte zu bleiben.

Das Gesicht des Fahnenträgers zeigt denselben skeptischen Ausdruck wie das seines Herrn Robert Bertrand. Der Baron de Bricquebec, Marschall von Frankreich, betrachtet die vor ihm versammelten Männer. Seine Aufgabe ist es, die lange Küste zwischen der Seine und der Bretagne auf die drohende Invasion

durch englische Truppen vorzubereiten. Bis heute jedenfalls ist das seine Aufgabe gewesen. Heute ist der Tag, an dem eingetreten ist, was er erwartet und befürchtet hat. Die Engländer sind über den Kanal gekommen!
Völlig überraschend sind ihre Schiffe bei Sonnenaufgang in der Bucht von Saint Marco bei Saint Vaast la Hogue gelandet und haben englische Truppen auf französisches Land entlassen. Ab heute sind seine Vorbereitungen beendet, ab heute ist es seine Aufgabe, diese Küste mit dem Schwert in der Hand zu verteidigen. Da alle verfügbaren Truppen beim Connétable in Harfleur stationiert sind, bleiben Robert Bertrand zur Verteidigung der langen normannischen Küsten nur wenige verstreute Garnisonen und einige genuesische Armbrustschützen – und die Milizen.
Der Fahnenträger fragt sich, welche Laune des Schicksals den Marschall dazu bewogen hat, ausgerechnet heute die Miliz von Saint Vaast la Hogue zu inspizieren. Die Stadtmiliz von Saint Vaast la Hogue kann an die dreihundert Männer aufbringen. Ihre Waffen und ihre Rüstungen sehen auf den ersten Blick nicht schlecht aus, denn Saint Vaast la Hogue ist, wie viele andere Städte an der Kanalküste, wohlhabend geworden. Ihre Bürger können sich eine gute Ausrüstung leisten. Aber der Fahnenträger lässt sich vom Aussehen der Städter vor ihm nicht täuschen. Er weiß, dass sie nur schlecht ausgebildet und trainiert sind und über keinerlei Kampferfahrung verfügen – aber der Marschall kann nicht warten, bis es ihm gelungen ist, weitere Truppen zusammenzuziehen. Er hat nur sie und die Männer seines Gefolges, um den Engländern entgegenzutreten, bevor sich diese endgültig am Strand festgesetzt haben.
Der Fahnenträger schaut von Gesicht zu Gesicht. Die Männer der Miliz von Saint Vaast la Hogue stehen vor dem Marschall. So wie er sie abschätzend anschaut, betrachten auch sie ihn prüfend. Sie sind unsicher. Sie haben noch nie kämpfen müssen, haben kaum den Gebrauch ihrer Waffen geübt. Für sie war der Dienst in der Miliz der Stadt immer nur eine lästige, wenn auch notwendige Pflicht. Für sie sehen die Männer im Gefolge des Marschalls hart und kompetent aus, aber sie sind nur eine Handvoll.
Die Männer von Vaast la Hogue haben keine Ahnung, was sie erwartet, als sie dem Marschall folgen, der sie zum Kampf gegen die englischen Invasoren führt

Er weist seine Männer an, ihr Gepäck abzulegen und ihre Ausrüstung zu überprüfen. Sie befinden sich in der Bucht von Saint Marco, bereits ein Stück landeinwärts. Nicht allen Bogenschützen aus dem nördlichen Wales ist es gelungen, ihre Ausstattung trocken zu halten. Die meisten haben zwar ihr Schuhwerk ausgezogen und ihre Beinkleider hochgekrempelt, aber die wenigsten der Männer haben schon einmal eine derartige Landung mitgemacht. Sie haben keine Übung darin, von einem Boot ins Wasser zu springen und gleichzeitig ihre Habe trocken zu halten. Vor allem die Bogen und die Pfeile, die mit dem Wasser des Ärmelkanals in Berührung gekommen sind, müssen sofort versorgt werden. Nasse Pfeile und Sehnen sind das Letzte, was sie gebrauchen können, wenn es zu einem Kampf kommt.

Rund um die Bogenschützen aus Flint versammeln sich die Krieger Englands. Immer mehr Männer kommen vom Strand herauf und suchen ihre Kameraden, suchen die Wimpel, die Banner und die langen schwalbenschwänzigen Pennons ihrer Herren. Langsam formiert sich die Armee. Langsam bilden sich die kleineren und größeren Gruppen, aus denen die Gefolgschaften der adeligen Herren und die Kompanien bestehen, die in den Grafschaften direkt für die Krone ausgehoben wurden.

Plötzlich ertönen Alarmrufe: Von Saint Vaast la Hogue her nähern sich französische Truppen. Befehle ertönen, werden weitergegeben. Es kommt zu einem kurzen Tumult. Die Männer in den grün-weißen Jacken wickeln ihre Bogen aus den leinenen Transporthüllen und spannen mit schnellen, geübten Bewegungen die Sehnen auf. Dann öffnen sie die Leinensäcke, in denen sie ihre Munition aufbewahren – immer ein Sheaf, also 24 Pfeile auf einmal –, und stecken sich die Pfeile in die Gürtel. Jetzt sind sie bereit, den Franzosen entgegenzutreten.
Es sind nur wenige Hundert normannische Milizionäre, die sich, geführt von einigen Rittern und deren Gefolgsleuten, nähern. Man sieht den Männern, die vermutlich Bürger der Stadt Saint Vaast la Hogue sind, ihre Unsicherheit und Angst an. Über ihnen zeigt ein Banner das Wappen ihres Anführers: einen grünen Löwen auf goldenem Feld.

Die Engländer sind den Angreifern zahlenmäßig weit überlegen. Sie haben seit dem Morgen bereits einige Tausend Mann an Land gebracht. Sie zögern nicht lange: Pfeile schlagen in die Reihen der Normannen, dann kommt es zu einem kurzen Handgemenge. Im Handumdrehen ist der Kampf vorbei, und die Franzosen sind auf der Flucht. Sie lassen Tote und Verwundete zurück – das erste Blut dieses Feldzugs ist geflossen.

Es ist gegen Mittag, als der Kammerherr hinter dem König von England, Edward III. aus dem Haus Plantagenet, an Land geht. Im Gefolge des Königs befindet sich der hohe Adel seines Reiches. All die Lords, die die Truppen Englands führen und nicht gerade an anderen Kriegsschauplätzen gebunden sind, sind ihrem König in die Normandie gefolgt. Es ist ein stolzer Augenblick. Es ist nicht das erste Mal, dass König Edward ein Heer nach Frankreich führt, aber es ist das erste Mal, dass es ein rein englisches Heer ist.

Der König weiß, dass seine Landung eine tiefe Symbolik hat. Er genießt die Zuneigung und Bewunderung seines Volkes. Er ist ein Kriegerkönig wie sein Großvater Edward I. Er liebt es, extravagant aufzutreten, und auf diesem Feldzug ist er an seinem roten Mantel weithin zu erkennen. Edward III. versteht es, symbolträchtigen Augenblicken das richtige Gepränge zu verleihen. Er ist sich bewusst, dass das ganze Heer jeden seiner Schritte beobachtet. Mit dem ersten Schritt, den er an Land setzt, stolpert der König. Er fällt so hart, dass Blut aus seiner Nase strömt.

Der Kammerherr ist ebenso erschrocken wie die anderen Begleiter Edwards. Sie helfen ihm auf. Viele der Gefolgsleute sehen den Sturz ihres Herrn als böses Omen. Sie beginnen auf ihn einzureden: „Sire, um Gottes Willen, besteigt wieder Euer Schiff und kommt heute nicht an Land, denn dies ist ein böses Vorzeichen für uns."

Der König reagiert schlagfertig und sagt:

„Warum? Dies ist ein gutes Zeichen für mich, denn das Land begehrt mich." (5)

Der Kammerherr zweifelt nicht, dass diese Geschichte sehr zur Erbauung der Krieger bis zum Abend die Runde im ganzen Heer gemacht haben wird.

Nachdem wieder Ruhe in seinem Gefolge eingekehrt ist, überwindet der König mit ein paar kraftvollen Schritten die Uferböschung und verschafft sich einen kurzen Überblick. Dann steigt die ganze Gruppe auf einen hohen Hügel nahe dem Strand. Hier zeigt sich wieder, wie sehr es Edward III. versteht, politisches Kalkül mit ritterlichem Zeremoniell zu verbinden.

Gut sichtbar auf dem Hügel, der den Strand überblickt, bietet er seinem Heer ein gut vorbereitetes Schauspiel. Eine Reihe von knienden Jünglingen erwartet ihn. Unter den Knienden befindet sich auch König Edwards ältester Sohn, der sechzehnjährige Edward of Woodstock, der Prince of Wales, den man in späteren Jahrhunderten den „Schwarzen Prinz" nennen wird.
Der König geht die Reihe der jungen Männer entlang und erteilt jedem von ihnen den Ritterschlag. Der Großteil des politisch einflussreichen Adels seines Reiches, darunter sechs der acht militärisch aktiven Earls, wohnt der Zeremonie bei und verleiht ihr dadurch zusätzliches politisches Gewicht. Der Anspruch Edwards III. auf die französische Krone wird so noch weiter gestärkt.
Der Kammerherr erkennt noch einen Aspekt der Zeremonie. Das feierliche Ritual wird die neuen Ritter beflügeln, in den bevorstehenden Kämpfen ihren Mut zu beweisen und ihr Bestes zu geben, um zu zeigen, dass sie der eben empfangenen Ehrung würdig sind. Das ist aber nur ein Aspekt. Für Edward III. ist es wichtig, genug Ritter in seinem Heer zu haben. Nur Ritter können anderen Rittern Befehle erteilen und sind daher für die Führungskader unverzichtbar. Der mit der Repräsentation des Ritterstandes verbundene Aufwand und die Kosten der feierlichen Zeremonie bei der Erteilung des Ritterschlages, wo zumeist die Abhaltung eines Turniers erwartet wird, sind mittlerweile extrem gestiegen. Viele Adelige verzichten daher auf die Ritterwürde und begnügen sich ihr Leben lang notgedrungen mit dem Stand eines Knappen. Mit der Erteilung des Ritterschlages vor oder nach einer Schlacht kann der König die Zahl seiner Ritter ausweiten.

Der Prinz von Wales erhebt sich als Ritter. Sein Wappenrock, der eng über seiner Rüstung sitzt, zeigt das Wappen Englands mit den Leoparden und den Lilien, über dem ein weißer Turnierkragen – ein schmales Querband mit nach unten weisenden Lätzen – liegt. Nur der König selbst trägt das Wappen Englands ohne Beizeichen.

Für viele Menschen in England ist dieses Wappen noch neu. Seit dem Jahr 1195, als Richard I., den man auch Richard Löwenherz nannte, den beiden normannischen Leoparden einen dritten hinzu gefügt hatte, führten die englischen Könige das Wappen mit den drei goldenen Leoparden, die über ein rotes Feld schreiten. Dieses leitete sich von William dem Eroberer; den man in seiner normannischen Heimat den „Bastard“ nannte, ab, der als Herzog der Normandie zwei Leoparden auf rotem Grund geführt hatte. Wie jeder mit der Heraldik Vertraute, weiß auch der Kammerherr, dass sich heraldische Leoparden von Wappenlöwen dadurch unterscheiden, dass sie den Betrachter ansehen, während Löwen zumeist ihr Profil zeigen.
Edward III. hat das neue viergeteilte Wappen Englands eingeführt, das die über ein blaues Feld gestreuten goldenen Lilien Frankreichs im ersten und im vierten Viertel und das alte englische Wappen im zweiten und im dritten Viertel zeigt. König Edward hatte sich am 26. Januar 1340 in Gent zum König von Frankreich erklärt. Das neue Wappen, das er seit jenem Tag führt, soll seinen Anspruch auf die französische Krone demonstrieren.
Kaum selbst Ritter geworden, vollbringt Prinz Edward seine erste ritterliche Tat. Unter den wachsamen Augen seines königlichen Vaters und vor dem ganzen versammelten Heer schlägt er seinen Freund Roger Mortimer zum Ritter – den Enkel jenes Mannes, der, gemeinsam mit seiner Großmutter Isabella, seinen Großvater Edward II. hatte ermorden lassen.

Der Gonfaloniere steht auf dem Deck der Sainte Marie und genießt die letzten Strahlen der Abendsonne. Nicht mehr lange, und sie wird hinter der gewölbten Linie des westlichen Horizonts verschwinden, um morgen ihren Lauf erneut im Osten zu beginnen. Es ist ein Moment, der den Offizier mit tiefer Ruhe und Ausgeglichenheit erfüllt.
Dennoch ist der Gonfaloniere nicht wirklich zufrieden. Bis jetzt ist die genuesische Flotte noch immer nicht auf englische Schiffe gestoßen, obwohl sie schon fast die gesamte Küste Aquitaniens abgefahren ist. Steuerbord

voraus liegt das Mündungsgebiet der Garonne, die die englische Gascogne durchfließt, und an der weit im Südosten die belagerte Stadt Aiquillon liegt.
Der Gonfaloniere weiß nicht, dass die genuesische Flotte zu spät kommt. Er weiß nicht, dass das englische Heer noch vor dem Morgengrauen dieses 12. Juli im Jahre des Herrn 1346 die normannische Halbinsel Cotentin erreicht hat und auf dem breiten Strand von Saint Marco, etwas außerhalb von Saint Vaast la Hogue, an Land gegangen ist.

Robert Bertrands kleine Streitmacht ist auf dem Rückzug. Der Fahnenträger grinst bitter und zuckt gleich darauf schmerzgepeinigt zusammen. Es ist kein Rückzug. Es ist eine Flucht. Er selbst ist verletzt worden, als er mitten im Kampf das Visier seines Helmes für einen Moment hochgeschoben hatte, um sich einen Überblick zu verschaffen. Ein Pfeil hatte sein Gesicht gestreift und seine Wange aufgerissen. Ein anderer Pfeil wurde von seinem Plattenpanzer abgelenkt. Dem Normannen ist bewusst, dass er heute großes Glück gehabt hat.
Im Nachhinein betrachtet war der Gegenangriff der Stadtmiliz von Saint Vaast la Hogue von Anfang an zum Scheitern verurteilt. Der Fahnenträger weiß, dass der Marschall gehofft hatte, erst wenige Engländer am Strand vorzufinden. Dann hätte er dem Feind einen Schlag versetzen können, der ihm vielleicht die Lust auf weiteres Vordringen genommen hätte. Am Strand aber waren Tausende feindliche Krieger, sicherlich die Hälfte davon Bogenschützen.
Hinter dem Fahnenträger trotten die Milizionäre nach Saint Vaast la Hogue zurück. Viele von ihnen sind verwundet, mit Blut und Schmutz verschmiert. Kaum einer von ihnen hat noch seine Waffen; einige hinken, manche weinen. Der kurze Kampf hat viel Blut und viele Leben gekostet.

Jetzt müssen die geschlagenen Männer ihren Mitbürgern erklären, dass die Welt, wie sie sie seit Generationen gekannt haben, nicht mehr existiert.

cherbourg
barfleur
saint vaast la hogue
bricquebec
saint saveur
saint marco
carentan
saint lo
bayeux
cormolain
torigni
ouistraham
caen
orne
cotentin

5. Kapitel

Halbinsel Cotentin 13.–25. Juli 1346

Der Kapitän streicht mit den Händen unbewusst zum wiederholten Mal über seine neue Robe aus rotem Brokat. Seine Finger spielen mit der Pelzverbrämung. Er ist mit dem bisherigen Verlauf des Feldzuges mehr als zufrieden. Er will gar nicht mehr daran denken, dass er sich ursprünglich gegen die Verpflichtung zum Flottendienst gewehrt hat. Nur die Androhung der Beschlagnahme seines Schiffes und eine zugegebenermaßen großzügige Heuer hatten ihn dazu bewegen können, nicht wie so viele andere Schiffer nach der Landung zurück nach England zu verschwinden.

Der Vertrag, den ihm die königliche Schatzkammer aufgezwungen hat, verlangt, dass er mit seinem Küstensegler dem Landheer folgt. Zuerst hatte er gedacht, dass er der Armee bloß Lebensmittel und andere Versorgungsgüter hinterherführen soll. Aber damit hatte er sich gründlich geirrt. Er hätte nie gedacht, dass diese Reise so gewinnbringend sein würde.

Noch am Tag der Landung war William Clinton, der Earl of Huntington, vom König zum Befehlshaber einer Flotte von zweihundert Schiffen gemacht worden, zu denen auch der Küstensegler des Kapitäns zählt.

Mit dem Earl gingen hundert Men-at-Arms und vierhundert Bogenschützen an Bord. Von diesen Kämpfern befinden sich auf dem Küstensegler jetzt nur eine Handvoll Bogenschützen. Die Men-at-Arms fahren auf den größeren Schiffen. Sie sind das gepanzerte Rückgrat einer mittelalterlichen Armee. Der Begriff bezeichnet einen Kämpfer, der gerüstet und für den Nahkampf bewaffnet zu Pferd in den Krieg zieht.

Zu den Men-at-Arms gehören die Angehörigen des Hochadels ebenso wie Ritter, Knappen und alle anderen, die sich den Aufwand für Pferd, Rüstung und entsprechende Waffen leisten können. Jeder Ritter ist ein Man-at-Arms, aber nicht jeder Man-at-Arms muss zwangsläufig auch ein Ritter sein.

Während der sechs Tage, die das Heer in der Bucht von Saint Marco verbrachte, griff die Flotte die Städte nördlich der Landungszone an. Als erstes nahmen sie sich Saint Vaast la Hogue vor, das in unmittelbarer Nähe der Bucht von Saint Marco liegt, in der die englischen Truppen an Land gegangen waren. Die Einwohner hatten Saint Vaast la Hogue verlassen und den Hafen mit Holzpfählen verbarrikadiert. Das konnte die Angreifer jedoch nicht abhalten. Sie zündeten die Schiffe, die sie im Hafen vorfanden, an.

Am 14. Juli eroberte die Flotte nördlich Saint Vaast la Hogue Barfleur. Weiter im Norden griff sie Cherbourg an und plünderte es. In ihrer Zerstörungswut brannten die englischen Angreifer Teile der Stadt und die Abtei Notre Dame du Voeu nieder. Die Burg der Stadt konnten sie nicht erobern, denn sie war zu stark befestigt und mit zu vielen Verteidigern besetzt. In den Häfen zerstörten sie zahlreiche Kriegsschiffe.

Die Männer haben so große Reichtümer, Gold, Silber und Juwelen erbeutet, dass nicht einmal mehr die Knechte und die Leibeigenen im Heer sich etwas aus pelzbesetzten Roben machen – was den Kapitän aber nicht stört. Einflussreiche Bürger der Städte haben sie an Bord der Schiffe getrieben, damit sich diese nicht in ihrem Rücken gegen sie erheben können – und natürlich, um später Lösegeld für sie zu verlangen.

Auch das Heer selbst war nicht untätig geblieben. Sechs Tage hatten die englischen Truppen gebraucht, um an Land zu gehen und den von der Überfahrt arg mitgenommenen Pferden Zeit zu geben, sich zu erholen. Während dieser sechs Tage plünderten sie das Land in einem Umkreis von fünfunddreißig Kilometern um die Landungszone aus, verwüsteten es und töteten oder vertrieben seine Bewohner. Am Tag vor dem Aufbruch des Heeres nach Süden findet sich im ganzen Umland niemand mehr, der offen Widerstand leistet. Die französischen Kämpfer haben sich in die Burgen und die befestigten Städte zurückgezogen.

Die Flotte hat die zerstörten Häfen im Norden der Halbinsel hinter sich gelassen und ist bereit, das Heer zu begleiten, wenn es sich auf seinen Weg nach Süden macht. Allerdings weiß der Kapitän nicht, dass trotz der Sperre der südenglischen Häfen eine zweite Flotte ausgelaufen ist.

Am 16. Juli sind achtzehn Schiffe, beladen mit mehreren hundert Bogenschützen und einigen Men-at-Arms unter dem Befehl von Sir Hugh Hastings, einem Ritter aus Norfolk, in See gestochen.

Der Kapitän streicht wieder über die neue Robe. Die Beute, die an Deck seines Schiffes aufgestapelt ist, gehört zwar dem König, doch fällt genug ab für alle im Heer und in der Flotte. Nicht jedes Beutestück wird in der königlichen Schatzkammer landen. Für den Kapitän hat sich der Feldzug jedenfalls bis jetzt gelohnt.

Der Centenar, der vor der von ihm befehligten Hundertschaft reitet, hört hinter sich das Knistern brennenden Strohs und das Krachen von Ästen, die sich im Feuer biegen und brechen. Brandgeruch steigt ihm in die Nase. Er dreht sich nicht um: Es ist nur wieder ein weiteres Bauernhaus, das sich auf ihrem Weg nach Süden befunden hat. Diesmal haben seine Leute auf ihren Spaß verzichten müssen. Hier bleiben keine Leichen mit abgeschnittenen Köpfen zurück. Das Haus war menschenleer; immer öfter treffen sie jetzt auf Häuser, die von ihren Bewohnern verlassen wurden.
Die normannischen Bauern fliehen und ziehen sich in die Burgen und Städte zurück. Manche zünden selbst ihre Häuser und Felder an, um den Eroberern nichts zu überlassen. Bei den Bauern sind ohnehin keine Reichtümer zu holen. Auf dem flachen Land lassen sich allein Nahrungsmittel und Futter für die Pferde erbeuten, aber auch diese sind lebenswichtig für eine Armee auf dem Marsch. Niemand in der Armee, die wie ein Schwarm Heuschrecken durch die Halbinsel Cotentin nach Süden zieht, kümmert sich darum, dass König Edward das Plündern verboten hat. Die Masse der Krieger hat schon bei der Rekrutierung das Plündern im Sinn gehabt.

Das Heer ist seit dem 18. Juli auf dem Marsch. Der König hat es in drei Divisionen geteilt, die mehr oder minder nebeneinander in einer an die dreißig Kilometer breiten Front nach Süden marschieren. Die Vorhut zieht unter dem nominellen Kommando des Prince of Wales direkt entlang der

Küste. Tatsächlich befehligt wird sie von Thomas Beauchamp, dem Earl of Warwick, und von William Bohun, dem Earl of Northampton, den der König zum Constable, also zum Oberbefehlshaber der Armee ernannt hat. Sie wird von der Flotte begleitet, die alle Siedlungen an der Küste und alle Schiffe, die sie finden kann, zerstört. Damit soll dem französischen König die Basis für Gegenoperationen zur See genommen werden. Die mittlere Division steht unter dem Befehl König Edwards.

Die Nachhut, die am weitesten im Landesinneren unterwegs ist, wird von Thomas Hatfield, dem Bischof von Durham, der trotz seines geistlichen Ranges ein großer Krieger ist, geführt. Zu Hause in England ist es eine der wichtigsten Aufgaben der Bischöfe von Durham, als Lehensmänner der englischen Könige, die nördlichen Grafschaften vor den Einfällen der Schotten zu schützen. Ihr kirchliches Amt hindert sie nicht daran, wenn sie auch durch die für sie geltenden kanonischen Vorschriften gehalten sind, selbst kein Blut zu vergießen.

Ungefähr dreißig Kilometer vor und etwas zur Rechten der Division des Königs marschieren fünfhundert Men-at-Arms und tausend berittene Bogeschützen als Aufklärer. Sie werden von Godefroi de Harcourt, den der König zum Marschall des Heeres ernannt hat, geführt. Jeder der Männer in der walisischen Hundertschaft und auch der Centenar würde sofort mit den Männern unter Godefroi de Harcourt tauschen. Die Aufklärer sind immer die ersten, die Beute machen. Für die Truppen hinter ihnen bleibt nur, was sie nicht finden oder nicht wollen.

Godefroi de Harcourt, der Baron de Saint Saveur auf der Halbinsel Contentin, ist ein chronischer Rebell gegen den französischen König. Er hat nach einem Streit mit seinem Nachbarn Robert Bertrand, dem Baron de Bricquebec, über die Heirat mit einer örtlichen Erbin, Frankreich verlassen. Die beiden Barone waren wegen ihres Streits nach Paris gerufen worden und hatten während einer hitzigen Auseinandersetzung in der Gegenwart des Königs die Schwerter gezogen. Godefroi weigerte sich anschließend, deswegen vor Gericht zu erscheinen und scharte in der Normandie unzufriedene Adelige um sich. Die Rebellion scheiterte jedoch, und Godefroi floh nach Brabant und weiter nach England. Für seine Baronie leistete er Edward III. den Lehnseid. Der Centenar ist nicht unzufrieden darüber, dass der normannische Adelige auf ihrer Seite ist. Gestern, am 20. Juli, haben sie Carentan eingenommen, und Godefroi de Harcourt hat viel dazu beigetragen, dass es ohne große Verluste abgegangen war.

Die große Stadt Carentan war gut mit Vorräten versorgt. Michael de Northburgh, einer der Kämmerer des Königs, wird in einem Brief schreiben, dass sie so bedeutend wie Leicester in England war. Carentan fiel nach einem nur kurzen Kampf in die Hände der Engländer. Während der Plünderungen und Brandschatzungen fielen bedauerlicherweise viele der gelagerten Vorräte dem Feuer zum Opfer.
Die Burg der Stadt war gut befestigt und mit vielen Soldaten besetzt. Die Garnison der Burg bestand aus Godefroi de Harcourts Männern, die natürlich nichts zur Verteidigung der Stadt beitrugen. Als das englische Heer heute weiterzieht, bleibt diese Garnison zurück, um die Stadt für Baron Godefroi und König Edward zu halten.
Die Beute, die das Heer schon am dritten Tag des Marsches gemacht hat, kann sich sehen lassen. Auch für den Centenar hat es sich gelohnt – königlicher Befehl hin oder her.

Der Fahnenträger hält mit seinem Pferd neben Robert Bertrand. Ungeduldig treibt der Marschall seine Männer an, die die Dammwege im weiten Marschland zwischen Saint Lô und Bayeux zerstören. Die Engländer können nicht mehr weit sein.
Der Fahnenträger hat selbst gesehen, dass eine starke berittene Truppe als Kundschafter vor der Masse des englischen Heeres marschiert. Er hat auch die Fahne ihres Anführers erkannt: Es ist der Baron de Saint Saveur, mit dem sein Herr im Streit liegt.
Der Fahnenträger wünscht sich, Robert Bertrand hätte den Verräter Godefroi de Harcourt schon damals, im Angesicht des Königs, erschlagen. Dem Herzogtum wäre viel Leid erspart geblieben. Nur Godefroi de

Harcourt haben es die Engländer zu verdanken, dass sie so schnell vorankommen. Der Abtrünnige kennt das Land, in dem seine Ländereien liegen, naturgemäß hervorragend. Er führt die Engländer schnell und sicher über Straßen, die sie sonst erst hätten suchen und erkunden müssen. Er führt sie so effektiv, dass sie, ohne auf nennenswerten Widerstand zu stoßen und ohne lange aufgehalten zu werden, Ort um Ort, Stadt um Stadt erobern und zerstören. Carentan ist durch seine Mithilfe beinahe kampflos gefallen.

Die Männer vor dem Fahnenträger arbeiten hart. Alles, was sie tun können, ist zu versuchen, den Vormarsch der Engländer zu behindern und vielleicht zu verlangsamen, indem sie die schmalen Wege zerstören, die durch das sumpfige Gelände führen. Die kleine Streitmacht, über die Robert Bertrand verfügt, kann nichts anderes als Störaktionen durchführen. Sie ist viel zu schwach, um die Engländer offen anzugreifen. Natürlich füllen die Engländer die Lücken in den Dammwegen schnell wieder auf, aber jedes Mal kostet das Zeit. Diese Zeit braucht der Connétable dringend, um in Caen, am östlichen Ausgang der Halbinsel Cotentin, eine wirkungsvolle Verteidigung zu organisieren.

Die Verwüstungen, die die Engländer anrichten, sind unglaublich. Beinahe die gesamte Halbinsel Cotentin ist betroffen. Von Cherbourg ganz im Norden haben sie das Land entlang der Ostküste in einer Breite von dreißig Kilometern bereits geplündert und gebrandschatzt. Nur der äußerste Westen der Halbinsel ist streckenweise verschont geblieben. Diese Teufel haben jedes Gehöft, jedes Dorf und alle Städte, die in dieser Todeszone liegen, zerstört. Der Himmel im Norden wird von Rauchwolken verdunkelt, und der Brandgeruch ist allgegenwärtig.
Nichts haben die englischen Teufel verschont; die schlimmsten sind die Kriegsknechte aus Wales. Sie hacken ihren Opfern auch noch die Köpfe ab. Der Fahnenträger hat die verbrannten Felder und die geschändeten und enthaupteten Leichen der Bauern selbst gesehen.

Gestern haben die Angreifer Saint Lô erreicht. Marschall Bertrand hat der Stadt mit seinen wenigen Leuten keine Hilfe bringen können. Er kann nur dafür sorgen, dass die Engländer ihre Beute nicht zu schnell wegschleppen können.

Er ist so in Gedanken an die Ereignisse der letzten Tage versunken, dass er beinahe in den Mann vor ihm gerannt wäre. Die Kolonne der Bogenschützen hält wieder einmal an. Wieder einmal ist sie zu einem Straßenstück gekommen, das von einem tiefen Graben unterbrochen ist. Die Franzosen versuchen immer wieder, den Vormarsch des englischen Heeres aufzuhalten, indem sie die Dammwege unterbrechen, die durch das sumpfige Land im Osten der Halbinsel Cotentin führen. Er zuckt die Schultern und geht langsamer weiter. Besser eine schadhafte Straße als ein Pfeil aus dem Hinterhalt!

Die Bogenschützen in ihren grün-weißen Jacken steigen in den Graben, den die Franzosen aufgerissen haben und auf der anderen Seite wieder aus ihm heraus. Die Packpferde, die hoch mit Beute beladen sind, überwinden das Hindernis, ohne sich zu sträuben. Auch sie sind die Unterbrechungen mittlerweile gewohnt. Gerade als eines der Packpferde durch den Graben geführt wird, löst sich seine Ladung. Säcke, Schatullen und pelzbesetzte Roben fallen in den Dreck. Die Männer fluchen und binden die Sachen wieder auf das Packtier. Viele der Beutestücke, die sie mit sich führen, stammen aus Saint Lô.
Saint Lô ist die größte Stadt, die sie bisher erobert haben. Es war eine reiche Handelsstadt mit vielen gut betuchten Bürgern, die ihren Wohlstand der Erzeugung und dem Handel mit Textilien verdankten.

Er muss bei dem Gedanken an die Beute lächeln, die sie dort gemacht haben. In dem Beutel, den er unter seiner Kleidung direkt auf der Haut trägt, befinden sich seit dem 22. Juli sogar ein paar Goldmünzen. Eigentlich gehört ja alles, was das Heer erbeutet, dem König, vor allem Geld und andere Reichtümer. Sie hätten alles Wertvolle an die königliche Schatzkammer abliefern müssen – aber was keiner weiß, macht keinen heiß.

Die Beute, die das Heer gemacht hat, ist gewaltig. Kein lebender Mensch kann sich vorstellen oder glauben, welche Menge an Reichtümern in der großen Handelsstadt gewonnen und geraubt worden sind – vor allem was Textilien anbetrifft. Kleidung wäre ziemlich billig gewesen, wenn es Käufer gegeben hätte.

Er erreicht wieder den Weg und schultert den langen Bogen in seiner leinenen Hülle, auf den er sich bei der Überwindung des Grabens gestützt hat. Er wartet, bis die letzten seiner Männer das Hindernis überwunden haben. Dann marschiert er mit den anderen Bogenschützen den Dammweg entlang weiter Richtung Osten – Richtung Caen.

Der Kammerherr schaut nachdenklich in die Flammen des Feuers, an dem der Page seine Fackel entzündet. Feuer! Sie haben ein ganzes Land in Brand gesteckt! Dem Kammerherrn scheint es, als ob die Welt, durch die er sich in den letzten Tagen bewegt hat, nur aus Feuer und Rauch, Gewalt und Tod bestünde. Als das Heer am 18. Juli aus Saint Vaast la Hogue aufgebrochen war, hatte König Edward unter Androhung von Tod und Verstümmelung Plündern und Brandschatzen verboten. Er glaubte, die Normannen als Untertanen gewinnen zu können, da eine große Anzahl von normannischen Adeligen in Fehde mit König Philip VI. liegt.
Trotz seiner eindeutigen Befehle war es dem König unmöglich, seine Krieger unter Kontrolle zu halten. Wie wilde Tiere fielen sie über das Land und seine Bevölkerung her. Wo die englischen Soldaten auf Widerstand stießen, brachen sie ihn. Nur Burgen, die zu stark befestigt und zu standhaft verteidigt wurden, umgingen sie. Sie plünderten, brandschatzten, vergewaltigten und mordeten. Häuser, Ställe, Vorräte, Feldfrüchte, was immer sie fanden und nicht raubten, zerstörten sie und steckten es in Brand.

Der Kammerherr weiß, dass die systematische Verwüstung von Feindesland für jeden Feldherrn ein probates Mittel der Kriegsführung ist. Diese Taktik, die im Krieg von beiden Seiten ohne jede Skrupel angewendet wird, nennt man „Chevauchée". Sinn dieser Orgie der Zerstörung ist es nicht nur, die wirtschaftliche Basis des Gegners zu zerstören. Edward III. will damit der Bevölkerung der Normandie auch die eigene Wehrlosigkeit vor Augen führen. Er will den Untertanen Philips VI. zeigen, dass ihr König nicht in der Lage ist, sein Land und sein Volk zu schützen. Das soll die Moral des Feindes untergraben. Außerdem mildert die unglaubliche Beute, die die Engländer in den reichen Siedlungen der Normandie machen, seine finanziellen Sorgen.

Diese Art der Kriegsführung entspricht allerdings keineswegs dem christlich abendländischen Ritterideal, das der Kammerherr wie der Rest des europäischen Adels so gerne für sich in Anspruch nimmt. Die adeligen Ritter beteiligen sich natürlich üblicherweise selbst nicht an diesen Gräueltaten, sondern beaufsichtigen allenfalls die Durchführung dieser für einen kriegerischen Erfolg als notwendig angesehenen Maßnahmen. Auf diese Weise müssen sie sich auch kein unritterliches Verhalten vorwerfen lassen. Gleichzeitig ist der ritterliche Verhaltenskodex flexibel genug, in einem gerechten Krieg auf Befehl des Königs jedes noch so grausame Mittel der Kriegsführung anzuwenden.

Der ritterliche Verhaltenskodex bestimmt in erster Linie den Umgang der einzelnen Angehörigen der Ritterkaste miteinander. König Edward ist in Frankreich eingefallen, um sein Recht durch Eroberung zu verteidigen. Edward III. und Philip VI. liegen nach ritterlichen Wertmaßstäben in einem gerechten Streit um die Krone Frankreichs. Das politische Kalkül, das diesen Streit bestimmt, lässt Sorgen über das Wohlergehen der einfachen Menschen, die ein Ritter eigentlich zu beschützen hätte, keinen Raum. Die wichtigste Auswirkung dieser mörderischen Ratio ist aber, dass sie Philip VI. in eine Situation bringt, in der er nur verlieren kann.
Das ritterliche Ideal zwingt ihn, seine Ehre als König zu verteidigen.
Sie zwingt ihn, sich entweder zum Kampf zu stellen oder offen zu zeigen, dass er nicht in der Lage ist, die wichtigste Pflicht eines Königs zu erfüllen, nämlich sein Volk zu beschützen.

Der Kammerherr kennt die Pläne seines Königs. Er weiß, dass er Philip VI. den Kampf zu Bedingungen aufzwingen will, die den französischen König auch als Feldherrn in eine äußerst ungünstige Lage bringen.

Der Kammerherr geht im Dunkeln an einer Reihe von Wagen entlang, die mit Beutegut beladen sind. Beamte der königlichen Schatzkammer sind im Licht von Fackeln immer noch dabei, Inventarlisten anzulegen.
Bisher stimmt jedenfalls, was Godefroi de Harcourt zu König Edward gesagt hat:

> *„Sire, das Land der Normandie ist eines reichsten Länder der Welt: Sire, unter Gefahr für meinen Kopf, ich werde Euch dort an Land bringen; dort ist niemand, der Euch widerstehen wird; die Menschen der Normandie sind den Krieg nicht gewohnt, und all die Ritter und Knappen sind jetzt bei der Belagerung von Aiquillon. Und, Sire, dort werdet Ihr große Städte ohne Mauern finden, wo Euere Männer solche Siege haben werden, dass sie noch nach zwanzig Jahren die Oberhand haben werden; und Sire, Ihr sollt mir mit Euerer Armee folgen, bis Ihr nach Caen in der Normandie kommt …“* (5)

Der König und seine Armee sind Godefroi de Harcourt gefolgt, und jetzt liegt Caen vor ihnen.

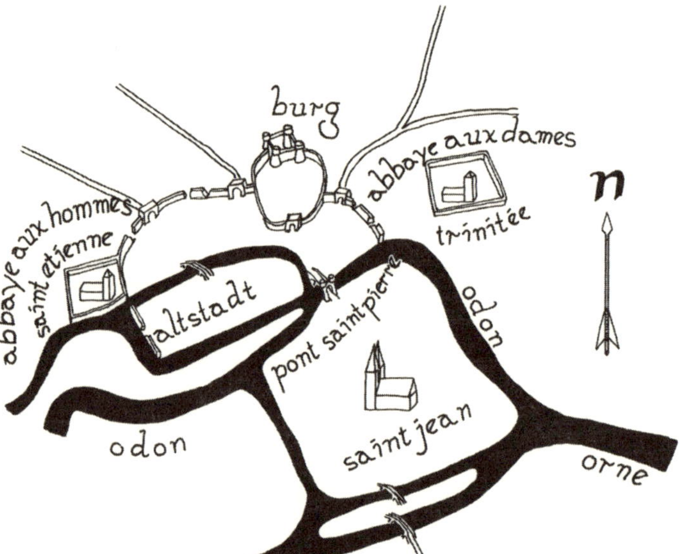
burg
abbaye aux dames
trinitée
n
abbaye aux hommes
saint etienne
altstadt
pont saint pierre
odon
saint jean
odon
orne
orne

Caen 1346

Caen, 26. Juli 1346

Der Fahnenträger fragt sich, ob die Entscheidung, die Altstadt aufzugeben und stattdessen die Neustadt zu verteidigen, klug war. Die Altstadt ist immerhin von Mauern umgürtet, mögen diese auch noch so alt und schadhaft sein. Außerdem ist die stark befestigte Burg, die den Ankerpunkt der Verteidigung bilden sollte, in den nördlichen Teil der Stadtmauer integriert.
Saint Jean, der neue Stadtteil im Süden, hat keine echte Stadtmauer. Seinen einzigen wirklichen Schutz bilden die Arme der Flüsse Orne und Odon, die in Caen zusammenfließen und aus dem Stadtteil Saint Jean eine Insel machen. Der Fahnenträger fragt sich, wie viel Schutz die Flussläufe wirklich bieten können. Schon in normalen Sommern sind sie so seicht, dass ein Mann sie an vielen Stellen durchwaten kann – und in diesem Jahr ist der Sommer extrem trocken.

Die Entscheidung ist dem Connétable bestimmt nicht leicht gefallen. Der Fahnenträger argwöhnt, dass der Druck, den die Handelsherren und die Landbesitzer aus der Neustadt auf die Kommandanten der Verteidiger ausgeübt haben, auch eine Rolle gespielt hat. Die reichen Pfeffersäcke wollen ihre Häuser und ihre Warenlager geschützt wissen.
Jetzt haben sich die Führer der Stadt auf der Pont Saint Pierre versammelt, die die Altstadt mit dem Stadtteil Saint Jean verbindet. Den Zugang zur Brücke sperrt ein mächtiger Torbau mit hohen Türmen, der sich gut verteidigen lassen sollte. Unten auf dem Fluss ist eine Kette von Schiffen vertäut, auf denen Armbrustschützen stationiert sind.

Dem Connétable stehen gut achthundert normannische Ritter, Knappen und Reisige, eine kleine Abteilung genuesischer Armbrustschützen und die Stadtmiliz zur Verfügung. Alles in allem sind das rund viertausend Kämpfer. Der Connétable hat alle verfügbaren Truppen von Harfleur auf Booten nach Caen gebracht und den Befehl über die Verteidiger der Stadt übernommen. Bei der Führung der Streitkräfte stehen ihm der Comte de Tancarville und der Marschall Robert Bertrand zur Seite. In der kurzen zur Verfügung stehenden Zeit haben sie versucht, die alten und brüchigen Mauern um die Altstadt mit Gräben und Palisaden zu verstärken. Die Engländer führen kein Belagerungsgerät mit sich. Der Fahnenträger ist der Ansicht, dass die Verteidiger die Mauern besser halten könnten als die Neustadt, die nur von den seichten Flüssen geschützt wird.

Ursprünglich hatten sich die Führer der Stadt nicht einschüchtern lassen. Sie hatten sich so stark gefühlt, dass sie sogar den Abgesandten des englischen Königs, den Mönch Geoffrey of Maldon, ins Verlies werfen ließen. Der Fahnenträger ist der Ansicht, dass diese Tat die Engländer noch angriffswütiger machen wird, aber es steht ihm nicht zu, seine Meinung zu den Entscheidungen der hohen Herren zu äußern. Er hat selbst schon an mehreren Belagerungen teilgenommen und kennt daher den Kriegsbrauch.
Bevor eine Belagerung beginnt, ist es üblich, einen Unterhändler zu schicken. Er überbringt die Aufforderung, die Stadt kampflos zu übergeben. Nur für diesen Fall kann die Stadtbevölkerung mit Gnade rechnen. Ergibt sich die Stadt nicht, bevor sie von den Belagerern eingeschlossen ist, so sind ihre Bewohner einem siegreichen Feind auf Gedeih und Verderb ausgeliefert. Für gewöhnlich werden die Bewohner einer Stadt: Zivilisten, Frauen und Kinder ebenso wie kämpfende Verteidiger, wenn sie sich nicht gleich ergeben wollen, von den Siegern abgeschlachtet.

In der Neustadt Saint Jean drängt sich jetzt fast die gesamte Bevölkerung der Stadt. Der Großteil der Zivilbevölkerung ist mit den Kriegern auf die Flussinsel gezogen. Zur Verteidigung der Altstadt sind nur dreihundert Kämpfer in der Burg zurückgeblieben, die unter dem Befehl des Bischofs von Bayeux stehen. Die Entscheidung, die Verteidigung auf die Neustadt zu konzentrieren, ist erst gefällt worden, nachdem die Verteidiger die Größe des englischen Heeres erkannt haben.

Der Fahnenträger ist sich im Klaren, dass bei der unvorbereiteten und überhasteten Verlegung der Truppen mit Sicherheit wesentliche Verteidigungsmaßnahmen übersehen worden sind.
Zu allem Überfluss liegen die Befestigungsanlagen der Pont Saint Pierre jetzt auf der falschen Seite der Orne. Der Fahnenträger fragt sich, ob die dünne Verteidigungslinie der Schiffe dem Angriff der wilden englischen und walisischen Krieger wird standhalten können.

Er hebt die Hand schützend vor die Augen, und für einen Moment ist er geblendet. Die Sonne scheint ihm direkt ins Gesicht. Heute ist ein wundervoller Tag. Heute ist ein guter Tag, um eine Stadt zu erobern. Die Männer um ihn herum sind aufgekratzt. Keinem merkt man an, dass das Heer heute schon auf den Beinen war, bevor der erste Schimmer des herannahenden Morgens den Himmel erhellte. Viele von den Kriegern Englands haben ebenso wie der König noch vor dem Morgengrauen die Heilige Messe gehört.

Die Bogenschützen sind hellwach. Die Erwartung des bevorstehenden Kampfes und die Beutegier haben jeden Gedanken an Ruhe und Schlaf vertrieben. Vor den Männern liegt Caen, das politische, kulturelle und wirtschaftliche Zentrum der Nordwest-Normandie.
Caen war die Hauptstadt der Normandie; die Gebeine Herzog Williams von der Normandie, den man den „Bastard“, aber auch den „Conqueror“, den Eroberer nennt, ruhen in der Männerabtei Saint Etienne auf der Westseite der Stadt. Er hat sie und das Frauenstift auf der anderen Seite der Altstadt errichten lassen, um Buße dafür zu tun, dass er entgegen dem Willen des Papstes seine Cousine Mathilde geheiratet hatte. William war ein kriegerischer Mann, und er mag die Klöster sehr wohl zum Schutz seiner normannischen Hauptstadt errichtet und befestigt haben.

Caen liegt am Zusammenfluss der Flüsse Orne und Odon. Ein Arm der Odon trennt die Altstadt von der Neustadt Saint Jean. Dort haben die reichen Bürger ihre Häuser. Der Kämmerer Michael de Northburgh wird in einem Brief nach England schreiben, Caen sei größer als jede Stadt in England, ausgenommen London. Die Einnahme von Caen wäre ein schwerer Schlag für Philip VI. Caen ist eine der reichsten Städte im Nordwesten des französischen Königreiches. In ihr lagern gewaltige Mengen an Handelsgütern. Mit der Einnahme von Caen hätte Edward III. mit einem Schlag die Kosten dieses Feldzuges ersetzt.

Am Morgen zog die Vorhut unter dem Befehl des Prince of Wales in Sichtweite an der Stadt und an der gut befestigten Burg an ihrem nördlichen Rand vorbei. Der Tross begleitete die Vorhut, um sie größer aussehen zu lassen. Der Feind soll getäuscht werden. Das Manöver soll ihm vorspiegeln, dass das ganze Heer von Osten her angreifen wird, während der König die westlichen Vororte besetzt hat und die Nachhut dahinter in Stellung gegangen ist. Jetzt hält die Vorhut neben der Abbaye aux Dames, dem Frauenkloster, das der Dreifaltigkeit geweiht ist. Es ist von starken Mauern umgeben wie eine Burg, aber offenbar verfügen die Franzosen über zu wenig Männer, um diese Bastion zu bemannen.

Er zieht einen Pfeil aus dem Gürtel und setzt ihn auf die Sehne. Auch die Männer um ihn herum halten ihre Bogen bereit. Die Mauern der Stadt liegen in Schussweite vor ihnen, aber kein Ziel zeigt sich. Kein Verteidiger ist auf den Mauern zu sehen. An manchen Stellen besteht die Befestigung der Stadt nur aus hölzernen Palisaden. Schon auf den ersten Blick kann jeder in der Truppe des Prince of Wales sehen, dass die Mauern in einem schlechten Zustand sind. Sie zerfallen an einigen Stellen förmlich. Stellenweise hat man offenbar in letzter Zeit notdürftige Reparaturen vorgenommen, aber seit den Tagen William des Eroberers ist sicher nichts erneuert worden.

Plötzlich stürmt ohne jeden Befehl eine große Zahl englischer Krieger auf den schadhaftesten Teil der Mauer zu. Raubgier und Blutdurst treibt sie an. Er wird von ihnen mitgerissen und rennt ebenfalls die Bresche zu. Hinter ihm ertönen Befehle, die der Disziplinlosigkeit Einhalt gebieten sollen, aber sie gehen im Geschrei der angreifenden Männer unter.
Dann sind sie in der Stadt. Wie Wölfe trotten Rudel von Bogenschützen

und Spießknechten durch die Straßen, brechen in Häuser ein, raffen Beute an sich und dringen dann weiter nach Süden in Richtung auf die reiche Neustadt vor. Er schaut ständig um sich, versucht seine Augen überall zu haben, zu hören, wenn ein Pfeil oder ein Armbrustbolzen auf ihn abgeschossen wird. In den engen Gassen zwischen den hohen Häusern können überall Heckenschützen lauern. Er wünscht sich Augen im Hinterkopf oder wenigstens einen Talisman, der ihn vor Geschossen aus dem Hinterhalt bewahren kann.

Dann ist er mit seinen Leuten am südlichen Ende der Altstadt angekommen. Die Gasse öffnet sich zu einem verfallenen Stück der Stadtmauer und einem Wasserlauf dahinter. Am anderen Ufer erheben sich die Häuser der Neustadt. Starke Befestigungen sind durch die Mündung der Gasse nicht zu sehen, aber auf dem Wasser liegen Schiffe vertäut, die mit Armbrustschützen besetzt sind.
Gut zweihundert Meter entfernt überspannt eine Brücke den Fluss. Der Zutritt wird von einem festungsartigen Torgebäude mit hohen Türmen versperrt. Hier tobt ein Kampf – Männer schreien, Waffen klirren, Pfeile und Armbrustbolzen schwirren durch die Luft. Englische Einheiten unter dem Earl of Northampton, dem Earl of Warwick und Richard Lord Talbot versuchen die Brücke zu stürmen, aber es gelingt ihnen nicht. Es ist ein furchtbares Durcheinander, in dem Hunderte Männer versuchen über die Brücke zu kommen. Das Geschehen macht den Eindruck, als ob die Lords kaum die Kontrolle über die Männer unter ihrem Befehl hätten.
Der Armbrustbolzen zischt nur Zentimeter an seinem Gesicht vorbei. Erschrocken wirft er sich gegen die Hauswand. Er war so vom Anblick des Kampfes um die Brücke gefangen, dass er für einen Moment nicht auf die Armbrustschützen geachtet hat. Hinter ihm ertönt ein Schmerzensschrei. Armbrustschützen auf den Schiffen schießen sich auf sie ein.

Er stürmt aus der Gasse ans Wasser. Nicht nur seine Männer, sondern zahllose andere Krieger tun es ihm gleich. Am Ufer bleibt er stehen, hebt den Bogen, zieht die Sehne aus und schießt. Der Pfeil fliegt auf das Deck des Schiffes vor ihm zu. Er nimmt sich nicht die Zeit, festzustellen, ob er ge-

troffen hat. Sofort zieht er den nächsten Pfeil aus dem Gürtel, hebt den Bogen, schießt. Auch die anderen Schützen lassen ihre Pfeile fliegen.
Spießknechte stürmen in den Fluss. Das Wasser ist seicht. Die Franzosen haben am Nordufer Boote zurückgelassen. Mit diesen fahren weitere englische Soldaten über den Fluss. Unter dem Schutz der Bogenschützen erreichen die Angreifer die Linie der Boote, wo ein wilder Nahkampf entbrennt. Ein Schiff beginnt zu brennen, dann ein zweites. Die übrigen ziehen sich ans Südufer zurück. Die Engländer setzen nach und sind in der Neustadt.

Der Fahnenträger gibt seinem Pferd die Sporen, um durch die Angreifer zu brechen. Das Tier bäumt sich auf. Der englische Kriegsknecht, der die Zügel gepackt hat, muss loslassen. Die anderen spritzen auseinander. Der Fahnenträger schlägt mit dem Schwert nach ihnen, während er mit der anderen Hand die Stange des Banners eisern im Griff behält.
Das Pferd rast los, und der Fahnenträger folgt Robert Bertrand. Der Marschall hat ebenso wie die anderen die Aussichtlosigkeit der Lage an der Brücke erkannt. Die Angreifer haben die Odon zwischen der Altstadt und der Neustadt Saint Jean überquert und die Verteidiger der Pont Saint Pierre, die die beiden Stadtteile verbindet, eingeschlossen. Robert Bertrand und alle Berittenen versuchen, sich durch die Eindringlinge, die in den Strassen wüten, zur Burg durchzuschlagen. Die Burg ist jetzt der letzte sichere Ort in Caen.
Der Fahnenträger muss sein Pferd zügeln: Auf der Straße liegen Leichen. Wenn das Pferd stolpert, werden ihn die Engländer erwischen. Das Pferd steigt widerstrebend über die blutigen Körper.

Hinter den Reitern wird Geschrei laut. Die Verfolger haben sie eingeholt. Der Fahnenträger rammt dem Pferd die Sporen in die Seiten und das Tier rast weiter durch die engen Gassen. Alles, was er tun kann, ist zu versuchen, nicht mit den Hausmauern zusammenzustoßen. Es ist ein Wunder, dass das Pferd bei diesem halsbrecherischen Tempo in die nächste Gasse

einbiegen kann, ohne gegen eine Mauer zu prallen. Ein Ritter neben ihm hat weniger Glück. Er knallt mit dem behelmten Kopf gegen das vorgebaute Obergeschoß eines Hauses und wird aus dem Sattel geworfen. Wenn ihn nicht die eigenen Kameraden niederreiten, werden ihn die Engländer erwischen. Wie Tiere werden der Fahnenträger und die anderen normannischen Ritter von den Engländern durch die schmalen Gassen gehetzt. Wen die englischen Teufel erwischen, den töten sie gnadenlos.
Dann haben sie die Burg erreicht. Die englischen Soldaten, die zurückgeblieben sind, um einen Ausfall der Garnison zu verhindern, können sie nicht aufhalten. Das Tor öffnet sich, sie preschen hinein und sind in Sicherheit.

An der Brücke ist mittlerweile der Widerstand zusammengebrochen. Die Verteidiger der Pont Saint Pierre werden gnadenlos abgeschlachtet. Der Connétable, der Comte de Tancarville und die Ritter in ihrer Begleitung haben sich in den Torbau der Brücke zurückgezogen. Sie müssen fürchten, trotz ihres hohen Ranges und des hohen Lösegeldes, das sie ihren Bezwingern einbringen würden, von den blutgierigen Kriegsknechten einfach erschlagen zu werden. Da sehen sie einen einäugigen Ritter über die Brücke reiten, den sie erkennen. Es ist Sir Thomas Holland. Er ist in Begleitung von fünf oder sechs anderen Rittern. Die beiden französischen Grafen kennen die Männer. Sie haben an ihrer Seite auf Kreuzzügen gegen die heidnischen Prussen an der Ostsee und die Mauren in Granada gekämpft.
Sie rufen Sir Thomas zu, dass sie sich ihm ergeben wollen, und er kommt mit seinen Begleitern in die Torburg. Dort ergeben sich ihm die beiden Grafen und 25 andere Ritter. Seiner Ritterpflicht folgend, lässt Sir Thomas einige Männer zu ihrer Bewachung und zu ihrem Schutz zurück.
Sich einem anderen Ritter zu ergeben, ist nicht unehrenhaft. Der ritterliche Verhaltenskodex erlaubt es dem Sieger, für die Freilassung eines gefangenen Gegners Lösegeld zu verlangen; wird dieses nicht bezahlt, kann er ihn einfach töten. Der Sieger ist andererseits aber auch verpflichtet, seinen adeligen Gefangenen zu beschützen und seinem Stand entsprechend zu behandeln. Die Franzosen sind daher bei Sir Thomas Holland gut aufgehoben.

Sir Thomas steigt auf sein Pferd und reitet weiter. Raoul II. de Brienne, der Comte d'Eu et de Guines, seit 1344 Connétable von Frankreich und damit oberster Befehlshaber aller Truppen des französischen Königs, ist Gefangener der Engländer.

Der Centenar geht fast in die Knie, als ihn ein Mauerstein am Helm trifft. Ihm wird für einen Moment schwarz vor Augen, beinahe lässt er das Schwert fallen. Benommen schüttelt er den Kopf. Vor ihm wird einer seiner Männer von einer Eisenstange getroffen, die aus einem Fenster im Obergeschoß des gegenüberliegenden Hauses geworfen wurde. Der Mann geht blutüberströmt zu Boden, sein Gesicht scheint völlig zerschmettert. Die Bürger von Caen setzen sich zur Wehr.

Anfangs ging alles so leicht für die walisischen Spießknechte, zu leicht. Die Altstadt wurde weder verteidigt, noch hatten sich die Zivilisten, die sich angstvoll in ihren Häusern versteckten, zur Wehr gesetzt. Die Waliser hatten leichtes Spiel, hatten nehmen können, was ihnen gefiel.
Hier in der Neustadt jedoch wehren sich die Bürger immer wieder, obwohl ihre Führer entweder in der Burg eingeschlossen oder Gefangene der Engländer sind. Immer wieder stoßen die Spießknechte auch auf versprengte Ritter und Milizionäre, die mit dem Rücken zur Wand wie in die Ecke gedrängte Ratten bis zum Letzten kämpfen. Aus dem leichten Spiel ist blutiger Ernst geworden. Steine, Holzpfosten und Eisentrümmer prasseln auf die Angreifer nieder.

Aus einem anderen Fenster wird wieder ein Stein auf den Centenar geworfen. Er schüttelt seine Benommenheit ab und ruft einige seiner Männer heran. Gemeinsam brechen sie die Tür des Hauses auf. Sie ist zwar von innen verrammelt, gibt aber dennoch nach.
Das Erdgeschoß ist leer. An der Spitze seiner Spießknechte stürmt der Centenar die Treppe zum Obergeschoss hinauf. Mit einem Blick erfasst der Hundertschaftsführer die Situation. Im großen straßenseitigen Zimmer

schleudert ein Mann gerade etwas auf die Straße hinunter. Ein anderer schleppt die Trümmer eines schweren Tisches zum Fenster. An der hinteren Wand steht eine Frau. Sie sieht den Centenar an und beginnt ohrenbetäubend zu kreischen.

Der Centenar ignoriert die Frau und springt mit dem Schwert in der Hand auf den Werfer zu. Der Mann am Fenster dreht sich um. Seine Hand fährt zum Dolch am Gürtel, aber der Offizier ist schneller. Der leblose Körper des Mannes fällt aus dem Fenster und bleibt auf der Straße liegen.
Der Centenar wirbelt herum. Um den anderen Mann haben sich schon seine Männer gekümmert. Das Kreischen der Frau wird unerträglich. Im ersten Impuls will er mit dem blutigen Schwert nach ihr schlagen, aber er überlässt sie seinen Männern. Als er wieder auf die Straße tritt, ist es ruhiger geworden. Aus den Fenstern wird jetzt nichts mehr geworfen. Offensichtlich ist die Lage in dieser Gasse unter Kontrolle.
Er ruft seine Männer zusammen und führt sie tiefer in die Neustadt hinein.

Der Kammerherr befindet sich am Abend des 26. Juli im Gefolge König Edwards, als man diesem die schlechte Nachricht überbringt: Mehr als fünfhundert seiner Krieger sind bei den Kämpfen in Caen getötet oder verletzt worden. Dieser herbe Verlust ist dem Heer des Königs nicht allein durch die französischen Soldaten, sondern vor allem durch die Einwohner der Stadt zugefügt worden.
Der Kammerherr kennt seinen König schon so lange, dass er weiß, wie dessen Reaktion ausfallen wird. Edward III. gerät in Zorn. Er befiehlt, dass morgen die gesamte Bevölkerung der Stadt hingerichtet und die Stadt selbst niedergebrannt wird. Für einen Moment ist es still im Gefolge des Königs. Dann fasst sich Godefroi de Harcourt ein Herz und beginnt, beruhigend auf König Edward einzureden:

„Teurer Herr, um Gottes Willen, besänftigt Euch und lasst genügen, was Ihr getan habt. Ihr habt noch eine große Reise vor Euch, bevor Ihr nach Calais kommt, wohin Ihr beabsichtigt zu ziehen; und, Sire; in dieser Stadt ist viel Volk, das seine

Häuser verteidigen wird, und es wird viele Eurer Männer das Leben kosten. … Ihr werdet ohne weiteres Töten Herr dieser Stadt sein; Männer und Frauen werden alles, was sie haben, geben, um Euch zufrieden zu stellen.“
Darauf antwortet der König: „Sir Godefroi, Ihr seid Unser Marschall, bestimmt alles, wie Ihr wollt.“ (5)

Dem Kammerherrn ist klar, dass Godefroi de Harcourt nicht allein von seiner Sorge um das Heer des Königs oder gar von Mitleid mit der Stadtbevölkerung getrieben wird. Der Normanne sieht sich als engster französischer Verbündeter des englischen Königs vermutlich als dessen zukünftiger Statthalter in den eroberten Gebieten.
Bisher hat Godefroi de Harcourt selbst viel zu den Verwüstungen, die die englischen Kriegsknechte auf der Halbinsel Cotentin angerichtet haben, beigetragen. Für eine künftighin englische Normandie ist Caen als Drehscheibe des Handels ebenso wichtig, wie es das für die bisherigen Machthaber war. Allein aus diesem Grund darf Godefroi de Harcourt nicht zulassen, dass die Stadt dem Erdboden gleichgemacht wird. Sie ist für ihn zu wichtig. Im Übrigen geht der Normanne sicher auch davon aus, dass die normannischen Adeligen, die er für seine Sache und gegen den französischen König gewinnen will, über die Zerstörung ihrer wirtschaftlichen Basis so empört sein werden, dass sie eine Allianz mit Edward III. ablehnen und sich Philip VI. zuwenden.

Vermutlich ist auch König Edward zu dieser Einsicht gekommen. Er kann durch die Abschlachtung der Bevölkerung und die Zerstörung der Stadt nichts gewinnen. Godefroi de Harcourt war bisher auf diesem Feldzug der wichtigste Berater des Königs. Edward III. nennt ihn sogar „Cousin“ und hat ihn zum Marschall des Heeres bestellt. Der Normanne ist zu wichtig für den König, als dass er ihm die Bitte abschlagen könnte.

Godefroi de Harcourt reitet unter seinem rot-gelb gestreiften Banner mit dem kleinen blauen Wappenschild im linken oberen Eck von Straße zu Straße. Im Namen des Königs befiehlt er, dass kein Haus angezündet, niemand erschlagen und keiner Frau Gewalt angetan werden dürfe.

Der Kammerherr schaut den Schiffen nach. Die Fahrzeuge liegen tief im Wasser. Sie sind schwer mit Beutegut beladen. Das englische Heer hat unglaubliche Reichtümer erbeutet. Die Beute ist so gewaltig, dass der Frachtraum der Schiffe nicht ausreicht, um alle Beutestücke nach England zu bringen.

Seit der Eroberung Caens sind fünf Tage vergangen. Fünf Tage lang haben die Sieger in der Stadt gewütet. Trotz der Verbote, die Godefroi de Harcourt im Namen des Königs erlassen hat, haben die englischen Kriegsknechte nicht aufgehört, die Stadt zu verwüsten. Fünf Tage lang haben sie geplündert, gemordet und vergewaltigt. Mehr als 2.500 Menschen, die Hälfte der Stadtbevölkerung, sind tot. Alleine fünfhundert Leichen hat man bei der Kirche Saint Jean in der Neustadt in ein einziges Massengrab geworfen. Große Teile der Stadt sind niedergebrannt. Nur die Burg am nördlichen Stadtrand hält noch immer allen Angriffen stand. Sie ist zu stark befestigt und zu gut bemannt, als dass man sie ohne schweres Belagerungsgerät einnehmen könnte. Eine regelrechte Belagerung würde zu lange dauern. Das Heer muss weiter.

Für den Kammerherrn ist die menschliche Beute, die die Flotte nach England bringt, nicht weniger wichtig als die erbeuteten Reichtümer. Mehrere Hundert gefangene Bürger, die soziale und wirtschaftliche Elite der Halbinsel Cotentin und eine beträchtliche Anzahl Ritter, darunter einige Angehörige des französischen Hochadels, befinden sich auf den Schiffen. Sie werden gewaltige Lösegelder einbringen.

Dem Kammerherrn ist durchaus bewusst, dass bei der Entscheidung des Königs, die Gefangenen nach England bringen zu lassen, politisches Kalkül eine große Rolle gespielt hat. Unter den Gefangenen befinden sich mit Raoul de Brienne, dem Connétable von Frankreich, und dem Comte de Tarcarville zwei wichtige Führer des französischen Heeres. Der König hat befohlen, dass die Gefangenen unverzüglich nach England gebracht werden. Sie dürfen nicht gegen Lösegeld oder irgendwelche andere Güter freigelassen werden, bevor er nicht mit seinem Feldzug noch mehr als bis-

her erreicht hat. Entsprechend dem ritterlichen Verhaltenskodex könnten die gefangenen Ritter eigentlich auf eine schnelle Entlassung hoffen. Es ist durchaus üblich, adelige Gefangene freizulassen, wenn sie schwören, ein bestimmtes Lösegeld zu einem bestimmten Zeitpunkt zu zahlen. Der König hat sich aus kluger Berechnung gegen diesen ritterlichen Brauch entschlossen. Einen so wichtigen Mann wie den Connétable seines Heeres zu verlieren, bedeutet einen harten Schlag für Philip VI. und beeinträchtigt seine gesamte Kriegführung.
Der König schätzt den Wert des Connétable so hoch ein, dass er Sir Thomas Holland nicht weniger als 20.000 Goldmark für seine Auslieferung zugesagt hat, zahlbar über einen Zeitraum von drei Jahren aus den Handelszöllen auf Wolle. Sir Thomas ist durch seinen Fang zu einem sehr reichen Mann geworden.

Der Kammerherr denkt an die Gefahren der Überfahrt. Draußen auf dem Meer lauern vielleicht feindliche Schiffe. Die französische Flotte haben die Engländer zwar in den Häfen der Halbinsel Cotentin erwischt und zerstört, aber noch hat Philip VI. Verbündete, die die englischen Schiffe bedrohen können. Gegen wendige genuesische Galeeren oder schottische Piratenschiffe hätten die schwer beladenen Transporter keine Chance.

Der König hat dem Earl of Huntington, der in den letzten Tagen erkrankt ist, ein Schreiben mitgegeben, das auf keinen Fall in feindliche Hände fallen darf, denn aus ihm lassen sich die weiteren Pläne König Edwards erkennen.
Der Brief, um den sich der Kammerherr sorgt, enthält den Befehl des Königs an den Kronrat, Men-at-Arms und zusätzliche zwölfhundert Bogenschützen in Gebieten, die nicht schon von Kämpfern entblößt sind, anzuwerben. Außerdem sollen große Mengen an Pfeilen und Geld sowie hundert Schiffe beschafft werden, die die Verstärkungen nach Le Crotoy auf der Nordseite der Somme-Mündung bringen sollen.
Die Somme aber liegt noch viele Tagesmärsche weit vor dem englischen Heer, in einem Gebiet, das es erst noch erobern muss.

le crotoy
ponthieu
blanchetaque
abbeville
eu
airaines
amiens
somme
arques
eu
poix
harfleur
nor mandie
seine
rouen
beauvais
clermont
ouistraham
elbeuf
gisors
caen
lisieux
senlis
orne
vernon
pontoise
poissy
paris
verneuil
isle
montfort
de
chartres
france

7. Kapitel

Blanchetaque, 24. August 1346

Sie haben die Engländer! Diesmal werden die englischen Teufel nicht entkommen! Diesmal sind sie in der Falle! Der Mundschenk kann beinahe körperlich spüren, wie jeder einzelne Krieger im französischen Heer danach giert, sich auf die Engländer zu stürzen. In den Gesichtern der Männer steht Rache geschrieben. Rache für das, was diese Teufel dem Königreich Frankreich angetan haben.

Am 16. Juli hatte die Nachricht von der Landung der Engländer bei Saint Vaast la Hogue den Hof König Philips erreicht. Philip VI. ordnete daraufhin sofort die Mobilmachung aller verfügbaren Truppen an und rief seine Verbündeten zu Hilfe.
Selbst jetzt, mehr als fünf Wochen danach, ist immer noch der gesamte Norden Frankreichs in Bewegung. Die Milizen der Städte sammeln sich in Paris und in Amiens. Aus allen Teilen des französischen Königreiches, aus dem Heiligen Römischen Reich, aus Luxemburg und aus Böhmen treffen die Untertanen und Verbündeten König Philips mit ihren Gefolgsleuten ein.
Viele große Namen finden sich unter den Führern der Kontingente, die mit dem König gegen die Engländer ziehen: Der Befehlshaber der Vorhut ist Johann von Luxemburg, der König von Böhmen, zu dem sein Sohn Karl gestoßen ist, den die deutschen Reichsfürsten zum König der Römer gewählt haben. Jaime I., der König von Mallorca, der nach seiner Vertreibung Aufnahme in Frankreich gefunden hat, verstärkt mit seinem Gefolge ebenso das französische Heer wie Jean IV, der Comte de Harcourt, dessen verräterischer jüngerer Bruder die Eindringlinge durch das Land führt.
Charles de Valois, der Comte d'Alençon, reitet ebenso im Gefolge seines königlichen Bruders wie Louis de Nevers, der Graf von Flandern, oder Johann von Hennegau, der Schwager des englischen Königs, und viele,

viele andere. Es ist das größte Heer, das Frankreich seit Generationen gesehen hat.
Der Mundschenk treibt sein Pferd an. Die Angehörigen des königlichen Haushalts setzen sich in Bewegung. Der Mundschenk folgt der Gruppe, die sich unmittelbar um den König versammelt hat. Über dem König flattert das Fahnentuch des Lilienbanners und daneben die geheiligte Oriflamme.

Die Oriflamme wird nur dann dem Heer voran getragen, wenn es das französische Königreich, die Kirche oder den christlichen Glauben zu verteidigen gilt. Der König hat sie wenige Tage, nachdem das englische Invasionsheer französischen Boden betreten hat, aus der Abtei Saint Denis, in der die französischen Könige begraben liegen, herbeigeholt. Das blutrote Fahnentuch der Oriflamme, das an einer vergoldeten Fahnenstange befestigt ist, signalisiert, dass kein Feind lebend französischen Boden verlassen soll. Der Mundschenk will ebenso Rache an den englischen Mördern, Vergewaltigern und Brandstiftern nehmen, wie jeder andere im französischen Heer. Die Feinde haben auf ihrem Weg eine blutige Spur verbrannter Erde hinterlassen. Sie haben geraubt, was sie gefunden haben. Sie haben keinen Stein auf dem anderen gelassen und kein Leben geschont. Kaum ein Dorf oder eine Stadt, die sie nicht geplündert und gebrandschatzt hätten. Selbst dem Connétable von Frankreich, der jetzt ein Gefangener der Engländer ist, ist es nicht gelungen, sie bei Caen aufzuhalten. König Philip und ganz Frankreich sind gedemütigt und rasen vor Wut.

Nach der Zerstörung von Caen war das englische Heer weiter nach Osten marschiert. Philip VI. war ihm entgegengezogen und hatte bei Rouen die Seine in Richtung Westen überschritten. Er zog sich aber wieder zurück, als ihn die Nachricht erreichte, dass am 1. August ein Heer unter der Führung des Grafen Heinrich von Flandern und des Engländers Sir Hugh Hastings in die königstreue Grafschaft Artois eingefallen war. Um den Engländern die Möglichkeit zu nehmen, über die Seine weiter nach Osten vorzustoßen, befahl König Philip, die Brücken entweder mit allen Mitteln zu verteidigen oder aber zu zerstören. Die Städte entlang des Flusses erhielten die königliche Erlaubnis, ihre Gefängnisse zu leeren, falls sie mehr Männer zur

Verteidigung benötigten. Darüber hinaus forderte der König weitere Milizen aus Amiens an, obwohl er auch daran denken musste, seinen Rücken mit einer Verteidigungslinie an der Somme frei zu halten. Rouen, die wichtigste Stadt am Unterlauf der Seine, wurde von den Grafen von Harcourt und Dreux verteidigt. Sie konnten alle Versuche der Angreifer vereiteln, die Seine zu überqueren. Die Engländer zogen daraufhin das Südufer der Seine entlang nach Paris. Auf ihrem Marsch verwüsteten sie weiter auf breiter Front das Land südlich des Flusses.

Der Mundschenk war bei König Philip, als dann auch noch die Nachricht eintraf, dass Paris am Rande einer allgemeinen Panik stehe. Der König entsandte daraufhin Johann von Luxemburg mit fünfhundert Reisigen, um für Ordnung zu sorgen, während sich die Stadtmiliz darauf vorbereitete, Paris zu verteidigen. Die Lage beruhigte sich erst, als König Philip mit seinen Truppen zurückgekehrt war. Obwohl bei Rouen die Armbrustschützen der genuesischen Flotte das Heer des Königs verstärkten, war es immer noch klein, da er viele Männer entlang der Seine verteilen musste, um die Verteidigung an den Flussübergängen zu verstärken.
Aus taktischen Gründen verlegte Philip VI. sein Hauptquartier von Paris nach Saint Denis im Norden der Stadt. Die Pariser Bürger hatten ihn angefleht, seine Hauptstadt zu verteidigen und sie nicht im Stich zu lassen. Der König beruhigte sie mit den Worten:

> *„Mein gutes Volk, zweifelt nicht: Die Engländer werden Euch nicht näher kommen, als sie es jetzt sind … Ich werde nach Saint Denis zu meinen Kriegern gehen, denn ich werde die Engländer treffen und gegen sie kämpfen, was auch immer daraus entstehen mag.“* (5)

Die Lage verschärfte sich weiter, als das englische Heer dann doch vor Paris eintraf. Die Engländer hatten das gesamte Land südlich und südwestlich von Paris verwüstet und griffen dann die Stadt selbst an. Am 15. August sandte Edward III. Philip VI. sogar eine Herausforderung zur Schlacht südlich der Stadt. Das war aber ebenso eine Finte, wie der Marsch der englischen Vorhut unter dem Prince of Wales Richtung Chartres. Während sich das Heer König Philips darauf vorbereitete, den

Engländern entgegenzutreten, gingen diese bei Poissy über den Fluss. In ununterbrochener harter Arbeit gelang es den Handwerkern im englischen Tross, die zerstörte Brücke über die Seine in Stand zu setzten. Bis zum Abend des 15. August hatten sie einen sechzig Fuß langen, aber nur ein Fuß breiten Balken über die Lücke gelegt. Über diesen führte der Earl of Northumberland einen Angriff auf die französischen Truppen am Nordufer und erzwang so den Übergang.

Als König Philip Nachricht davon erhielt, kommandierte er sofort eine große Abteilung Milizionäre, die sich auf dem Weg von Amiens nach Paris befunden hatte, zur Durchbruchsstelle ab. Die Milizen, die von vier Rittern aus Amiens angeführt wurden, waren gut ausgerüstet und gut motiviert. Sie lieferten den Engländern einen harten, für beide Seiten verlustreichen Kampf. Letztlich unterlagen sie aber doch den Eindringlingen, die von Godefroi de Harcourt angeführt wurden.

Der Mundschenk hat mit eigenen Augen die Verwüstungen gesehen, die die Engländer angerichtet haben, bevor sie die Seine überquert haben. Jetzt kommt die Rache! Jetzt haben sie das englische Heer in der Falle!

Der Kammerherr wartet. König Edward wartet. Das ganze englische Heer wartet. Alle warten: darauf, dass die Ebbe den Wasserspiegel der Somme sinken und das weiße Band auf dem Grund des Flusses sichtbar werden lässt, das dieser Furt ihren Namen gegeben hat: Blanchetaque.

Die Furt ist alles andere als ideal, um eine Armee über einen großen Fluss zu führen. Sie ist zu schmal, und wer sich einen Fehltritt erlaubt, wird von der starken Strömung mitgerissen. Man erzählt sich, dass die Römer den Boden des Flussbettes mit Kalkstein oder Marmor befestigt hätten. Das klingt glaubhaft, denn in der ganzen Gegend gibt es keine ähnlichen natürlichen Gesteinsformationen.

Die Nerven aller sind zum Zerreißen gespannt. Wenn das französische Heer auftaucht, bevor sie den Flussübergang geschafft haben, sitzen sie in der Falle. Sie werden sich den Weg ans andere Ufer ohnehin freikämpfen müssen, denn das Nordufer der Somme wird von französischen Truppen gehalten. Die besonders Scharfäugigen im englischen Heer sagen, dass das Banner des gegnerischen Anführers die Farben des normannischen Barons Godemar du Fay trägt. Der Baron ist ein kriegserfahrener Mann, und er wird es den Engländer nicht leicht machen, am anderen Ufer Fuß zu fassen.

Der Kammerherr spürt die Strapazen der letzten Tage. Der Marsch von Paris ins Mündungsgebiet der Somme war ein Rennen gegen die Zeit und gegen das französische Heer. Sie hielten sich nicht mit Plündern und Brandschatzen auf, und ihre Vorräte waren rasch geschwunden. Darüber hinaus hatten die Franzosen dafür gesorgt, dass sie keine Vorräte finden konnten. Mit dem französischen Heer auf den Fersen konnten sie keine großen Aktionen zur Vorratsbeschaffung unternehmen. Die Männer hungerten, und ihre Laune war dementsprechend schlecht. Die Tatsache, dass der Heerzug ständig von französischen Vorhuten unter Johann von Luxemburg angegriffen wurde, hob die Laune der englischen Krieger auch nicht gerade. Als sie dann wenige Meilen vor der Somme bei Poix von örtlichen Milizen angegriffen wurden, entlud sich ihre ganze Wut an der kleinen Stadt. Sie töten die Milizionäre bis zum letzten Mann und machten die Stadt dem Erdboden gleich. Trotz aller Eile verloren sie das Rennen an die Somme. Philip VI. war mit seinen Truppen schon in Amiens, als das englische Heer noch zwei Tagesmärsche entfernt war. Für den Kammerherrn ist es unverständlich, dass die Franzosen nicht sofort zuschlugen. Stattdessen konzentrierten sie sich allein darauf, die Brücken über den Fluss zu verteidigen oder zu zerstören. Dennoch sitzt das englische Heer jetzt vor der Mündung der Somme fest und kann weder vor noch zurück.

Der einzige Weg, den die Truppen König Edwards einschlagen können, führt nach Norden. Dort warten die flämischen Verbündeten, und dort in Le Crotoy, nördlich der Somme, muss auch die Verstärkung warten, die der König in England angefordert hat. Der Weg nach Norden aber führt mitten durch die von der Flut angeschwollene Somme und mitten durch das Heer des Barons Godemar du Fay, das an die fünfhundert Reisige und dreitausend Fußsoldaten, vor allem Armbrustschützen, zählt. Natürlich wartet König Edward nicht darauf, dass sein Erzfeind kommt, um das ein-

geschlossene englische Heer zu vernichten. Aus den verschiedensten Quellen weiß der König, dass hier eine uralte Furt die Somme quert. Um sicher zu gehen, hat er unter den Gefangenen des englischen Heeres verbreiten lassen, dass er jeden Mann und seine Freunde freilassen und belohnen würde, der ihm einen Weg über die Somme zeigt.
Am Abend zuvor hatte sich daraufhin ein Bürger von Mons en Vimeux namens Gobin Agache gemeldet, der zu König Edward sagte:

> *„Herr, ich verspreche Euch unter Einsatz meines Kopfes, dass ich Euch zu einem Platz bringen werde, wo Ihr und Euer Heer den Fluss Somme ohne Gefahr überqueren könnt. Es gibt bestimmte Plätze in der Durchfahrt, die Ihr mit zwölf Männern nebeneinander zweimal zwischen Tag und Nacht passieren könnt: Ihr werdet nicht einmal bis zu den Knien durchs Wasser gehen. Wenn aber die Flut kommt, schwillt der Fluss so an, dass kein Mann passieren kann; wenn aber die Flut zurückgegangen ist, was zweimal zwischen Tag und Nacht geschieht, dann ist der Fluss so niedrig, dass er ohne Gefahr sowohl auf dem Rücken von Pferden als auch zu Fuß passiert werden kann. Die Passage ist am Grund hart, aus weißen Steinen, so dass all Euere Wagen sicher fahren können. Deswegen heißt die Furt Blanchetaque.“*[5]

Der Kammerherr kann Gobin Agache verstehen. König Edward ist hier in Ponthieu, das er von seiner Mutter geerbt hat, Gobin Agaches Lehensherr, auch wenn Philip VI. die Grafschaft widerrechtlich besetzt hat, und wie könnte sich ein einfacher Mann einem so gewaltigen Kriegerkönig wie Edward III. widersetzen?
König Edward hielt sein Wort. Er ließ Gobin Agache und seine Freunde frei und machte ihn zum reichen Mann. Der Kammerherr fragt sich, ob sich der Mann im Klaren ist, dass sein Name in Zukunft für die Franzosen ein Synonym für „Verräter“ sein wird.

Er schaut zu seinem Hundertschaftsführer hin, und der Hauptmann erwidert seinen Blick. Ohne dass sie auch nur ein Wort der Verständigung brauchen, kann er an den Augen seines Anführers ablesen, dass dieser sich dieselbe Frage stellt wie er selbst:

Sind sie für diese Aufgabe ausgewählt worden, weil sie so gut sind oder nur weil sie dumm genug sind, die Sache auch durchzuziehen?
Er und eine große Zahl anderer Bogenschützen aus seiner grün-weißen Hundertschaft sind ausgewählt worden, mit der Vorhut als erste die Furt zu durchqueren. Nun, es ist immer ehrenvoll, sich vor dem König auszuzeichnen, aber er fragt sich, ob er Gelegenheit haben wird, die Früchte der Tapferkeit zu genießen. Am anderen Ufer warten jedenfalls ziemlich viele gut ausgerüstete und perfekt in Stellung gegangene Armbrustschützen. Obwohl sie gut eineinhalb Kilometer weit entfernt sind, glaubt er, sie erwartungsvoll grinsen zu sehen.
Wenigstens werden sie nicht in der ersten Reihe stehen. Die absolute Spitze der Vorhut werden die Männer aus Llantrisant bilden. Lord Hugh Despenser hat sie in den nördlichen Tälern seiner Grafschaft Glamorgen in Südwales angeworben und hartem Training und eiserner Disziplin unterworfen. Nach dem schwarzen Schrägstreifen in Lord Despensers Wappen nennen sie sich „Black Army of Llantrisant". Er gesteht unumwunden zu, dass diese Männer wirklich gut sind – und ist froh, dass er nicht mit ihnen den Platz tauschen muss.

Das Wasser sinkt weiter, und es mag gegen acht Uhr am Morgen sein, als sich plötzlich ein weißer Schimmer am Flussgrund abzuzeichnen beginnt. Befehle werden gebrüllt, und die Männer steigen ins flache Wasser. Sie haben ihr Schuhwerk ausgezogen, um auf dem steinigen Flussgrund sicheren Halt zu finden. Ihre ganze Ausrüstung, vor allem die Pfeile, haben sie hoch auf ihre Schultern geschnallt, und sie achten darauf, dass die Bogen mit ihren empfindlichen Sehnen nicht mit dem Wasser in Berührung kommen. Hinter ihnen treiben die Ritter ihre Schlachtrösser ins Wasser. Er hofft, dass keines der Tiere scheut und einfach losprescht. Es sind tapfere und erfahrene Männer, die hinter den Bogenschützen kommen. Der Earl of Northampton, Lord Hugh Despenser und Lord Raynold Cobham führen die Gruppe der Ritter an, die als erste am Feind sein wird – wenn es ihnen gelingt, unbeschadet den tödlichen Hagel von Armbrustbolzen zu überstehen, der sie erwartet. Schritt um Schritt stapft er durch das Wasser, das ihm jetzt bis an die Hüften reicht und dessen Strömung bei jedem Schritt an ihm zerrt. Kaum ein Wort fällt. Jeder versucht für sich abzuschätzen, wann sie die unsichtbare Linie erreichen werden, hinter der der Tod in Form von surrenden Armbrustbolzen wartet. Sie wissen, dass sie nicht zögern dürfen. Sie müssen das Nordufer freigekämpft haben, bevor die Flut den Wasserspiegel wieder steigen lässt. Wer den Fluss vor der Flut nicht überqueren kann, wird den Franzosen in die Hände fallen. Das Schicksal der ganzen Armee hängt von ihnen ab.

Noch im selben Moment, in dem er denkt, dass sie jetzt in Schussweite sein müssten, wühlen Armbrustbolzen das Wasser auf. Männer werden getroffen, schreien auf und versinken in den kalten Fluten. Sein Hundertschaftsführer wird plötzlich von einem Bolzen ins Gesicht getroffen und torkelt zurück. Für einen Moment schaut er in weit aufgerissene Augen, dann ergreift die Strömung den Körper des Offiziers und reißt ihn mit sich.

Er brüllt auf und beginnt die Armbrustschützen am Ufer mit Pfeilen zu überschütten. Er hat noch nie in seinem Leben so schnell geschossen. Er merkt nicht, dass ihn Bolzen nur knapp verfehlen, dass andere Männer getroffen werden. Er merkt nicht, dass die anderen Bogenschützen ebenfalls Pfeil auf Pfeil abschießen. Seine Welt besteht nur aus Einnocken, Spannen und Lösen. Dann merkt er, dass die Bolzen weniger dicht kommen und watet weiter auf das gegnerische Ufer zu. Die anderen Bogenschützen folgen ihm, während sie Pfeil um Pfeil in die Masse der Franzosen am Ufer schießen.

In die Feinde kommt jetzt Bewegung. Die Infanteristen machen Platz für Reiter. Französische Ritter treiben ihre Pferde ins Wasser und kommen den Engländern entgegen. Das ist der Moment, auf den die englischen Ritter in der Vorhut gewartet haben. Während die englischen Bogenschützen ihnen Platz machen, sprengen sie platschend auf den Feind zu.

Im seichten Wasser entspinnt sich auf dem schmalen Felsband ein harter Kampf. Die Franzosen können den Angriffen der englischen Reiter nicht standhalten und weichen. Die Engländer setzen nach und sind mit einem Mal am Ufer.

Er folgt den Reitern so schnell und so dicht wie er kann. Die Leiber der Pferde und die gepanzerten Körper der Ritter schützen ihn vor den Bolzen der Armbruste. Dann hat er trockenen Boden unter den Füssen. Gleichzeitig

mit ihm erreichen auch die anderen Bogenschützen das Ufer. Er schreit in seiner gälischen Mundart Befehle. Es kümmert ihn nicht, ob unter den Männern vielleicht auch Engländer sind, die kein Walisisch verstehen.
Während die Ritter den französischen Reitern einen wilden Kampf liefern, gehen die Bogenschützen am Ufer in Stellung und entfesseln einen neuen Pfeilsturm, der die französischen Fußsoldaten noch weiter von der Übergangsstelle forttreibt. Weitere englische Ritter kommen an Land und stürzen sich auf die Franzosen. Weitere Bogenschützen verstärken die Männer am Ufer, deren Munition langsam knapp wird. Dann haben die Franzosen genug und fliehen. Die englischen Reiter verfolgen sie nach Osten bis vor Abbeville.
Er stützt sich auf seinen Bogen und schaut sich um. Rund um ihn sitzen erschöpfte Bogenschützen auf dem Boden. Viele vertraute Gesichter fehlen. Die Gruppen, die die Vorhut gebildet haben, haben starke Verluste durch den mörderischen Hagel der Armbrustbolzen erlitten. Ihr Ziel haben sie jedenfalls erreicht. Trupp um Trupp durchquert die Furt und geht am Nordufer der Somme an Land. Sie haben es noch einmal geschafft. Sie sind den Franzosen entkommen.

Der Waffenmeister zieht das Schwert und schlägt mit der flachen Klinge auf die Kruppe des Zugpferdes ein. Seine Knechte zerren am Zaumzeug des Gespanns und versuchen den Wagen wieder in Gang zu bringen. Das Wasser reicht schon über die Radnaben, und es steigt weiter. Hinter dem Wagen schreien und fluchen Männer. Es ist ein apokalyptisches Durcheinander. Reiter treiben ihre Pferde an dem hängengebliebenen Wagen vorbei, Spießknechte schütteln drohend ihre Waffen.
Die Flut hat eingesetzt, und das Wasser steigt jede Minute weiter. Nur noch kurze Zeit, und die Furt ist unpassierbar, nur noch kurze Zeit, und die Fluten reißen alles mit, was sich noch auf dem schmalen Gesteinsband befindet. Der Großteil des Heeres hat das Nordufer bereits erreicht, aber der Tross ist noch im Wasser. Wieder lässt der Waffenmeister die flache Schwertklinge auf die Kruppe des Pferdes klatschen. Die Knechte brül-

len die Pferde an, Peitschen knallen, und die Muskeln der Pferde und der Männer treten vor Anstrengung hervor, als ob sie jeden Moment reißen würden. Der Waffenmeister blickt zurück zum Südufer. Dort warten noch immer Wagen darauf, endlich den Fluss durchqueren zu können.
Ritter und Bogenschützen der Nachhut sind zu beiden Seiten der Furt in Stellung gegangen, aber es sind nur mehr wenige Männer, die das Ufer halten. Einen massiven Angriff der französischen Vorhut werden sie nicht aufhalten können. Der Waffenmeister muss den Wagen wieder in Gang bekommen. Er muss weiter. Die Ladung darf den Franzosen nicht in die Hände fallen: Zu wertvoll ist die Fracht. Zu große Summen hat sie den Kronschatz gekostet. Der Abstand zu den anderen Wagen wird immer größer. Wenigstens sie werden es schaffen. Einer der anderen Waffenmeister, die die Wagen vor ihm begleiten, dreht sich um und winkt ihm zu. Der Mann brüllt etwas, doch seine Worte gehen im Schreien der Männer und Wiehern der Pferde unter.

Das Wasser hat jetzt den Boden des Wagens erreicht, und das Fahrzeug ächzt und kracht. Die Flut findet jetzt mehr Angriffsfläche, und es wird nur mehr Augenblicke dauern, bis der schwer beladene Wagen trotz seines Gewichts den Wassermassen nicht mehr standhalten kann. Ein weiterer Blick zum Südufer zeigt dem Waffenmeister, dass der Albtraum wahr geworden ist: Die französische Vorhut hat das Ufer erreicht. Sie sind so nahe, dass der Waffenmeister die Banner erkennen kann, die über den Angreifern wehen. Drohend recken die Löwen von Luxemburg und von Böhmen ihre Krallen. Johann von Luxemburg, der König von Böhmen, ist da. Wer es jetzt noch nicht geschafft hat, das Ufer zu verlassen, ist verloren.

Die englische Nachhut verlässt ihren verlorenen Posten, und die Männer springen in den Fluss. Die letzten Wagen des Trosses versperren den Verfolgern den Weg, und die Männer des Königs von Böhmen halten am Ufer an. Ein Trupp von Spießknechten kommt durch das hohe Wasser platschend heran. Sie wollen sich am Wagen vorbeidrücken, aber der Waffenmeister brüllt sie an und schlägt mit der flachen Klinge nach ihnen. Die Männer verstehen ihn, und ein paar von ihnen stemmen sich gegen den Wagen.

Vielleicht sind es ihre Kräfte, vielleicht ist es auch die Kraft des Wassers, die dem Wagen Auftrieb verleiht – plötzlich setzt sich das Gefährt ruckend in Bewegung und macht sich auf den Weg zum Nordufer.

Der alte Kreuzfahrer wütet, wie er es nicht mehr getan hat, seit er an der Seite seines Königs gegen die Heiden gekämpft hat. Wütend schlägt er mit der Streitaxt nach dem englischen Trossknecht, und der Mann fällt wie ein Stück Holz aus dem Sattel des Zugpferdes. Der böhmische Kreuzfahrer rast weiter. Sie sind zu spät gekommen! Die Engländer haben den Fluss überquert, bevor sie da waren. Viel zu lange hat der französische König gezögert.

Viel zu lange haben sie sich Zeit gelassen, um die Feinde zu stellen. Schon gestern hatten sie die englischen Teufel in die Enge getrieben. Schon gestern hatte der französische König viel zu lange gezögert.

Heute ist es zu spät. Heute sind die Feinde entkommen.

Rings um den Kreuzfahrer fallen die letzten englischen Trossknechte unter den Schwertstreichen der Böhmen und Luxemburger. Es ist ein Sieg, an dem sich der alte Krieger nicht erfreuen kann. Nur wenige mit Beute beladene Wagen haben die Engländer zurücklassen müssen. Kein Ritter ist geblieben, um sich dem Kampf mit der Vorhut des französischen Heeres zu stellen. Sie sind über den Fluss verschwunden, wie die litauischen Heiden in ihren Sümpfen verschwanden, wenn sie die Krieger sahen, die ihnen das Kreuz des Heilands brachten – feiges Pack.

Wütend treibt der Böhme sein Pferd an, bis es mit den Vorderbeinen im Wasser steht. Es ist unmöglich, den Fluss jetzt zu überqueren. Die Flut lässt ihn jeden Moment mehr anschwellen, und wer es jetzt wagt, den Weg über das steinerne Band am Flussgrund zu nehmen, wird von den reißenden Fluten mitgerissen. Sie müssen warten, bis die Flut der Ebbe gewichen ist und die Gewalten des Wassers den Weg wieder freigeben. Sie müssen wieder warten!

Frustriert schüttelt der alte Kreuzfahrer seine Streitaxt in Richtung der englischen Nachhut, die gerade das Flussufer verlässt und Richtung Norden verschwindet.

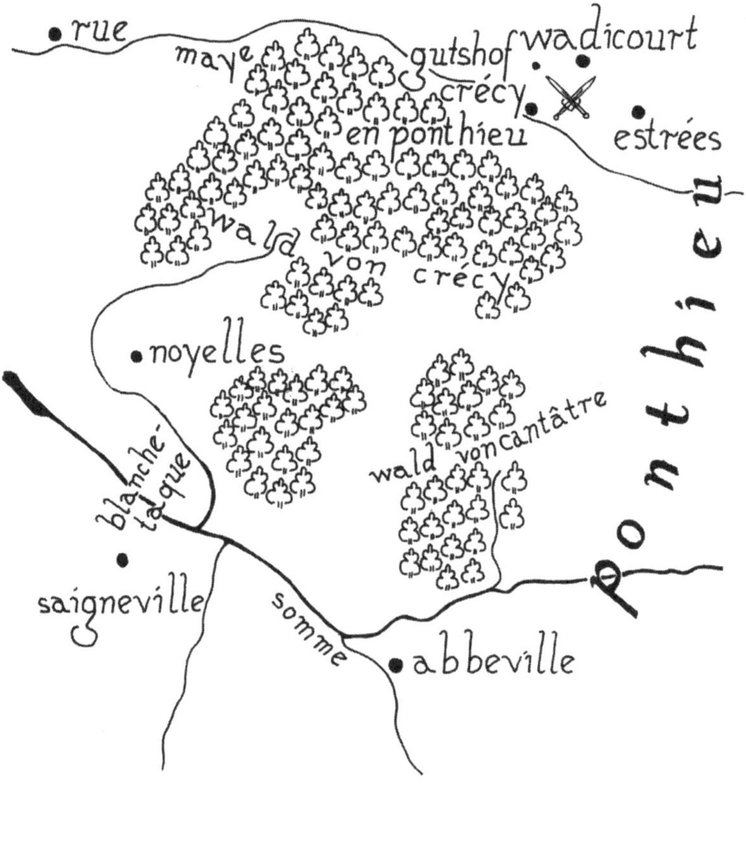
rue
maye
gutshof
wadicourt
crécy
en ponthieu
estrées
wald von crécy
noyelles
blanche-taque
wald voncantâtre
ponthieu
saigneville
somme
abbeville

8. Kapitel

Crécy en Ponthieu, 26. August 1346

Der Kammerherr reitet im Gefolge Edwards III. die Front des englischen Heeres entlang. Der Tag ist noch jung, aber für die Engländer hat er bereits vor dem Morgengrauen begonnen. Der König hat in aller Frühe gemeinsam mit seinem Sohn, dem Prince of Wales, die Heilige Messe besucht und dann sein Heer für die Schlacht geordnet. Auch die Krieger des Königs haben im Morgengrauen das Sakrament empfangen und sind bereit, dem Feind zu trotzen.
Edward III. hat den Ort für das bevorstehende Treffen mit Bedacht gewählt. Schon gestern, am Tag nach dem Sieg an der Somme, hat er sein Heer mit seinem üblichen Gespür für politische Rituale wissen lassen, dass sie hier, in der Grafschaft Ponthieu, den Franzosen entgegentreten werden.

> *„Ich habe guten Grund sie hier zu erwarten, denn ich bin auf meinem rechtmäßigen Erbe nach meiner Mutter, der dieses Land bei ihrer Hochzeit gegeben wurde: Ich werde es von meinem Feind Philip von Valois fordern.“* [5]

Gestern hat der König auch erfahren, dass sich seine flämischen Verbündeten nach zwei Niederlagen trotz der Unterstützung durch englische Truppen wieder in ihre Heimat zurückgezogen haben. Es besteht also kein Grund mehr, weiter zu ziehen und den Anschluss an die Flamen zu suchen. König Edward kennt das Land hier. Er hat die Grafschaft Ponthieu als junger Mann besucht. Von Anfang an hat seine Strategie darauf abgezielt, Philip VI. hier zur Schlacht zu stellen. Es ist eine starke Motivation für die englischen Krieger, wenn sie wissen, dass sie hier das rechtmäßige Erbe ihres Königs verteidigen, das der französische König mit Gewalt an sich gebracht hat.
Edward III. hat sein Heer am oberen Ende eines flachen Hanges mit dem Rücken zum Wald des Gutshofes von Crécy zwischen den Orten Crécy en

Ponthieu im Süden und Wadicourt im Norden aufgestellt. Die englischen Linien sind damit an den Flanken und im Rücken vor Angriffen geschützt. Sie befinden sich etwa 35 Höhenmeter über der Talsohle. Die Franzosen werden ihren Angriff bergauf führen müssen, was sie und ihre Pferde einiges an Kraft kosten dürfte, bevor sie die Reihen der englischen Soldaten erreichen. Darüber hinaus wird der Hang an einigen Stellen durch landwirtschaftliche Feldterrassen – so genannte „raidillons" – unterbrochen, deren steile Stufen einen Angriff zu Pferd noch weiter erschweren.

Die rechte Flanke des englischen Heeres wird von der Vorhut unter dem Befehl des Prince of Wales gehalten. Der König hat seinem Sohn erfahrene Männer zur Seite gestellt. Die Earls of Warwick und Oxford, Godefroi de Harcourt, Sir Thomas Holland, Sir Raynold Cobham, Sir John Chandos und andere Veteranen werden den jungen Prinzen bei der Führung seiner Division unterstützen. An der linken Flanke des Heeres stehen die Earls of Northampton und Arundel mit der Nachhut. Ihre Formation wird von den Bäumen des Wäldchens bei Wadicourt vor Flankenangriffen geschützt. Ein Stück hinter den beiden vorderen Divisionen ist die Reserve in Stellung gegangen, die unter dem direkten Befehl des Königs steht. Die Wagen sind hinter dem Heer zu einem Geviert aufgestellt, in das alle Pferde gebracht worden sind. Die englischen Krieger werden ihre Gegner zu Fuß erwarten. Alles in allem befinden sich rund 2.700 Men-at-Arms, 2.300 Spießknechte und um die 9.000 Bogenschützen auf dem Hang über der Ortschaft Crécy en Ponthieu und dem Flüsschen Maye.

Die Späher haben gemeldet, dass König Philip mit seinem Heer in den frühen Morgenstunden Abbeville an der Somme verlassen und sich flussabwärts auf den Weg nach Westen gemacht hat. Sir Hugh Despenser nahm noch am 24. August, nachdem er die englische Vorhut über die Somme geführt hatte, mit einem starken Aufgebot die Städte Noyelles, Rue und Le Crotoy ein und steckte sie in Brand. Offenbar lockten die Rauchsäulen die französischen Truppen in die falsche Richtung. In der Gegend von Noyelles müssen die Franzosen dann erkannt haben, dass ihre Gegner längst weiter gezogen sind und sie bei Crécy erwarten. Das ganze gewaltige Heer ist daraufhin nach Norden abgeschwenkt und befindet sich jetzt auf den Straßen, die es am Wald von Crécy vorbei direkt zu den Engländern bringen werden. Sobald die Franzosen den Wald von Crécy umrundet haben, werden sie die englischen Truppen auf dem flachen Hang über sich sehen. Ihnen am nächsten wird die Division des Prince of Wales stehen. Jedem im englischen Heer ist klar, dass damit die Vorhut die Hauptlast des Kampfes tragen wird. Wenn die französischen Ritter den Feind sehen, werden sie nicht zu halten sein. Die englischen Heerführer sind den Franzosen oft genug gegenübergestanden und kennen daher ihre Gegner genau. Sie wissen, dass deren Verständnis von Rittertum und Ehre bedeutet, dass ein ehrenhafter Mann ständig seine Ehrenhaftigkeit vor Ebenbürtigen beweisen muss. In ihrem ritterlichen Selbstverständnis wird den französischen Rittern keine andere Wahl bleiben, als den verhassten Feind sofort anzugreifen, sobald sie seiner ansichtig werden. Der erste Feind, den sie sehen werden, wird die Division des Prince of Wales sein.

Der Kammerherr weiß, dass diese Überlegungen eine wesentliche Rolle bei der Auswahl des Schlachtfeldes und der Aufstellung der Truppen gespielt haben. Wenn König Edwards Rechnung aufgeht, werden sich die französischen Ritter, so wie sie auf dem Schlachtfeld eintreffen, ohne Rücksicht auf jedwede Strategie auf den Gegner stürzen. Das aber wird nach dem Plan des Königs den englischen Kriegern die Möglichkeit geben, die von dem langen Marsch erschöpften und in Unordnung geratenen französischen Kontingente einzeln zu vernichten.

Während der Kammerherr hinter seinem König die englischen Reihen entlangreitet, sieht er, dass die Schanzarbeiten beinahe abgeschlossen sind. Die Soldaten haben entlang der gesamten Front des Heeres ein Stück hangabwärts Löcher gegraben – einen Fuß tief, einen Fuß im Durchmesser – und unter Gras und Reisig versteckt. Diese Löcher werden den französischen Rittern eine böse Überraschung bereiten, wenn ihre Pferde stolpern und die Reiter abwerfen. Schon bei Morlaix in der Bretagne im Jahr 1342 war der Angriff französischer Ritter auf das Heer des Earl of Northampton an einem solchen Hindernis gescheitert. Die Ritter hatten geglaubt, die

ihnen zahlenmäßig weit unterlegenen englischen Truppen niederreiten zu können, nachdem die englischen Bogenschützen das bretonische Fußvolk und die genuesischen Armbrustschützen böse dezimiert hatten. Der Angriff der französischen Reiter unter der Führung von Geoffrey de Charney war jedoch zusammengebrochen, als ihre Schlachtrösser in die versteckten Löcher und Gräben gestürzt waren.
Der Kammerherr weiß, dass die englischen Positionen nicht zu stark befestigt erscheinen dürfen. Bei La Flamengerie in Brabant im Jahr 1339 hatte Edward III. seine Truppen auf einem steilen Hang in Stellung gebracht. Zusätzlich war das englische Heer von einem tiefen Graben geschützt gewesen, der von walisischen Spießknechten verteidigt worden war. Philip VI. hatte die Lage erkannt und den Köder nicht geschluckt. Er hatte die Schlacht verweigert und sich seinerseits in eine starke Stellung zurückgezogen, die er sogar mit Baumstämmen hatte befestigen lassen. Dafür war der französische König von seinem eigenen Adel heftig kritisiert worden, denn soviel Vorsicht schmeckte doch zu sehr nach Feigheit. Die französischen Ritter hatten ihrem König und seinen Beratern „Renardie", also „füchsische Gerissenheit" vorgeworfen. Diesmal aber muss und wird es zur Schlacht kommen!

Edward III. beweist aufs Neue sein untrügliches Gespür für die Wichtigkeit der ritterlichen Rituale. Der König trägt den roten Mantel, der ihn weithin sichtbar macht und hält einen weißen Stab in der Hand. Er reitet einen kleinen weißen Zelter statt eines Schlachtrosses und trägt keine Sporen. Damit zeigt er, dass er seine Feinde genauso zu Fuß erwarten wird, wie der Geringste unter seinen Kriegsknechten. Über dem König flattert nicht nur das englische Banner mit den normannischen Leoparden und den französischen Lilien, sondern auch das Banner mit dem goldenen Drachen auf rotem Grund, das schon bei Hastings das Feldzeichen des angelsächsischen Königs Harold war.
Auf seinem Weg die Linien entlang fordert Edward III. jeden seiner Männer auf, heute für sein Recht und für seine Ehre einzustehen. Der englische König weiß um sein Charisma und versteht es, mit Worten und Gesten seine Krieger zu motivieren. Zu diesen Gesten gehört auch, dass er fünfzig

Knappen in den Ritterstand erhebt. Der Ritterschlag ist eine der stärksten Motivationen für einen jungen Adeligen, und die Zeremonie verfehlt auch auf die einfachen Männer im Heer ihre Wirkung nicht.
Auch der Kammerherr weiß, dass es für die Motivation eines Heeres wichtig ist, dass jeder einzelne Kämpfer die Sache des Königs zu seiner eigenen macht. Es ist wichtig, dass jeder im Heer die gemeinsame Sache versteht und an sie und den König glaubt. Die richtige Einstimmung eines Heeres auf das bevorstehende Ereignis ist entscheidend für den Ausgang einer Schlacht, denn sie entscheidet darüber, wie jeder einzelne Mann kämpft. Für den Kammerherrn steht es außer Frage, dass niemand ein Heer besser auf eine Schlacht vorbereiten kann als sein König.
Gegen neun Uhr am Vormittag ist alles bereit, aber kein Feind lässt sich blicken. Der König ordnet an, dass sich jeder Mann im Heer stärke. Die Bogenschützen lassen ihre Bogen und ihre Pfeile, die Men-at-Arms ihre Helme zurück, um ihre Plätze für die Schlacht zu markieren. Alle strömen nach hinten, um zu essen, etwas Wein zu trinken und sich auszuruhen.
Der Kammerherr hat inzwischen mit dem engsten Gefolge König Edwards Stellung auf einer Windmühle bezogen, die sich unmittelbar hinter den Linien der Vorhut befindet. Von hier aus kann der König sein ganzes Heer überblicken. Die englischen Krieger haben wieder ihre Positionen auf dem Hang eingenommen. Es ist ein seltsamer Anblick, der sich dem Kammerherrn bietet, denn nur selten ist ein ganzes Heer zu sehen, das auf dem Boden liegt, um sich auszuruhen.

Der Gonfaloniere wischt sich den Schweiß vom Gesicht. Er wagt es nicht, den Helm abzunehmen, um sich auch die Stirn abzuwischen. Hier, zwischen den Wäldern von Crécy und Cantâtre, kann die Kolonne jederzeit aus dem Hinterhalt angegriffen werden.
Der Gonfaloniere hat gehört, dass sich unter den englischen Bogenschützen viele Wilderer befinden sollen, denen der englische König – ebenso wie anderen Verbrechern – im Gegenzug für ihre Dienste Pardon für ihre Verbrechen zugesagt hat. Sie würden sich hier wie zu Hause fühlen.

Der Gonfaloniere nimmt die Armbrust wieder in Anschlag. Mit ihr in den Händen fühlt er sich sicher. Seit er alt genug ist, hat er sich ständig im Umgang mit dieser Waffe geübt. Im heimatlichen Italien ist die ständige Übung mit der Armbrust eine Verpflichtung für alle Männer, die sich eine solche Waffe leisten können. Der Lohn, den ein Söldner erhält, hängt oft genug von seiner Fertigkeit mit der Armbrust ab. Grund genug für einen professionellen Kämpfer, ständig in Form zu bleiben.

Die Waffe, die der Gonfaloniere in seinen Händen hält, hat eine hervorragende Qualität. Mit seinem Sold als Offizier kann er sich das Beste an Waffen und Ausrüstung leisten, das auf dem Markt erhältlich ist.
Der kurze, dicke Bogen der Armbrust, der quer zum Schaft mit Stricken in einer Kerbe, an dessen Vorderseite befestigt ist, ist eine Komposit-konstruktion aus verschiedenen Materialien. Auf einen hölzernen Bogen sind mit Fischleim vertikale Längsstreifen aus Horn und – wiederum längs zum Bogen – eine dicke Schicht aus Tiersehnen geklebt. Der ganze Verbund ist quer zum Bogen mit einer weiteren Schicht von Sehnen umwickelt und zum Schutz vor der Witterung mit Rohhaut überzogen. Ein eiserner Abzugsbügel unter dem Schaft blockiert eine kleine, aus Bein geschnitzte Rolle, die Ausnehmungen für die Sehne, den Bolzen und den Abzugsbügel hat. Man nennt sie „Nuss“. Drückt man den Abzugsbügel gegen den Schaft, so gibt er die Nuss frei, die sich drehen kann und so ihrerseits die Sehne freigibt, die den Bolzen von der Armbrust schnellt.

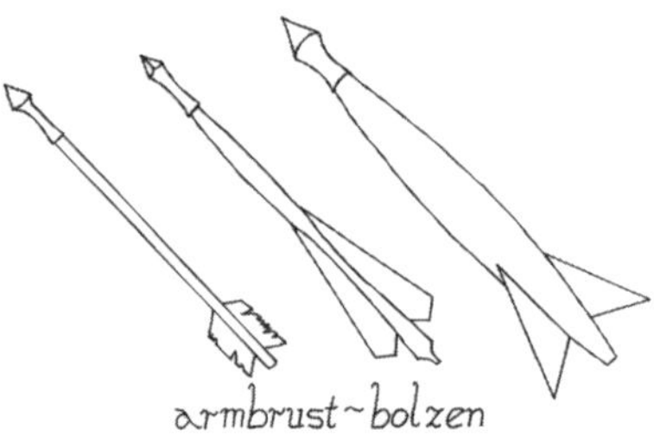
armbrust~bolzen

Die Bolzen, die der Gonfaloniere mit seiner Armbrust verschießt, sind kurze, dicke Pfeile mit starken Spitzen aus Stahl. Ihre Befiederung besteht nur selten aus echten Federn. Viel öfter verwendet man zur Stabilisierung des Fluges zurechtgeschnittene Blättchen aus Leder, Holz, Pergament oder sogar Metall. Manchmal ist die Befiederung schräg zum Schaft der Bolzen angebracht, um sie in eine stabilisierende Rotation zu versetzen.
Der Gonfaloniere weiß aus eigener Erfahrung, dass ein dicker, schwerer

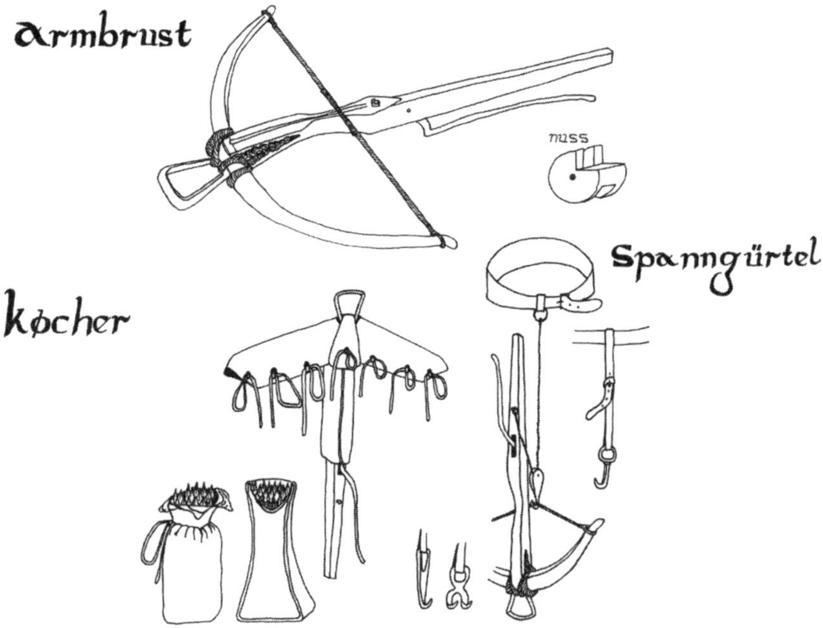

Armbrustbolzen, der von einer Armbrust mit einem starken Kompositbogen abgeschossen wird, den Pfeilen der englischen Bogenschützen an Wucht und Durchschlagskraft weit überlegen ist.

Der Gonfaloniere trägt einen breiten Ledergürtel um die Hüften, von dem ein geflochtener Lederriemen hängt. An diesem ist ein eiserner Haken befestigt, der sich mittels einer Rolle den Riemen entlang bewegen kann. Das Ende des geflochtenen Riemens trägt einen eisernen Ring.

Zum Spannen der Armbrust setzt der Gonfaloniere seinen Fuß in den eisernen Steigbügel, der vor dem Bogen befestigt ist. Dann beugt er sich vor, hängt den Haken in die Sehne ein und befestigt den eisernen Ring an einem metallenen Bolzen am Schaft der Armbrust. Wenn er sich aufrichtet, zieht er mit der Kraft seines Rücken und seiner Beine die Sehne nach oben und hängt sie in der dafür vorgesehenen Kerbe der Nuss ein. Dann löst er die Spannvorrichtung und legt einen Bolzen so in die Rille auf der Oberseite des Schaftes, dass sein hinteres Ende in der Kerbe der Nuss klemmt. Damit ist die Armbrust schussbereit.

Der Gonfaloniere ist nicht nur ein kampfgestählter Krieger, sondern wie viele der Offiziere in den Armeen der Stadtstaaten Italiens auch ein gebildeter Mann. Von einem guten Führer im Feld erwartet man, dass er auch in den Traktaten über Waffen und Kriegsführung belesen ist. Das unterscheidet die italienischen Heerführer, die bereits im Geiste der Frührenaissance leben, von den Adeligen des restlichen Europa, denen Belesenheit oft als unritterlich und unmännlich gilt. Der Gonfaloniere weiß, dass zum Siegen nicht nur Schlagkraft und Treffsicherheit notwendig sind, sondern auch überlegtes Handeln und ausgeklügelte Taktik.

Seit er zum ersten Mal im Hagel englischer Pfeile gestanden hat, hat der Gonfaloniere sich mit den Unterschieden zwischen der Armbrust und dem langen Bogen, wie er von den Engländern verwendet wird, auseinandergesetzt. Die Armbrust ist dem Langbogen an Reichweite, Durchschlagskraft und Zielsicherheit überlegen. Aber während selbst der geübteste Armbrustschütze nicht mehr als drei oder vier Bolzen in der Minute verschießen kann, kann ein englischer Bogenschütze im Idealfall in derselben Zeit mehr als ein Dutzend Pfeile auf den Weg bringen. Ein Armbrustschütze visiert sein Ziel direkt an und der Bolzen beschreibt eine flache Parabel, während die englischen Bogenschützen ihre Pfeile auch mit hohen Flugbahnen von oben auf ihre Gegner herabregnen lassen können. Da eine Armbrust vor der Brust gehalten wird, benötigt ein Armbrustschütze mehr Ellbogenfreiheit und mehr Platz als ein Bogenschütze, der seitlich zum Ziel steht. Auf diese Weise können englische Heerführer auf gleicher Frontlänge mehr Schützen zum Einsatz bringen. Englische Bogenschützen sind allerdings selten ausreichend gepanzert, während Armbrustschützen normalerweise zu ihren Helmen noch Kettenhemden über gesteppten und wattierten Gambesons und so wie der Gonfaloniere manchmal auch noch einen Plattenpanzer oder einen Panzer aus gehärtetem Leder über diesen tragen.

Jede Waffe hat also ihre Vor- und ihre Nachteile, und eine gut gezielte Salve von Armbrustbolzen kann mindestens genauso verheerend wirken wie eine schnelle Folge von Pfeilhageln. In den Auseinandersetzungen zwischen den italienischen Stadtstaaten bilden die Armbrustschützen den

Kern und den Ankerpunkt einer Armee. Dabei sind sie auf eine enge Zusammenarbeit mit den Pavesari angewiesen. Die Pavesari bilden mit ihren Pavesen, den großen, vom Boden bis zur Brust reichenden Setzschilden, von denen sie ihren Namen haben, einen Wall, der den Armbrustschützen die notwendige Deckung gibt. Dabei strecken sie ihre langen Lanzen oder andere langschäftige Stangenwaffen, die oft mit Haken versehen sind, zur Abwehr gegen die Reiter vor. Hinter jedem Pavesaro stehen drei und mehr Armbrustschützen, die abwechselnd laden, vortreten, schießen und dann wieder zum Laden zurücktreten. Die verwundbaren Flanken einer solchen Formation werden von Kavallerie geschützt, die ebenso professionell und gut trainiert ist wie die Armbrustschützen. Es ist eine sehr statische, aber äußerst effektive Art der Kriegsführung.

Für den Marsch packen die Pavesari die unhandlichen Schilde auf Wagen, auf die auch die Armbrustschützen jene Munitionsvorräte und Rüstungen verladen, die sie erst benötigen, wenn sie sich nach ausreichender Vorbereitung einem Feind zum Kampf stellen. Dem Gonfaloniere ist bewusst, dass sich die Wagen mit dem Nachschub und der Ausrüstung jetzt irgendwo weiter hinten in der Kolonne befinden. Anders als er haben viele der Genueser ihre schweren Rüstungen, die den Marsch in der Sommerhitze zur Qual machen, beim Tross gelassen. Jeder Armbrustschütze trägt nur einen einzigen Köcher voller Bolzen am Gürtel. Nun, das ist kein Problem. Die Wagen werden sie erreichen, wenn das französische Heer das Nachtlager aufschlägt. Es ist schon mitten am Nachmittag, und für heute ist es bereits zu spät, um noch eine Schlacht zu schlagen. Heute werden sie nicht mehr kämpfen müssen.

Es ist heiß, und der Gonfaloniere ist vom langen Marsch müde. Im Morgengrauen ist das französische Heer aus Abbeville aufgebrochen, nachdem Philip VI. in der Abtei von Saint Pierre die Messe gehört hat. Im Nordwesten zeigten Rauchsäulen über den Orten Noyelles und Labroye, wo die Engländer gewütet hatten. Das Heer war also, den Zeichen am Himmel folgend, die Somme abwärts gezogen.

Sie waren bereits fünf oder sechs Meilen nach Nordwesten gezogen, als die Späher der Vorhut meldeten, dass sich die Engländer nicht mehr an der

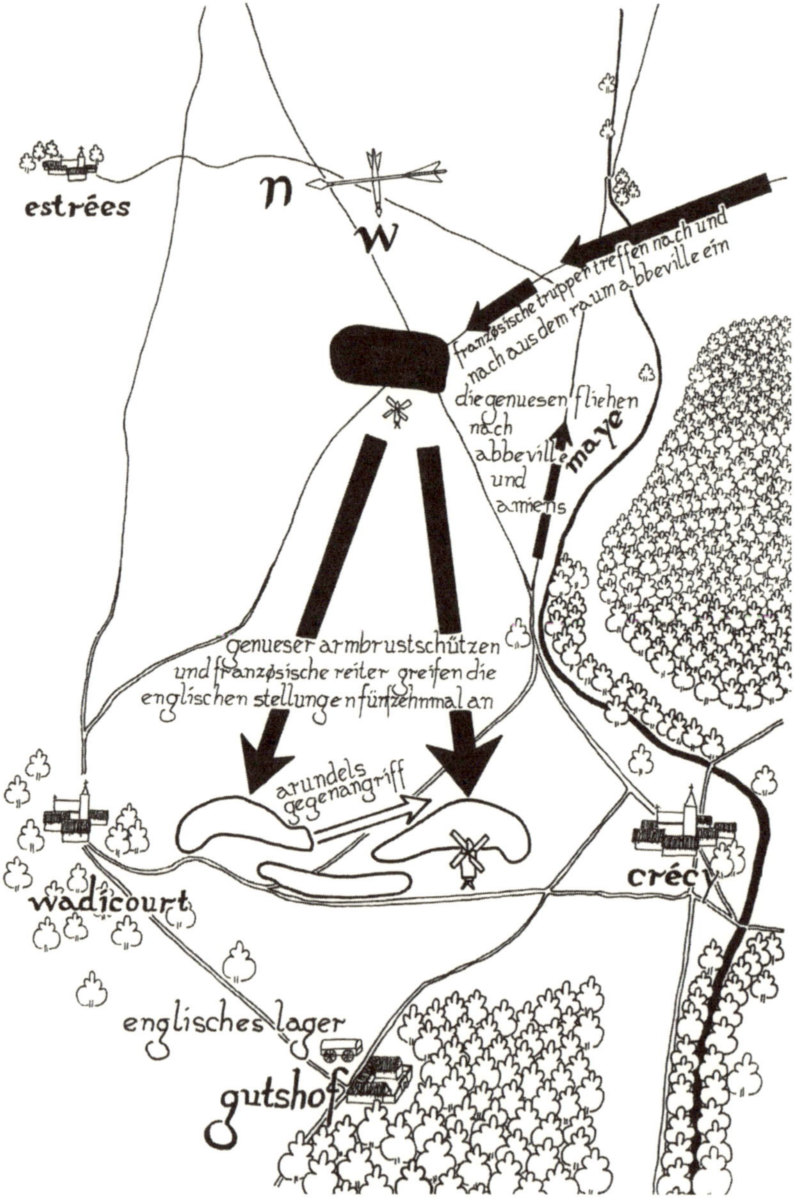
estrées
n
w
französische truppen treffen nach und nach aus dem raum abbeville ein
die genuesen fliehen nach abbeville und amiens
maye
genueser armbrustschützen und französische reiter greifen die englischen stellungen fünfzehnmal an
arundels gegenangriff
wadicourt
crécy
englisches lager
gutshof

Somme aufhielten, sondern nach Norden, in Richtung Crécy en Ponthieu und Wadicourt, weitergezogen waren. Der ganze, viele Meilen lange Heerbann war daraufhin nach Norden eingeschwenkt. Spätestens da war das Heer in Unordnung geraten. Als die Spitze der Vorhut die Wälder südlich von Crécy erreichte, befürchteten die Berater des Königs einen Hinterhalt und mahnten zur Vorsicht.

> *„Sire, es wäre gut, wenn Ihr Eure Abteilungen ordnen würdet und all Euer Fußvolk ein wenig voraus marschieren lassen würdet, damit es nicht von den Reitern behindert wird.“* (5)

Die erfahrenen unter den französischen Anführern erkannten offenbar, wie wichtig es im Falle eines Hinterhaltes war, dass die Armbrustschützen ein freies Schussfeld hatten. Philip VI. befahl also, dass die genuesischen Söldner, die Elite seines Fußvolkes, die Spitze des Heerzuges übernehmen sollten. Dem Gonfaloniere ist klar, dass dies der Moment war, in dem sie endgültig von den Wagen mit ihrem Nachschub getrennt worden waren. Der Weg auf dem sich das französische Heer bewegt – in späteren Zeiten wird er „Le Chemin de l'Armée“ genannt werden – erreicht jetzt das Ende des Waldes und überquert das kleine Flüsschen Maye. Vor den Genuesern an der Spitze des Heerzuges liegt offenes Feld. Auf dem Hang an ihrer linken Flanke steht gut sichtbar und herausfordernd das englische Heer.

Das Tal unter ihm füllt sich mit Männern. Rüstungen und Waffen glänzen in der Nachmittagssonne, bunte Wappenröcke und heraldisch verzierte Pferdedecken leuchten in allen Farben. Rudel von Reitern und in disziplinierten Formationen marschierenden Armbrustschützen sammeln sich auf der Ebene nördlich des Flüsschens Maye. Er dreht sich um, um die Männer, mit deren Führung ihn der Prince of Wales nach der Schlacht von Blanchetaque betraut hat, auf die Beine zu bringen. Sein Befehl ist unnötig. Der Anblick der Feinde hat selbst die Härtesten unter den Kämpfern König Edwards aus ihrer nachmittäglichen Ruhe gebracht. Schon einmal haben sie heute französische Reiter gesehen. Vier Ritter – ganz offensichtlich Späher – waren einige Male weit unten im Tal auf und ab geritten und hatten die Aufstellung des englischen Heeres in Augenschein genommen. Dann waren sie wieder nach Süden verschwunden. Die Augustsonne brennt auf seinen Rücken, und er ist froh, keine Rüstung und kein Kettenhemd zu tragen. Die Haken, mit denen seine gepolsterte Jacke verschlossen wird, muss er erst kurz vor dem Kampf schließen, und so leidet er nicht so sehr unter der sommerlichen Hitze, wie es die schwerer gepanzerten Ritter und Fußknechte tun. Die genuesischen Armbrustschützen unten im Tal beneidet er nicht. Sie sind den ganzen Tag in der Sommerhitze marschiert, und wenn man den Berichten der Späher glauben darf, haben sie einen beachtlichen Umweg machen müssen. Sie sind mit Sicherheit müde und ausgelaugt.

Immer mehr feindliche Krieger treffen am Fuß des flachen Hanges ein. Über den Kontingenten, die unablässig aus dem Schutz des Waldes von Crécy kommen, flattern die Banner und Pennons der französischen Heerführer und ihrer Verbündeten. Es scheint ihm, als ob sich der gesamte Kriegeradel Europas versammeln würde, um das Heer Edwards III. zu vernichten. Jetzt käme die Verstärkung, die der König aus der Heimat angefordert hat, nur recht. Die Kämpfe der letzten sechs Wochen, vor allem die Eroberung von Caen und der Übergang über die Somme, haben viel Blut gekostet. Viele hundert englische Krieger, vor allem Infanteristen, sind gefallen. Auch die Hundertschaft der Bogenschützen aus Flint und dem nördlichen Wales hat einen herben Blutzoll entrichten müssen.

Es hat sich im Heer herumgesprochen, dass König Edward der Flotte, die er nach der Eroberung von Caen voll beladen mit Beute heim geschickt hat, einen Brief mit dem Befehl an seine Regierung in England mitgegeben hat, Truppen auszuheben und für Nachschub an Pfeilen zu sorgen. Zwölfhundert Bogenschützen, dazu Men-at-Arms und große Mengen an Munition hätten nach Le Crotoy an der Mündung der Somme geschickt werden sollen, um dort das englische Heer zu erwarten. Als die englische Vorhut unter Lord Hugh Despenser jedoch die kleine Hafenstadt erreichte, war von der angeforderten Verstärkung nichts zu sehen. Kein Schiff, kein Mann, kein Pfeil war zur Unterstützung des Königs über das Meer gekommen.

Für die Bogenschützen bedeutet das, dass sie mit ihren Geschossen haushalten müssen. Kein Pfeil darf verschwendet werden, und kein Pfeilsturm darf entfesselt werden, bevor der Gegner in die Reichweite der Langbogen gekommen ist. Das vermindert die Chancen, feindliche Angriffe schon im Ansatz zu stören und die gegnerischen Angriffsformationen in Unordnung zu bringen, bevor sie die eigenen Linien erreichen.
Der Nachmittag ist schon weit fortgeschritten. Dunkle Wolken ballen sich am Sommerhimmel zusammen. Das Sonnenlicht nimmt diese eigentümliche Färbung an, die ein Unwetter erwarten lässt. Damit wird für heute ein französischer Angriff immer unwahrscheinlicher. Er kann die Spannung, die sich in der Atmosphäre aufbaut, spüren. Auch die französischen Ritter unten im Tal sind unruhig. Immer wieder drängen Gruppen von ihnen nach vorne, scheinen ihre Pferde zum Angriff spornen zu wollen, werden aber offenbar immer wieder im letzten Augenblick zurückgehalten.
Jetzt formieren sich die Armbrustschützen langsam, fast scheint es ihm widerstrebend, zu einer langen Reihe. Dahinter platziert sich eine unabsehbare Menge von Rittern. Mit einem Mal scheint das Unheil nicht mehr nur am Himmel zu drohen.

Der Gonfaloniere bekreuzigt sich und schickt ein inbrünstiges Stoßgebet zum Himmel. In der ganzen langen Formation der genuesischen Armbrustschützen ist kaum ein Mann, der es ihm nicht gleich tut, aber die Gebete können die Wut und die Verzweiflung nicht aus den Herzen der Söldner vertreiben.
Die Genueser haben unter der Führung von Carlo Grimaldi und Ottone Doria vor der Masse der französischen Ritter Aufstellung genommen. Spätestens jetzt merkt auch der letzte der Söldner, dass hier etwas gehörig schief läuft. Sie sind es gewohnt, hinter den Pavesen – den großen, brusthohen Setzschilden – den Kern einer Schlachtreihe zu bilden, ihre Stellung zu halten, abwechselnd mit den Kameraden aus der Deckung der Pavesen auf den Gegner zu schießen, zurückzutreten, die Armbrust zu spannen, einen neuen Bolzen aufzulegen und dann wieder vorzutreten und zu schießen. Sie sind es gewohnt, von professioneller, gut geschulter und disziplinierter

Kavallerie unterstützt zu werden. Da, wo sie hergekommen sind, ist Krieg die Sache von gut bezahlten Profis, in deren Ausbildung und Ausrüstung viel Zeit und Geld investiert worden ist. Die kampfbegierigen französischen Ritter hinter ihnen mit ihren bunten Wappenröcken über den schimmernden Rüstungen, ihren Lanzen mit den flatternden Wimpeln und ihren unruhigen, stampfenden und schnaubenden Schlachtrössern flößen ihnen wenig Vertrauen ein.

Die Männer sind wie vom Schlag gerührt: Die Pavesari, die Schildträger, die wie gewohnt die vorderste Reihe ihrer Formation bilden, tragen zwar ihre Lanzen, nicht aber die großen Setzschilde. Die Pavesen sind mit den schweren Rüstungen und der Munition auf den Wagen geblieben – und die befinden sich irgendwo hinten in dem unendlich langen Heerwurm, der sich noch immer über die Straßen von Abbeville her wälzt. Wenn sie jetzt den Angriff den flachen Hügel hinauf anführen, werden sie den gegnerischen Geschossen schutzlos ausgesetzt sein. Die Gesichter der Männer sind starr vor Fassungslosigkeit und Wut über die rücksichtslose Dummheit der französischen Heerführer.

Dass die Armbrustschützen den Angriff anführen sollen – noch dazu ohne Deckung durch die Pavesari, ohne Rüstungen und ohne ausreichend Munition –, zeigt, wie wenig Wissen die französischen Kommandanten über den Einsatz solch hochspezialisierter Truppen besitzen. Für sie sind die Armbrustschützen nur niederes Fußvolk, das bestenfalls zur Unterstützung der Ritter, der eigentlichen Träger des Kampfes, dient. Genau diese Aufgabe sollen sie auch jetzt erfüllen: Mit ein paar wohlgezielten Salven sollen sie die Reihen der Engländer aufreißen, woraufhin die französische Kavallerie attackieren und jeden Vorteil, den ihr diese Vorbereitung bietet, nützen soll.

Der Gonfaloniere war mit anderen genuesischen Offizieren in der Nähe, als die Späher, die das englische Heer gefunden hatten, ihren Bericht erstatteten. Sie hatten dringend empfohlen, das Heer ins Nachlager zu führen und erst morgens anzugreifen. Jener der vier Ritter, der „Mönch von Basel" heißt, ein Gefolgsmann Johann von Luxemburgs, der wegen der Taten, die er vollbracht hat, als einer der tapfersten Ritter der Welt gilt, hatte zum französischen König gesagt:

„Sire, ich für meinen Teil rate Euch, mit Verlaub, dass Ihr und all Eure Begleiter hier rastet und für die Nacht lagert, denn bevor diejenigen, die hinter Eurer Begleitung sind, hierher kommen und Eure Einheiten geordnet sind, wird es sehr spät sein, und Eure Leute werden müde und ungeordnet sein, und Ihr werdet feststellen, dass Eure Feinde frisch sind und bereit Euch in Empfang zu nehmen. Früh am Morgen könnt Ihr Eure Einheiten mit mehr Muße ordnen und Euch Euren Feinden mit mehr Bedacht nähern und gut überlegen, auf welchem Weg Ihr sie angreift; denn sicherlich, Sire, werden sie Euch erwarten.“ (5)

Ursprünglich war der französische König diesem Rat gefolgt und hatte seine Marschälle ausgesandt, die Ritter zurückzuhalten.

„Wartet und bleibt hier im Namen Gottes und von Saint Denis.“ (5)

hatten sie den Truppen zugerufen, aber die heißblütigen französischen Adeligen hatten sich von den Befehlen nicht besänftigen lassen. Gruppe auf Gruppe war gekommen, kampfbegierig, aufgepeitscht vom Geschrei der Bürger, die auf den Wegen von Abbeville her gebrüllt hatten:

„Macht sie nieder! Erschlagen wir sie alle!“ (5)

Der Druck, den die ständig eintreffenden Gruppen auf diejenigen ausgeübt hatten, die sich, dem Befehl des Königs folgend, abwartend verhalten hatten, war ständig größer geworden. Immer weitere Neuankömmlinge hatten nach vorne gedrängt, während sich die Ritter der Vorhut geweigert hatten, sich zurückzuziehen. Wieder hatte das Konzept der Ritterlichkeit, dem die französischen Adeligen folgen, Wirkung gezeigt. Keiner der französischen Ritter hatte es mit seiner Ehre vereinbaren können zurückzustehen, und so waren das Gedränge und die Unordnung stetig ärger geworden.

Als der französische König selbst nach vorne kam, musste er erkennen, dass er keine Kontrolle mehr über sein Heer besaß. Außerdem brachte ihn der Anblick der Engländer oben auf dem Hang emotional so auf, dass er schließlich doch den Angriff befahl:

„Lasst die Genueser vorausmarschieren, und beginnt die Schlacht im Namen Gottes und von Saint Denis!“ (5)

Die kampferfahrenen genuesischen Söldner erkannten sofort, was dieser Befehl für sie bedeutete. Keiner von ihnen wollte nach dem langen und beschwerlichen Tagesmarsch in der Sommerhitze ohne Deckung durch die Pavesen und mit der Nachmittagssonne in den Augen gegen einen ausgeruhten und motivierten Feind marschieren.

„Wir sind in keinem guten Zustand, um heute zu kämpfen, denn wir sind nicht in der Lage, große Waffentaten zu vollbringen: Wir brauchen dringend eine Ruhepause.“ (5)

ließen sie ihre Offiziere wissen. Die genuesischen Offiziere wandten sich daraufhin an den Comte d'Alençon, der die französische Vorhut führt, doch diesen erbosten ihre Beschwerden nur.

„Ein Mann kann sich glücklich schätzen, wenn er nicht mit solchen Schurken belastet ist,“ (5)

hatte er gesagt, und die Söldner damit bei ihrer Berufsehre gepackt. Murrend und fluchend, aber trotzdem schnell und diszipliniert, waren sie unter dem direkten Befehl von Ottone Doria in breiter Front angetreten, um den Angriff anzuführen.

Trommeln und Trompeten vertreiben jeden Gedanken. Befehle werden gebrüllt und die Schlachtreihe entlang wiederholt. Mit Kriegsgeschrei, das die Engländer aus der Fassung bringen soll, setzen sich die genuesischen Armbrustschützen und die nur mit Lanzen bewaffneten Pavesari in Bewegung. Hinter ihnen drängen sich die Ritter des Comte d'Alençon, lassen ihre Pferde unmittelbar hinter den Armbrustschützen gehen und üben spürbaren Druck auf die Söldner aus. Der Gonfaloniere versucht, jeden Gedanken an die ungeduldigen Reiter hinter ihm zu vertreiben, und konzentriert sich darauf, die Männer der Sainte Marie gegen die Engländer zu führen, über denen sich unheilvoll düstere Wolken auftürmen.

Plötzlich fliegen zwei große Krähen über die Reihen der Genueser. Der Gonfaloniere hört Flüche, Verwünschungen und Gebete. Seine Leute schlagen das Kreuz und machen Zeichen gegen den bösen Blick und anderes Unheil. Die Söldner sind bei aller Härte und Professionalität ebenso abergläubisch wie der Rest ihrer Zeitgenossen. Selbst der Gonfaloniere, der in seinem Leben so viel gesehen und erlebt hat, dass ihn kaum noch etwas beeindruckt, weiß dass die Krähen ein böses Omen sind – und wie zur Bestätigung der bösen Vorahnungen zerreißt plötzlich ein Blitz die schwarzen

Wolken, und sofort darauf lässt ein furchtbarer Donner die Erde erzittern. Alle Schleusen des Himmels öffnen sich, und der erste Regen seit mehr als sechs Wochen peitscht dem Gonfaloniere ins Gesicht. Von einem Moment auf den anderen gießt es in Strömen. Regen prasselt mit Urgewalt auf die Männer nieder, dringt in Rüstungen, durchtränkt jedes Kleidungsstück und wird von den vielen Stofflagen der Panzerjacken und den Sehnen der Armbrüste aufgesogen. Innerhalb weniger Minuten findet sich auf dem ganzen Schlachtfeld kein Stück Stoff mehr, das nicht an seinem Träger klebt, keine Fahne, die nicht schlaff an ihrer Stange hängt, und auch sonst kaum etwas, das nicht völlig durchnässt wäre. Der Ackerboden unter den Füßen der Männer verwandelt sich in schmierigen Schlamm.

Das Unwetter endet so abrupt, wie es begonnen hat. Die Strahlen der schon tief stehenden Abendsonne lösen die letzten Reste der Gewitterwolken auf und bohren sich durch die vom Regen gereinigte Luft stechend und blendend in die Augen der Franzosen und ihrer Verbündeten. Auf dem schlüpfrigen Boden vorsichtig Fuß vor Fuß setzend, arbeiten sich die Armbrustschützen den Hang aufwärts auf die Engländer zu. Diese erwarten sie reglos – schemenhafte Silhouetten im grellen Gegenlicht und im Dampf, den die Sommersonne vom feuchten Boden und den durchnässten Kleidungsstücken aufsteigen lässt.

Dreimal lässt Ottone Doria seine Männer halten. Jedes Mal richten sie ihre Reihen aus und bringen ihre Adjustierung in Ordnung. Jedes Mal, wenn sie weiter marschieren, stoßen sie einen gellenden Kriegsschrei aus, der die Engländer erschrecken und ihnen selbst Mut machen soll – doch die Feinde rühren sich nicht.

Dann sind der Gonfaloniere und die Männer der Sainte Marie und alle anderen Armbrustschützen nur mehr zweihundertfünfzig Meter von den Engländern entfernt. Jetzt sind sie nahe genug für einen sicheren Schuss. Jetzt sind sie so nahe, dass sie ihr Ziel nicht mehr verfehlen können. Befehle gellen. Die Söldner halten an.

Der Gonfaloniere hebt wie alle anderen Genueser seine Armbrust, versucht im Gegenlicht ein sicheres Ziel zu finden und lässt dann den Bolzen fliegen.

Tausende schwere Armbrustbolzen bilden eine vernichtende Salve, die die Reihen der ungeschützten englischen Bogenschützen zerreißen wird – doch das Unglaubliche, Undenkbare geschieht! Die Salve liegt zu kurz! Die Geschosse verfehlen ihr Ziel! Der Gonfaloniere denkt nicht darüber nach, warum sein Bolzen die Engländer nicht erreicht hat. Er fragt sich nicht, ob die durchweichte Sehne an Spannkraft verloren hat, ob ihn das Gegenlicht und der Dampf geblendet haben, ob er durch das ansteigende Gelände getäuscht worden ist. Er weiß nur, beim nächsten Schuss muss er höher halten, dann wird er treffen.

Mit tausendfach geübten Bewegungen stellt er einen Fuß in den Steigbügel der Armbrust, bückt sich und greift nach der Sehne, um sie in den Haken an seinem Gürtel zu hängen. Im selben Moment erhält er einen Schlag auf den Kopf und einen zweiten auf den Rücken. Noch bevor er reagieren kann, trifft ein dritter Schlag seinen Arm, und die scharfe Spitze eines Pfeils bohrt sich in sein Fleisch. Die Engländer schießen zurück!

Von einem Augenblick auf den anderen regieren Chaos und Panik. Schmerzensschreie gellen die Reihen der Armbrustschützen entlang, Pfeile prallen klappernd von Helmen und Rüstungen ab, bohren sich lautlos in ungeschütztes Fleisch. Männer, die sich zum Nachladen vornüber gebeugt haben, werden in die ungepanzerten Rücken getroffen und brechen gekrümmt über ihren Armbrüsten zusammen. Andere schauen in Panik auf und werden von Pfeilen im Gesicht und an den Schultern getroffen.

Der Gonfaloniere hebt den Kopf gerade rechtzeitig, um zu sehen, wie die Bogenschützen oben auf dem Hang eine weitere Salve abschießen. Von Schock und Faszination gebannt, beobachtet er, völlig losgelöst von den Schmerzen in seinem verletzten Arm und dem Chaos rund um ihn, wie eine dunkle Wolke von Pfeilen vor der tief stehenden Sonne in den Himmel steigt, den Scheitelpunkt einer hohen Parabel erreicht, sich wieder zum Boden senkt und dann mit tödlicher Gewalt in die Reihen der Genueser fährt. Ein, zwei, drei hallende Donnerschläge reißen den Gonfaloniere aus seiner Starre und lassen ihn erschrocken zusammenzucken. Für einen

Moment scheinen die Männer rund um ihn zu erstarren.
Der Gonfaloniere wird nur mehr von seinen Instinkten gesteuert. Alles passiert jetzt innerhalb weniger Herzschläge, obwohl es ihm scheint, als ob Ewigkeiten vergehen würden. Er reißt die ungeladene Armbrust hoch, dreht sich um und rennt los. Er rennt weg von den Feinden und den Pfeilen. Er rennt, als ob Dämonen hinter ihm her wären – gefiederte Dämonen mit mörderischen, scharfen Schnäbeln. Am Rande seiner Wahrnehmung fühlt er den Schmerz in seinem Arm, doch die Empfindung dringt nicht in sein Bewusstsein. Er muss weg von hier. Er muss weg, bevor der nächste Pfeilhagel in die Todeszone einschlägt, durch die er sich einen Weg nach hinten bahnt. Scheinbar unaufhörlich, dicht wie Schnee in einem Wintersturm, schlagen Pfeile in die Reihen der Genueser. Niemand kann sich vor der Gewalt des Pfeilsturmes schützen. Niemand kann zurückschießen. Die Formation der Armbrustschützen zerbricht, löst sich auf. Die Söldner fliehen.
Der Gonfaloniere ist eingekeilt zwischen fliehenden Armbrustschützen und Pavesari. Sie wollen vor dem alles vernichtenden Pfeilsturm fliehen, aber die Masse der französischen Ritter hinter ihnen hindert sie daran. Während ein weiterer Pfeilhagel Tod und Verderben über die Genueser bringt, geben die Ritter des Comte d'Alençon ihren Schlachtrössern die Sporen und treiben die Tiere ohne Rücksicht auf Verluste in die mittlerweile ungeordnete Masse der Söldner.
Jetzt ist das Chaos perfekt. Die französischen Ritter wollen so schnell wie möglich an den Feind kommen. Sie nehmen keine Rücksicht auf ihre Verbündeten, sind offenbar erbost über deren Feigheit, wittern vielleicht sogar Verrat. Armbrustschützen werden niedergetrampelt und niedergehauen. Manche versuchen sich zu wehren, ein paar haben ihre Armbrüste geladen und schießen auf die Franzosen. Jetzt treffen die Pfeile auch die Ritter und ihre Reittiere. Getroffene Pferde bäumen sich auf, tödlich verwundete brechen zusammen, stürzen auf Armbrustschützen, die unter ihnen begraben werden. Der Gonfaloniere steht plötzlich einem Ritter auf einem riesigen, schnaubenden Schlachtross gegenüber. Instinktiv stößt er dem Tier die Armbrust in die Nüstern. Das Pferd scheut.
Der Gonfaloniere nützt seine Chance.

Trommeln und Trompeten vertreiben jeden Gedanken. Ein trotziger Schrei gellt den Hang herauf. Die Reihen der Armbrustschützen, zwischen denen Männer mit langen Lanzen marschieren, setzen sich wieder in Bewegung. Dahinter drängt sich eine gewaltige Masse von Rittern, über denen das Banner des Comte d'Alençon, des Bruders des französischen Königs, flattert. Noch weiter hinten sammeln sich unzählige Reiter und Fußsoldaten zu großen Gruppen.

Seine linke Hand umklammert den Bogen, und die Finger seiner Rechten drücken die Nocke des Pfeils gegen die Sehne, während er gespannt die Armbrustschützen beobachtet, die den Hang heraufmarschieren. Die Nachmittagssonne scheint warm auf seinen Rücken, und er spürt, wie seine Kleider zu trocknen beginnen. Alles an ihm ist feucht vom Regen. Nur die Pfeile sind in ihrer leinenen Transporthülle trocken geblieben – und die Sehne, die er, wie viele andere Bogenschützen, unter seinem Helm vor der Nässe geschützt hat.

Er merkt, dass er vor Aufregung den Atem anhält, und atmet tief durch, aber die Anspannung lässt nicht nach. Er kennt die Gegner unten im Tal – genuesische Söldner. Ihnen eilt ein hervorragender Ruf voraus, denn sie gelten als die besten Infanteristen, die für Geld zu haben sind.

Er schätzt, dass fast sechstausend dieser Elitesöldner den Hang herauf auf sie zumarschieren. Immer näher kommen die Armbrustschützen, erreichen jene Entfernung, wo sie nach seiner Schätzung gerade noch mit einem weiten Schuss erreichbar sind – und marschieren weiter.

Kein Engländer hebt seinen Bogen, kein Pfeil wird abgeschossen. Die Disziplin der Bogenschützen ist eisern. Die Armbrustschützen bleiben stehen und heben ihre Waffen.

Das ist der Moment! Jetzt gilt es!

Hinter ihm ertönt ein Befehl, den er, ohne sich nach seinen Männern umzudrehen, wiederholt. Gleichzeitig reißt er den Bogen hoch und zieht die Sehne bis hinter sein Ohr. Wie bei jedem Schuss spürt er die gewaltige Kraft, die sich in der Waffe aufbaut, aber er achtet nicht darauf – zu sehr ist er auf sein Ziel konzentriert. Seine Finger geben die Sehne frei, und der Pfeil rast fauchend davon. Tausende andere Bogenschützen vor der Division des Prince of Wales schießen im selben Moment.
Tausende Pfeile vereinen sich zu einer tödlichen Wolke, die in den sonnendurchfluteten Himmel steigt. So gewaltig ist die Energie, die die zahllosen Geschosse antreibt, dass er beinahe körperlich den Sog spürt, den die Masse der aufsteigenden Pfeile auszuüben scheint.
Die wenigen Sekunden, die der Pfeilsturm braucht, um sein Ziel zu erreichen, dehnen sich zur Ewigkeit. Reglos verfolgt er den Flug der Pfeile. Atemlos tun es ihm alle im englischen Heer gleich, hoffend, dass die Bogenschützen die Entfernung richtig geschätzt haben.

Mit der Wucht eines Hagelschlages trifft die Salve genau die Reihen der Armbrustschützen. Einen Moment lang beobachtet er, wie Männer getroffen werden, wie Tote und Verletzte zusammenbrechen, wie Unordnung in die Reihen der Armbrustschützen kommt. Mit unbewussten, tausendmal geübten Bewegungen zieht er den nächsten Pfeil aus der Schutzhülle, presst die Nocke auf die Sehne, zieht den Bogen aus, bis seine Hand hinter seinem Ohr ist und öffnet die Finger der Zughand. Sekunden später fährt eine neue Salve in die gelichteten Reihen der feindlichen Armbrustschützen – und dann noch eine und noch eine.
Während er noch Pfeil auf Pfeil abschießt, lassen ihn hallende Donnerschläge zusammenfahren. Erst jetzt wird ihm bewusst, dass er nichts von den Geschossen bemerkt hat, die die Feinde auf den Weg geschickt haben. Er schaut sich um, aber offenbar ist keiner von seinen Leuten getroffen worden, und auch bei den Hundertschaften links und rechts scheint es keine Verluste gegeben zu haben. Kann es sein, dass die vielgepriesenen und hochbezahlten genuesischen Söldner ihr Ziel verfehlt haben?
Er wendet sich wieder den Feinden zu. Für die Armbrustschützen ist die Schlacht zu Ende. Viele von ihnen liegen reglos im Pfeilhagel. Die anderen

wenden sich zur Flucht. Sie sind nicht mehr fähig zurückzuschießen. Befehle gellen entlang der Abteilungen der Bogenschützen, und der Pfeilsturm ebbt ab.
Er stellt eine kurze Berechnung an: Jeder englische Bogenschütze, der diesen Namen verdient, kann wenigstens zwölf Pfeile in der Minute verschießen. Ein Armbrustschütze, sei er auch noch so geübt, schafft kaum mehr als vier Bolzen pro Minute. In der Zeit, die die Armbrustschützen brauchen, um eine zweite Salve abzuschießen, werden sie also von vier Pfeilhageln getroffen. Da mit Sicherheit nicht nur die Schützen der Division des Prince of Wales geschossen haben, sondern auch alle Bogner der dritten Division, in deren Reichweite sich Feinde befunden haben, werden sich gut fünftausend englische Bogenschützen an dem Pfeilsturm beteiligt haben. Innerhalb der ersten zwanzig Sekunden der Schlacht müssen also nahezu zwanzigtausend Pfeile auf die Gegner niedergegangen sein. Sollte nur jeder zehnte Pfeil ein Ziel gefunden haben, so ist jetzt ein gutes Drittel der Genueser tot oder verletzt. Kein Wunder, dass sie davonlaufen.
Noch während er diese Überlegungen anstellt, geben die Ritter des Comte d'Alençon ihren Pferden die Sporen und greifen an. Aber sie treiben ihre Pferde zwischen die sich auflösenden Reihen der Armbrustschützen, und der Angriff verliert seinen Schwung, bevor er überhaupt richtig begonnen hat. Es kommt zu einem Tumult, als die Ritter versuchen, sich einen Weg durch die zurückweichenden Genueser zu bahnen. Männer und Pferde behindern sich gegenseitig und bilden im Gedränge dichte Knäuel.
Das ist eine Gelegenheit, die nicht ungenützt bleiben darf! Wieder vereinen sich die Salven der englischen Bogenschützen zu einem Pfeilsturm, der ohne Unterschied Franzosen und Genueser, Ritter und Gemeine, Männer und Pferde erfasst. Ohne Unterschied werden sie getroffen, verwundet und getötet.

Mit der Wucht eines Hagelsturms trifft die Salve der Bogenschützen genau die Reihen des französischen Fußvolkes.
Der Waffenmeister ist mit seinen Männern zwischen den Divisionen des Prince of Wales und des Earl of Northampton in

Stellung gegangen. Damit steht er vor der Division des Königs. Im Nacken fühlt er die neugierigen Blicke, die ihm und seiner Waffe gelten. Auch er selbst ist neugierig und trotz seiner Erfahrung in vielen Jahren vielleicht auch ein wenig nervös. Eine derartige Waffe ist seines Wissens noch nie zuvor in einer Schlacht auf offenem Feld eingesetzt worden.

Der Waffenmeister wirft einen letzten Blick auf die feindliche Schlachtreihe, dann hält er die Lunte an das Loch in der Oberseite des Metallrohres, das auf einem kräftigen Gestell aus Holz montiert ist. Das Rohr bäumt sich auf, und ein hallender Donnerschlag übertönt jedes andere Geräusch. Es ist vielleicht zum ersten Mal in der Geschichte Europas, dass der Donner einer Kanone in einer offenen Feldschlacht ertönt.
Einfache, unhandliche Geräte, die man „Feuertopf“, „Eisentopf“ oder „Steinbüchse“ nennt, sind schon bei Belagerungen eingesetzt worden. Der Waffenmeister hat gehört, dass solche Feuertöpfe in Italien im Jahr 1284 bei Forli und im Jahr 1331 bei Cividale, im Jahr 1311 in Brabant und im Jahr 1324 bei der Belagerung von Metz eingesetzt worden sein sollen. Bis jetzt ist ihm aber noch nie zu Ohren gekommen, dass jemals zuvor versucht worden wäre, mit einem solchen Gerät in einer Feldschlacht auf bewegliche Ziele zu schießen. Der Lauf der Waffe spuckt Rauch und Feuer und stößt ein Geschoss aus, das eine blutige Bahn durch die Armbrustschützen pflügt. Männer bleiben getroffen liegen.
Dann donnert eine weitere Kanone und dann noch eine. Für den Waffenmeister, der ein vorausschauender Mann ist, läutet der Donner der Kanonen eine neue Ära der Kriegführung ein. Der Rückstoß, der beim explosionsartigen Abbrennen des Donnerkrauts entstanden ist, hat die Kanone einen Satz nach hinten machen lassen. Der Waffenmeister und seine Leute werden sie neu ausrichten müssen.

Dem Waffenmeister ist bewusst, dass das „Donnerkraut“, das man später seiner Farbe wegen „Schwarzpulver“ nennen wird, eine heikle Mixtur ist. Es besteht zum größten Teil aus Salpeter, der mit genau bemessenen Mengen an Holzkohle und gereinigtem Schwefel vermischt wird. Der Waffenmeister hat Traktate wie das „Liber Ignium“, das „Buch des Feuers“, oder

die Schriften Roger Bacons gelesen und selbst zahlreiche Experimente mit der Zusammensetzung des Donnerkrautes angestellt – erfolgreiche, wie sich jetzt erweist.
Nun heißt es warten. Der Feuertopf ist glühend heiß. Das Donnerkraut entwickelt bei der Verbrennung gewaltige Temperaturen. Der Waffenmeister und seine Männer müssen warten, bis der Feuertopf abgekühlt ist, bevor sie ihn für den nächsten Schuss fertig machen können.
Der Waffenmeister zwingt sich zur Geduld, als er sieht, wie die französischen Ritter ihre Pferde durch die zerbröckelnden Reihen der geschockten Armbrustschützen treiben wollen, aber von den flüchtenden Söldnern aufgehalten werden. Was für Ziele doch die dicht gedrängten Feinde wären!

Die Formation der Armbrustschützen zerbricht, löst sich auf. Die Söldner fliehen. Der junge Ritter aus der Auvergne fühlt, wie ihm der Zorn das Blut ins Gesicht treibt. Dieses feige, verräterische Söldnergesindel flieht! Eine einzige Salve haben sie abgeschossen, und jetzt fliehen sie vor ein paar Pfeilen – fliehen statt zurückzuschießen! Jetzt gilt es, das Beste aus der Situation zu machen. Die englischen Bogenschützen konzentrieren sich auf die Söldner, und wenn die Salve der Genueser irgendeine Wirkung zeigt, dann jetzt.
Der Comte d'Alençon gibt den Angriffsbefehl. Sie werden den Hang, der sie von den Feinden trennt, in fünfzehn, vielleicht zwanzig Sekunden überwunden haben.
Der Auvergner klappt das Visier seines Helmes herunter, greift nach seiner Lanze und bohrt seinem Schlachtross die Sporen in die Flanken. Der Hengst will aufsteigen, aber der junge Ritter hat das Tier eisern unter Kontrolle, und so sprengt er mit den anderen Rittern des Haushalts des Comte d'Alençon hinter dem gräflichen Banner her.
Obwohl das Visier des Helmes sein Blickfeld stark einengt und er von der tief stehenden Sonne geblendet wird, bietet sich dem jungen Ritter ein prachtvolles Bild. Hunderte Ritter, ein Gutteil des französischen Hochadels, setzen sich gleichzeitig in Bewegung, werden schneller und fallen schließlich in einen schnellen Trab. Helme und Kettenhemden glänzen in

der Sonne, bunte Wappenröcke und Pferdedecken leuchten. Wimpel flattern an den Spitzen der langen Lanzen, zeigen die Farben der Ritter und machen die Lanzen mit dem Auftrieb, den sie durch die Geschwindigkeit erzeugen, leichter lenkbar. Über ihnen flattern die Fahnen, Pennons und Banner, die den hohen Rang und das edle Geblüt der Reiter anzeigen, allen voran die Banner des Comte d'Alençon und des Grafen von Flandern.
Knie an Knie, Steigbügel an Steigbügel prescht die Blüte des abendländischen Rittertums los, ein dichter, geschlossener Block von gepanzerten Reitern, unaufhaltsam, bereit die Feinde mit ihren Lanzen zu durchbohren, sie unter den Hufen ihrer Schlachtrösser zu zerstampfen.
Das ist der Moment, auf den das ganze bisherige Leben des jungen Ritters aus der Auvergne ausgerichtet war.

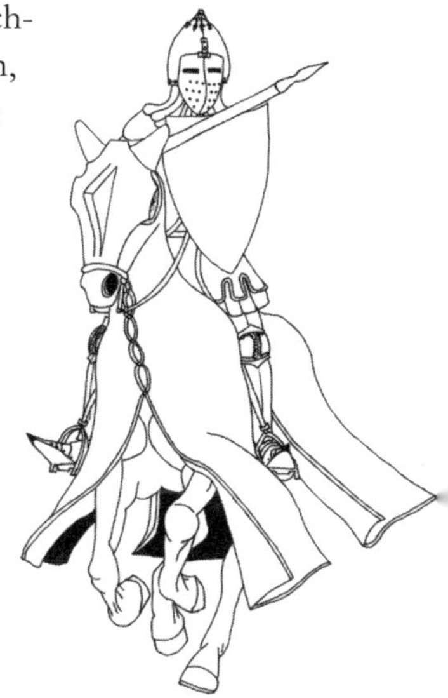

Aber kaum hat der Hengst an Geschwindigkeit gewonnen, muss ihn der Auvergner schon wieder zügeln: Die Reiter vor ihm werden von den fliehenden Söldnern aufgehalten. Durch die schmalen Sehschlitze des Visiers sieht der Auvergner, dass der Comte d'Alençon und seine unmittelbaren Begleiter ihre Pferde rücksichtslos in die Masse der Söldner zwingen. Er treibt sein Pferd an und folgt seinem Herrn. Übergangslos findet sich der junge Ritter in einem heillosen Durcheinander wieder. Überall sind die Söldner, die in allen möglichen Dialekten auf die Ritter einbrüllen und sich offenbar entschuldigen. Pferde scheuen, bäumen sich auf, Männer werden von Hufen getroffen. Ritter versuchen, mit Lanzen und Schwertern Platz zu schaffen, damit der Angriff nicht stecken bleibt; Söldner wehren sich.

Plötzlich schlagen Pfeile überall um den Auvergner ein. Unmittelbar vor ihm wird ein Pferd von einem Pfeil getroffen, bäumt sich auf, stürzt und begräbt einen der Söldner unter sich. Der Reiter kann sich nicht von seinem stürzenden Tier lösen und wird eingeklemmt. Der Ritter aus der Auvergne reißt sein Pferd herum und kann nur knapp vermeiden, selbst zu stürzen.

Ein Pfeil bohrt sich mit Wucht in den Schild des jungen Ritters. Wieder benutzt er die Sporen, und der Hengst stößt einen Armbrustschützen um und trampelt über ihn hinweg. Mit einem harten Schlag trifft ihn ein weiterer Pfeil am Kopf und lässt ihn zusammenzucken, aber das Geschoss wird von der konisch zusammenlaufenden Helmglocke abgelenkt. Er schüttelt den Kopf und treibt das Pferd weiter. Söldner, die ihre Armbruste weggeworfen haben, versuchen ihm auszuweichen, geraten dabei aber vor die Hufe anderer Rösser. Wieder schlägt ein Pfeil in seinen hochgezogenen Schild. Er versucht ihn abzuschütteln. Neben ihm stößt ein Söldner dem Pferd eines Ritters die Armbrust in die Nüstern. Das Pferd scheut. Im selben Moment löst sich das Durcheinander vor dem jungen Auvergner auf, und zwischen den Rittern vor ihm sieht er gegen die Sonne die Silhouetten der englischen Bogenschützen oben auf dem Hang, die eine weitere Wolke von Pfeilen auf den Weg schicken.
Der Hengst befreit sich mit einem mächtigen Satz aus dem Durcheinander von Rittern, Pferden und Söldnern und rast, getrieben von den Sporen des Ritters, den Hang hinauf. Der Auvergner spürt, dass es das Tier viel Kraft kostet, ihn mit solcher Geschwindigkeit auf dem vom Regen rutschigen Boden bergauf zu tragen. Er darf nicht nachlassen. Er ist einige Pferdelängen hinter den anderen Rittern des gräflichen Haushalts. Seine Ehre erlaubt es ihm nicht, zurückzubleiben.

Aus den Augenwinkeln beobachtet der junge Auvergner, dass viele Ritter, aufgehalten durch die verräterischen Söldner, zurückgefallen sind. Die Formation, die den Gegner wie ein einziger, massiver Block treffen sollte, ist in kleine Gruppen zerbrochen.
Dann erfasst die Salve der englischen Bogenschützen die französischen Ritter wie ein Sturm. Der Auvergner spürt, wie ein Pfeil gegen seine gepanzerte Stirn schlägt und ein anderer von seinem Plattenpanzer abgefangen wird. Seinem Hengst ergeht es schlechter. Ein Pfeil gräbt sich trotz des dicken Überwurfs in die Schulter des Tieres, ein zweiter streift seinen Hals. Fast augenblicklich kommt das Pferd aus dem Tritt und wird langsamer.
Die Reiter vor ihm gewinnen erneut an Vorsprung, scheinen jedoch plötzlich auf ein unsichtbares Hindernis zu stoßen. Pferde stolpern, nehmen die

Köpfe zwischen die Beine und stürzen. Die Engländer müssen versteckte Fallen angelegt haben! Reiter werden abgeworfen. Manche versuchen wieder auf die Beine zu kommen, viele bleiben liegen. Gestürzte Pferde strampeln, auch von ihnen kommen viele nicht mehr auf die Beine.

Wieder erfasst ein Pfeilsturm die französischen Ritter. Jetzt bricht die Attacke endgültig zusammen. Pferde, geschockt, verwundet, nicht mehr fähig weitere Qualen zu ertragen, geraten in Panik, scheuen, brechen aus, fliehen, werfen sich zu Boden oder bleiben stocksteif stehen ohne irgendeine Regung zu zeigen. Die Panik der Tiere ist allgemein. Die einzige Bewegung, zu der die Reiter ihre Rösser noch bewegen können, ist Flucht.

Das ist das Ende.

Das Pferd des Auvergners wird wieder getroffen und bleibt so ruckartig stehen, dass er beinahe abgeworfen wird. Er drückt dem Tier die Sporen in die Flanken, aber es reagiert nicht. Noch einmal versucht er es. Der Hengst reagiert nicht einmal, als ihn ein weiterer Pfeil am Kopf streift.

Der junge Ritter verfällt in Panik. Er atmet keuchend. Die Sonne blendet ihn. Er bekommt unter dem Visier kaum Luft. Er wirft die Lanze weg und zieht das Schwert, um das Tier durch Schläge auf die Kruppe anzutreiben – sinnlos. Er schnappt nach Luft und reißt mit einer instinktiven Bewegung das Visier hoch. Er sieht den Pfeil nicht kommen.

Später erzählt man, der Comte d'Alençon sei in die Reihen der Engländer eingebrochen und habe das Banner des Prince of Wales berührt, bevor er niedergehauen wurde – aber das ist wohl nur ein heldenhafter Mythos, der seine Ehre und die Frankreichs bewahren soll.

Er schätzt, dass die französischen Ritter fünfzehn, vielleicht zwanzig Sekunden brauchen werden, um den Hang zu überwinden. Er weiß, dass er und seine Männer jetzt nur noch die Zeit haben, eine, höchstens eine zweite Salve abzuschießen. Dann müssen sie zusehen, dass sie aus dem Weg kommen. Es ist nicht Sache der Bogenschützen, sich den gepanzerten Reitern zum Nahkampf zu stellen. Das ist die Aufgabe der Ritter und der Spießknechte.

Auf seinen Befehl schießen die grün-weißen Schützen schnell hintereinander zwei Pfeile auf die heranpreschenden Ritter ab, die genau jetzt die getarnten Fallgruben erreichen. Beim zweiten Pfeil sind die Franzosen so nahe, dass er schon direkt auf die Brust des nächsten Pferdes zielt.
Auf so kurze Entfernung wirkt der Pfeilsturm verheerend. Zahlreiche Pferde werden getroffen, stürzen und werfen ihre Reiter ab. Ritter werden von Pfeilen aus den Sätteln geworfen. Er bleibt stehen. Die Bogenschützen brauchen sich nicht mehr zurück zu ziehen. Der Angriff der französischen Ritter ist zusammengebrochen. Ihre Pferde weigern sich, auch nur einen Schritt weiter auf die englischen Stellungen zu zu gehen. Wer kann, wendet sich zur Flucht und lässt jene vor den englischen Linien zurück, deren Pferde starr vor Panik zu keiner Regung und zu keiner Bewegung mehr fähig sind.

Jetzt können er und seine Männer zeigen, wie wirksam ihre Bogen auf kurze Entfernung auch gegen gepanzerte Ritter sind. Er zieht den Bogen aus, bis die vierkantige, meißelartige Bodkin-Spitze des Pfeils die Finger seiner Zughand berührt. Die Kanten der Pfeilspitze sind so gehärtet, dass sie mühelos die Glieder eines Kettenpanzers aufsprengen oder auch eine Panzerplatte durchschlagen können, wenn sie in einem Winkel auftreffen, der steil genug ist. Gleichzeitig sind der Kern und die Tülle, in der der Pfeilschaft steckt, erheblich weicher und damit so elastisch, dass die Spitze nicht zerspringt, wenn sie auf ein hartes Ziel trifft.
Vor der Stellung der Waliser drischt ein offensichtlich verzweifelter Franzose mit der flachen Schwertklinge auf sein Pferd ein. Das Tier reagiert nicht, bewegt sich keinen Millimeter, steht starr und steif wie eine Statue. Der Ritter reißt hektisch sein Visier auf. Er gibt die Sehne frei. Der Bodkin braucht seine Durchschlagskraft nicht am Panzer zu beweisen. Der Ritter wird ins Gesicht getroffen und stürzt aus dem Sattel.

Während er einen seiner letzten Pfeile aus der leinenen Hülle zieht, sucht er weitere Ziele, aber vor der Front seiner Hundertschaft gibt es keinen Feind mehr, der noch fähig wäre zu kämpfen. Die Waliser nützen die Kampfpause und ergänzen ihre Munitionsvorräte mit Pfeilen, die vom Tross aus

herangeschafft werden. Dessen Wagen stehen nur einige Hundert Meter weiter hinten, nordöstlich des Wäldchens in ihrem Rücken. Innerhalb weniger Minuten sind die Männer aus Flint mit neuen Pfeilen versorgt.
Andere Hundertschaften schicken Schützen den Hang hinab, um so viele der verschossenen Pfeile zurückzuholen, wie möglich. Nur den Bogenschützen ist es erlaubt, die Formation zu verlassen um Pfeile einzusammeln. Jeder andere würde auf Befehl des Königs strengste Bestrafung riskieren. Niemand darf die Schlachtreihe verlassen, um Feinde gefangenzunehmen oder Beute zu machen.
Mit Schwertern, Dolchen und anderen Nahkampfwaffen in den Händen laufen die Männer zwischen toten und verletzten Rittern, reglosen Pferdekörpern und mit den Hufen um sich schlagenden Tieren umher. Sie raffen so viele Pfeile zusammen, wie sie greifen können, machen nieder, was sich wehrt, und hasten dann den Hang hinauf, um wieder ihren Platz in der Schlachtreihe einzunehmen.
Er beobachtet die Schützen, die eilig den Hang hinauflaufen, und ist froh, dass er selbst keine Männer losgeschickt hat, denn unten im Tal setzt sich eine gewaltige Masse von Reitern in Bewegung. Während sie näher kommen, kann er auf den Bannern, die über ihnen flattern, Löwen erkennen. Die Löwen von Böhmen und von Luxemburg, von Hennegau und jene Johanns von Luxemburg scheinen mit ihren Pranken drohend nach dem englischen Feind zu schlagen.

Der alte böhmische Kreuzfahrer kann von seiner Position aus gegen das Licht der tiefstehenden Sonne nicht erkennen, ob es die Division des Comte d'Alençon bis in den Nahkampf geschafft hat oder ob der Pfeilsturm zu heftig für die französischen Ritter war. Dass der Comte d'Alençon in Schwierigkeit steckt, ist jedoch offensichtlich, denn seine Leute ziehen sich zurück.
Viele der Reiter und der Pferde, die den Hang herunterkommen, sind verwundet. Pfeile haben die Kettenhemden, die Plattenpanzer und die dicken Überwürfe der Pferde durchschlagen.
Der Böhme gehört zu jenen, die Johann von Luxemburg ständig berichten,

was sie von dem Kampf oben am Hang sehen. Mit seinen fast blinden Augen kann der böhmische König nicht erkennen, wie es den Rittern des Comte d'Alençon bei ihrer Attacke ergeht, aber die Berichte seiner Gefolgsleute lassen ihn den für einen Ritter einzig möglichen Entschluss fassen: Nachsetzen, den Angriff zu Ende bringen, die Feinde vernichten! Sobald der blinde König die Situation erkennt, fragt er die Männer, die ihn umringen:

„Wo ist der König Karl, mein Sohn?"

Seine Männer sagen:

„Sire, wir können es nicht sagen; wir denken er kämpft gerade." (5)

Aber der Kreuzfahrer kann nirgends das Banner des Römischen Königs mit dem schwarzen Doppeladler erkennen. Einige der Berater des Königs bedrängen Johann von Luxemburg, das Schlachtfeld zu verlassen, aber für den Veteranen unzähliger Kämpfe kommt das nicht in Frage. Im Gegenteil, er wendet sich in seinem heimischen Französisch an seine Begleiter:

„Je vous requers tres especialment que vous me meniez si'avant que me puisse ferir un coup d'epée." (Ich ersuche Euch ganz besonders, mich so weit nach vorne zu führen, dass ich einen Schwertstreich führen kann). (25)

Die Gefolgsleute folgen dem Wunsch ihres Königs und einige verbinden die Zügel ihrer Pferde mit den seinen. So führen sie den alten, fast blinden Krieger in die Schlacht, während über ihm die Löwenbanner von Böhmen und von Luxemburg und sein eigenes Banner, das die beiden verbindet, in der Abendsonne flattern. Es ist das letzte Mal, dass der alte böhmische Ritter seinen König sieht.

Der Schlachtruf „Prag!" ertönt, und die Reiter setzen sich in Bewegung. Der alte Kreuzfahrer stimmt in das Kriegsgeschrei ein und nimmt seinen Platz in einer Gruppe von anderen böhmischen Rittern an der Flanke der antrabenden Division ein. Wie er an den zahllosen Bannern, Fahnen und Wimpeln erkennen kann, sind es vor allem Ritter aus dem Heiligen Römischen Reich, die Johann von Luxemburg folgen. Luxemburger und Böhmer, Deutsche und Savoyarden, Brabanter und Hennegauer bilden eine

Streitmacht, die an Glanz und Ritterlichkeit jener in nichts nachsteht, die der Comte d'Alençon gegen die Engländer geführt hat.
Johann von Hennegau führt eine der Abteilungen. Er ist zwar der Schwager des englischen Königs, der seine Schwester Philippa geheiratet hat, und diesem daher durch Familienbande verbunden. Aber dem diplomatischen Geschick Philips VI. ist es zu verdanken, dass das Banner mit den goldenen und den roten Löwen heute auf Seiten Frankreichs flattert und nicht oben am Hang bei den Engländern. Der französische König bemüht sich nach wie vor sehr um diesen für seine Politik so wichtigen Verbündeten. Heute morgen hat er ihm einen wundervollen Rappen geschenkt. Johann von Hennegau hat das große schwarze Schlachtross seinem Bannerträger Jean de Fusselles gegeben, der jetzt an seiner Seite auf die englischen Reihen zutrabt.

Der alte Kreuzfahrer gibt seinem Hengst die Sporen, wie es auch alle anderen tun, als sie auf ihrem Weg hangaufwärts vom ersten Pfeilsturm erfasst werden. Pferde bäumen sich getroffen auf, die ersten Reiter werden abgeworfen. Der Böhme hat beobachtet, wie es den Rittern des Comte d'Alençon ergangen ist, und weiß, was ihn erwartet. Ab jetzt werden unablässig Pfeile auf die Angreifer herabprasseln. Alle fünf oder sechs Sekunden wird der Pfeilhagel zum vernichtenden Sturm anschwellen. Je näher sie kommen, desto weniger Widerstand werden die Rüstungen den Pfeilen leisten, die in einem immer flacheren Winkel mit immer größerer Durchschlagskraft heranrasen.
Der alte Ritter gibt seinem Schlachtross noch einmal die Sporen. Je schneller er die Reihen der Feinde erreicht, desto schneller entgeht er dem gefiederten Tod. Er spürt, wie sich das Pferd auf dem rutschigen Hang anstrengen muss, aber er kann das Tier nicht schonen. Die Körper der gefallenen Ritter und der gestürzten Pferde zwingen ihn immer wieder zum Ausweichen.

Die ersten Ritter seiner Abteilung fallen, abgeworfen von getroffenen Pferden, dann getroffen von Pfeilen, die ihre Kettenhemden zerreißen. Der Kreuzfahrer zieht den Kopf ein, versucht sich so klein wie möglich zu machen und sich mit dem Schild so gut es geht vor den Pfeilen zu schützen.

Da die Engländer bereits direkt, mit flachen Schussbahnen, auf die angreifenden Böhmer schießen, bieten ihnen die Ritter in den ersten Reihen und an den Flanken das beste Ziel. Der alte Kreuzfahrer überlässt die Ehre des ersten Angriffs lieber den Jüngeren und hält sein Pferd in der Mitte der Formation. Er beneidet die reicheren Ritter um ihre neumodischen Plattenpanzer. Er weiß, dass die Glieder seines Panzerhemdes den Pfeilspitzen, die die Engländer „Bodkin" nennen, nicht widerstehen können.

Die Angreifer haben die englischen Linien schon fast erreicht, als ein Pfeil den prächtigen Rappen trifft, der den Bannerträger Johanns von Hennegau trägt. Schmerz und Schock lassen den Hengst durchgehen. Er nimmt die Gebissstange zwischen die Zähne, und Jean de Fusselles kann das Tier nicht mehr bändigen. Wahnsinnig vom Schmerz bricht der Rappe durch die Reihen der Engländer. Irgendwo hinter ihnen stürzt er in einen Graben und begräbt seinen Reiter unter sich. Das wäre das Ende des Bannerträgers, würde ihm nicht sein Page allen Feinden zum Trotz folgen. Er holt seinen Herrn unter dem toten Schlachtross hervor, setzt ihn auf sein eigenes Pferd und bringt ihn so zurück, unbehelligt von den Engländern, die der strikte Befehl ihres Königs in der Schlachtreihe hält.

Mit einem Mal lässt der Pfeilsturm nach, und durch die schmalen Sehschlitze in seinem altmodischen, aber massiven Topfhelm sieht der böhmische Kreuzfahrer vor sich englische Bogenschützen, die dem Angriff der Reiter ausweichen. Dahinter warten kampfbereit gepanzerte Ritter und Spießknechte. Jetzt geht es Mann gegen Mann!

Das dichteste Kampfgewühl entwickelt sich dort, wo der Prince of Wales steht. Der alte Ritter sieht, Sekunden bevor er selbst in den Kampf eingreift, dass das Banner des englischen Thronfolgers fällt. Der Prinz wird so hart bedrängt, dass er in die Knie geht. Man sagt, dass sein Bannerträger, Sir Robert FitzSimon das Banner niedergelegt habe, um seinen jungen Herrn zu verteidigen, aber damit hätte er gegen seine oberste Pflicht verstoßen. Später wird man in Flandern erzählen, dass Johann von Hennegau dem Engländer das Banner des Prinzen entrissen habe. Der Bannerträger und Sir Thomas Daniel hätten es ihm aber entrungen und wieder über dem Prinzen aufgerichtet.

Der böhmische Kreuzfahrer wählt sein Ziel unter den englischen Rittern und senkt den Eschenholzschaft seiner Lanze zum Stoß. Mit einer letzten Anstrengung überwindet sein Schlachtross die steile Feldterrasse, auf der die Engländer stehen.

Der Lanzenstoß geht fehl, und die englischen Ritter setzen sofort zum Gegenangriff an. Durch die lange Lanze, die im Nahkampf nutzlos ist, behindert, befindet sich der Böhme in äußerster Gefahr. In diesem kritischen Moment fehlen jene Ritter, die ihre blanken Schwerter zum Nahkampf bereit halten, um die Lanzenreiter zu unterstützen. Den Böhmen retten die langen Jahre der Kampferfahrung. Er lässt den Hengst aufsteigen und mit den Hufen um sich schlagen, während er gleichzeitig die Lanze zwischen die Angreifer schleudert und zur Streitaxt greift. Die Vorderhufe des Streitrosses verschaffen ihm Platz, und der alte Kreuzfahrer lässt seine Axt auf den nächsten Engländer niedersausen.

Der Centenar beobachtet, wie ein Ritter trotz der strikten Befehle des Königs die Division des Prince of Wales verlässt und wie von Furien gehetzt davonläuft. Hinter ihm tobt der Nahkampf, und dort wo der junge Prinz kämpft, ist das Kampfgetümmel am dichtesten. Minutenlang war das Banner des Prinzen nicht zu sehen, und der Centenar hatte schon das Ärgste befürchtet. Der laufende Ritter hat es offenbar sehr eilig, dem Kampfgeschehen zu entkommen. Der Centenar kann ihm ansehen, wie viel Kraft es ihn kostet, trotz der schweren Rüstung zu laufen. Der Ritter kommt auf den Centenar zu, der mit seiner Hundertschaft an der rechten Flanke der englischen Nachhut steht, läuft aber weiter, dorthin wo das Banner des Earl of Arundel dessen Position anzeigt.

Der Centenar sieht, dass der Läufer vor dem Earl of Arundel stehenbleibt und mit dem Grafen spricht. Er kann sehen, dass der Mann vor Anstrengung keucht, aber die Entfernung und der Lärm der Schlacht verhindern, dass er auch nur ein Wort versteht. Der Earl of Arundel verständigt sich kurz mit dem Earl of Northampton, mit dem er sich das Kommando über die linke Flanke des englischen Heeres teilt. Dann macht er sich mit seinem

Gefolge auf den Weg an die rechte Flanke der Nachhut. Viele Ritter schließen sich ihm an. Läufer kommen und geben die Befehle des Grafen weiter: Ein Stoß in die Flanke der Angreifer soll den Prince of Wales entlasten, der sich offenbar in schwerster Bedrängnis befindet.

Der Centenar gibt den Befehl, dem Earl zu folgen, auf gälisch an seine Leute weiter. Er muss schreien, um den Lärm zu übertönen, den die Schlacht und die klirrend dem Sohn ihres Königs zu Hilfe eilenden Ritter verursachen.
Die walisischen Spießknechte in den rot-weißen Jacken des Earl of Arundel schließen sich dem Gefolge des Grafen an. Andere Spießknechte gesellen sich zu ihnen und weitere Ritter. Bogenschützen ihrer eigenen Division und der Vorhut, die Pfeil auf Pfeil in die Masse der Angreifer schießen, öffnen ihre Reihen und machen Platz für den Gegenangriff.
Vor den Männern des Earl of Arundel kämpfen englische Ritter und walisische Spießknechte gegen feindliche Ritter, denen es gelungen ist, dem Pfeilsturm der Bogenschützen zu entgehen. Viele von ihnen sind noch zu Pferd. Es ist ein harter, brutaler Kampf, in dem kein Pardon gegeben und kein Gefangener gemacht wird.
Je näher sie den feindlichen Reitern kommen, desto schneller werden ihre Schritte, desto mehr Schwung kommt in ihren Angriff. Der Centenar hebt sein Schwert und treibt seine Männer auf den letzten Metern voran. Die Spießknechte strecken ihre Waffen vor und fallen mit lautem Kriegsgeschrei in einen immer schneller werdenden Laufschritt.

Nur noch ein paar Schritte trennen den Centenar von den Feinden, und er holt zum Schlag aus. Brüllend fallen die Waliser über die Flanke der feindlichen Abteilung her, schlagen und stechen nach den Pferden, bringen sie zu Fall und machen die Reiter nieder. Wo das Gedränge so dicht ist, dass kein Platz für die langen Stangenwaffen ist, packen die Männer mit bloßen Händen zu und zerren die Ritter aus den Sätteln. Jetzt zeigt sich ein weiteres Mal, wie wirkungsvoll ihre kurzen Schwerter Cledd und Falchion im Gewühl des Nahkampfes sind.

Der Kammerherr hat von der kleinen Windmühle hinter den Linien des Prince of Wales einen hervorragenden Überblick über das Geschehen unten auf dem Schlachtfeld. Entlang der Front der Vorhut wogt der Nahkampf hin und her. Die Feinde sind in die Reihen des Prince of Wales eingedrungen, aber dessen Männer halten stand. Dort, wo das Banner mit den Farben Englands und dem weißen Turnierkragen darüber den Standort des Prinzen anzeigt, ist der Kampf am heftigsten. Mit dem Prince of Wales steht und fällt das Schicksal der Vorhut, vielleicht sogar des ganzen englischen Heeres. Er ist das wichtigste Ziel für jeden Angreifer. Ihn gefangen zu nehmen, würde Ehre und Ruhm und viel, viel Lösegeld bringen.

König Edward hat seinem Sohn große Verantwortung übertragen. Nominell ist der erst sechszehnjährige Prinz der Befehlshaber der Vorhut, auch wenn der König seinem Sohn erfahrene Kommandanten zur Seite gestellt hat. Es ist sehr selten, dass ein Befehlshaber so jung ist. Selbst für die Ritterwürde ist der Prinz eigentlich noch zu jung, wenn sich auch im Heer einige andere noch sehr junge Adelige befinden wie etwa der achtzehnjährige Knappe John Neville, der in der Nachhut kämpft. Wird die Vorhut besiegt, so ist es der Prince of Wales, der besiegt wird und nicht seine Berater. Der englische König hat damit auch die militärische Zukunft des Prinzen auf den Prüfstand gestellt. Wenn er heute versagt, wird seine militärische Führerschaft auch in Zukunft in Frage gestellt sein.
Für den Kammerherrn stehen die Führungsqualitäten des Prinzen außer Frage. Obwohl der Junge erst sechzehn Jahre alt ist, beeindruckt seine Führungskraft selbst die alten und erfahrenen Befehlshaber im Heer. Alle bewundern seine Stärke, seine Willenskraft und sein militärisches Geschick. Der Prince of Wales hat an jedem einzelnen Tag dieses Feldzuges Gelegenheit gehabt, seine Fähigkeiten zu vervollkommnen. Er hat gelernt, wie man eine Armee führt. Sein Lehrer ist einer der besten Feldherrn seiner Zeit: sein eigener Vater, König Edward III. Der König kennt die Stärken seines Sohnes und glaubt fest daran, dass er sich bewähren wird. Der Kammerherr macht sich im Moment eher Sorgen um das Leben des Jungen.

Die Stellung des Prinzen ist so stark umkämpft, dass ein Bote, den die Begleiter des Jungen geschickt haben, zur Windmühle kommt. Sir Thomas Norwich überbringt dem König vor Anstrengung keuchend den Hilferuf:

> *„Sire, der Earl of Warwick und der Earl of Oxford, Sir Reginald Cobham und andere, die beim Prinzen, Eurem Sohn sind, kämpfen bitter und es ergeht ihnen bös'; darum erhoffen sie von Euch, dass Ihr und Eure Division kommt und ihnen helft; denn wenn die Franzosen die Oberhand gewinnen, was jene bezweifeln, dass sie werden, werden Euer Sohn und jene viel Mühsal haben."*

Der König fragt ihn daraufhin:

> *„Ist mein Sohn tot oder verwundet oder zu Boden gestreckt worden?"*
> *„Nein, Sire"*, antwortet der Ritter, *„aber er kann gerade so mithalten, weswegen er Eure Hilfe nötig hat." „Gut"*, sagt der König, *„kehrt zu ihm und zu jenen zurück, die Euch hierher gesandt haben und sagt ihnen, dass sie nicht mehr nach mir senden sollen, bevor nicht alle Gefahr vorüber ist, so lange mein Sohn am Leben ist: Und sagt ihnen auch, dass sie erlauben sollen, dass er sich heute seine Sporen verdient; denn wenn es Gott gefällt, soll dies sein Weg sein, und er und die, die bei ihm sind, sollen den Ruhm haben."* (5)

Wie ein Lauffeuer verbreitet sich die Nachricht im Heer, dass der König das Leben seines eigenen Sohnes ebenso in die Waagschale wirft, wie das des Geringsten unter seinen Kriegern. Der Kampfgeist der Männer schwillt ins Unermessliche.
Der Kammerherr schaut seinen König ob dieser stolzen Worte an und erkennt, dass auch der König beobachtet hat, dass der Earl of Arundel einen Teil der Nachhut zur Unterstützung des Prince of Wales zum Angriff gegen die Flanke und den Rücken der Luxemburger und Böhmen führt. Die Vorhut und der Prinz scheinen damit außer Gefahr zu sein – und der Kammerherr ist ebenso beruhigt wie sein König.
Wenig später wird König Edward den kriegerischen Bischof von Durham mit zwanzig Mann – organisatorisch nur einen Vintainer mit seinen Leuten – schicken, um nach dem Rechten zu sehen. Sie werden den Prinzen und seine Begleiter, die sich auf ihre Waffen gestützt ausruhen und den nächsten Angriff erwarten, erschöpft aber wohlbehalten antreffen.

Noch ist der Kampf um die Stellung des Prince of Wales nicht zu Ende. Der alte Kreuzfahrer lässt seine Axt auf den nächsten Engländer niedersausen. Der Ritter wehrt mit dem Schild ab. Die Wucht des Schlages lässt den Mann zwischen seine Kameraden zurücktaumeln. Der Böhme treibt sein Pferd einen Schritt weiter in die englische Schlachtreihe hinein.
Andere Männer kommen dem Getroffenen zu Hilfe und stellen sich dem böhmischen Ritter entgegen. Er pariert ihre Hiebe und teilt selbst welche aus. Diesmal halten die Gegner stand. Hier stehen ihm keine schlecht gerüsteten baltischen Heiden gegenüber. Hier kämpft er gegen die Blüte des englischen Adels, erfahrene Kämpfer, die hervorragend bewaffnet und gerüstet sind. Gegen diese Männer muss er alles aufbieten, was er in den langen Jahren seines kriegerischen Lebens gelernt hat.

Das Pferd des Kreuzritters wird getroffen, aber der Hengst stößt und tritt nach den Feinden. Ein Mann fällt unter einem Axthieb, und der Böhme gewinnt wieder einen Schritt an Boden. Unterstützung kommt. Andere Ritter aus Böhmen drängen nach und dringen in die Bresche ein, die der alte Kreuzfahrer geschlagen hat. Die Böhmen treiben die Engländer zurück. Noch etwas mehr Druck, und sie können durchbrechen. Noch etwas mehr Druck, und die englische Schlachtreihe wird zerbrechen.
Der alte Kreuzfahrer sieht sich schon als Sieger, als plötzlich hinter der rechten Flanke seiner Abteilung lautes Kriegsgeschrei ertönt. Der Angriff der böhmischen Ritter gerät in Unordnung. Englisches Fußvolk dringt auf die Böhmen ein. Von einem Moment auf den anderen müssen sich die Angreifer selbst verteidigen.

Die böhmischen Reiter werden zwischen den englischen Abteilungen eingekeilt. Englische Ritter zu Fuß, die von Kriegsknechten unterstützt werden, zerren sie von ihren Pferden. Wer nicht fliehen kann, wird erschlagen. Die Engländer akzeptieren keine Kapitulation, machen – entgegen allen Regeln ritterlicher Kriegsführung – keine Gefangenen.
Kriegsknechte in rot-weißen Jacken mit langen Hieb- und Stichwaffen in den Fäusten sind plötzlich neben dem alten Kreuzfahrer. Einer schlägt mit

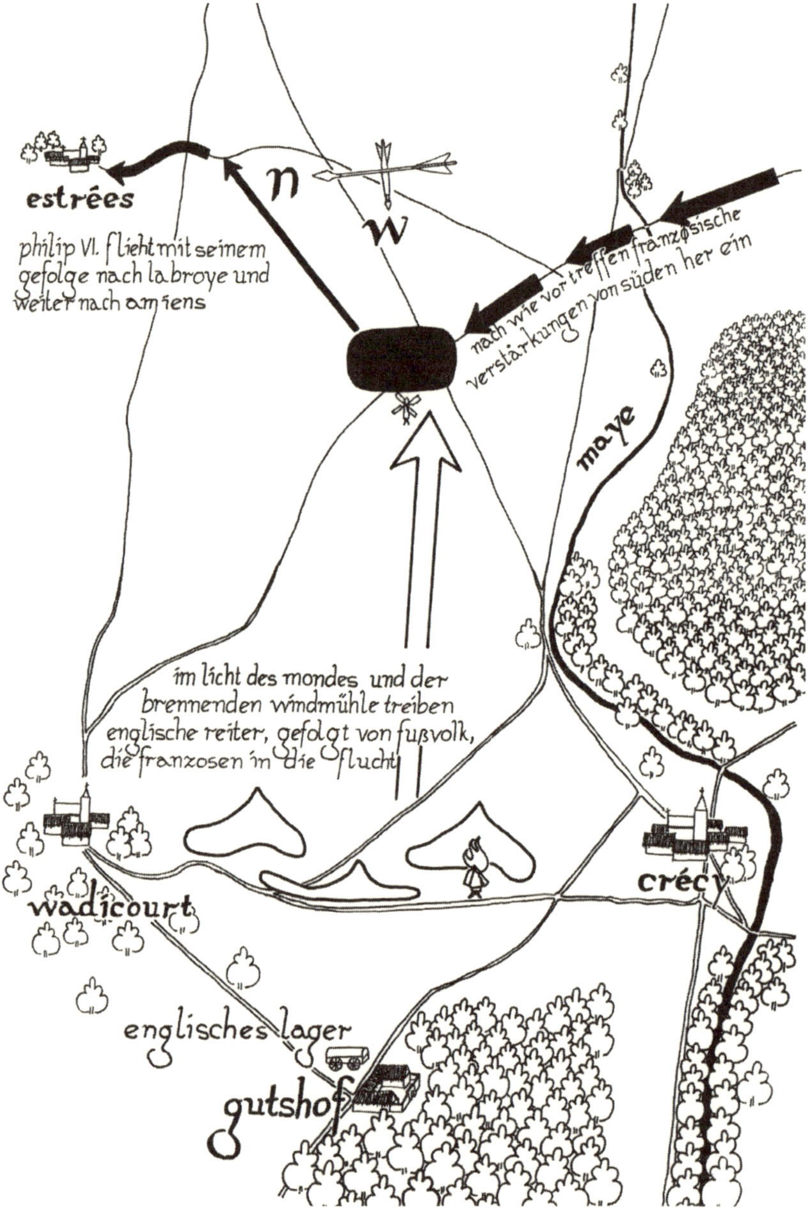
estrées
philip VI. flieht mit seinem
gefolge nach la broye und
weiter nach amiens
n
w
nach wie vor treffen französische
verstärkungen von süden her ein
maye
im licht des mondes und der
brennenden windmühle treiben
englische reiter, gefolgt von fußvolk,
die franzosen in die flucht
wadicourt
crécy
englisches lager
gutshof

dem Schwert nach ihm, doch er kann den Hieb mit seiner Streitaxt parieren. Ein anderer führt einen wuchtigen Hieb mit einer Kriegssense gegen die Beine seines Pferdes. Die Hinterbeine des Hengstes knicken ein.
Das Tier fällt. Der böhmische Ritter kann seine Füße nicht schnell genug aus den Steigbügeln ziehen und wird unter dem massigen Körper des schweren Streitrosses eingeklemmt. Der alte Kreuzfahrer sieht schattenhaft die Klinge einer Kriegssense durch den Abendhimmel schneiden, die auf ihn niederfährt.

Der Mundschenk schüttelt den Kopf. Sein Verstand will nicht akzeptieren, was ihm seine Augen zeigen. Was er sieht, gleicht der Apokalypse oder einem der Höllenkreise aus dem Inferno des florentinischen Dichters Dante Alighieri.

Der Mond, der schon bei Sonnenuntergang am Himmel stand, beleuchtet mit seinem gespenstisch fahlen Licht den flachen Hang, der vom Heer König Philips zu den Schlachtreihen der Engländer hinaufführt. Von da, wo die äußerste Reichweite der englischen Bogen beginnt, bis unmittelbar vor die Füße der Feinde ist der Boden mit den Körpern von Menschen und Pferden übersät.

Die Pfeile und die Geschosse der Feuertöpfe haben die Blüte des französischen Adels hingestreckt. Verletzte und tote Ritter, strampelnde Pferde und reglose Kadaver bilden eine fast undurchdringliche Barriere vor den Engländern. Fünfzehn oder sechzehn Mal haben sich die Ritter und die Reisigen am Fuß des Hanges gesammelt und den Hang aufwärts angegriffen. Die meisten Angriffe waren dorthin gerichtet, wo das Banner des Prince of Wales seine Position an der rechten Flanke des englischen Heeres anzeigt. Auch die linke Flanke der Engländer war Ziel von Angriffen.
Jedes Mal sind die französischen Reiter von einem Pfeilsturm empfangen worden. Jedes Mal haben die Geschosse der Engländer grausame Ernte gehalten. Die wenigen, die es geschafft haben, den unablässig nieder-

prasselnden Pfeilen zu entgehen, sind von den Schwertern der englischen Ritter und den Spießen ihrer Kriegsknechte blutig zurückgewiesen worden. Jede Angriffswelle hat Tote und Verwundete auf dem Schlachtfeld zurückgelassen. Jede Angriffswelle hat sich ihren Weg durch eine immer dichter werdende Masse von Hindernissen bahnen müssen. Zuletzt war kein nachhaltiger Angriff mehr möglich.
Die Überlebenden, denen es gelungen ist, diesem Gemetzel zu entkommen, haben furchtbare Nachrichten gebracht. Der Comte d'Alençon, der Bruder des Königs, der die erste Angriffswelle geführt hat, und der Graf von Flandern, der ihn begleitet hat, sind tot. Johann von Luxemburg, der alte, fast blinde König von Böhmen, dessen zweite Angriffswelle an den englischen Linien zerschellt ist, ist tot. Der Comte de Harcourt und der Comte d'Aumale, Bruder und Neffe des Baron Godefroi de Harcourt, der die Engländer durch Frankreich geführt hat, sind tot. Der Comte d'Auxerre, der Comte de Saint-Pol und viele, viele andere der Edelsten Frankreichs sind tot. Unzählige Ritter, deren Namen weniger Glanz haben als jene der Könige, Herzöge und Grafen, die mit ihnen im Mondlicht liegen, sind tot. Tot sind auch ungezählte Reisige und Söldner, deren Schilde kein eigenes Wappen tragen.

Der nächtliche Wind, der über das Schlachtfeld streicht, trägt den Geruch von Blut und Exkrementen, den Geruch nach Tod mit sich. Plötzlich züngeln auf der Windmühle hinter den Linien des Prince of Wales Flammen empor. Schnell wächst der Brand und wirft seinen flackernden Schein über das Schlachtfeld. Bis zum Sonnenuntergang hat der englische König die Windmühle als Befehlsstand benützt, jetzt lässt er sie in eine gewaltige Fackel verwandeln. Bewegung kommt in die englischen Linien. Die englischen Ritter, die bisher zu Fuß gekämpft haben, sind aufgesessen und greifen an!
Der Mundschenk zieht sein Schwert und packt den Schild fester. König Philip und sein Gefolge, dazu an die sechzig Ritter mit ihren Begleitern und die Miliz von Orléans bereiten sich darauf vor, die Angreifer zu empfangen. Wer sich noch auf dem Hang befindet, wird von den Engländern niedergeritten, wenn er nicht schnell genug flieht. Nur König Philip und

die Truppen um ihn halten stand. Über die Köpfe der angreifenden Reiter hinweg sieht der Mundschenk, dass sich auch Bogenschützen und Spießknechte auf den Weg ins Tal machen.
Augenblicke später muss sich der Mundschenk seiner Haut wehren. Ein wilder Kampf entbrennt um die Position Philips VI. Der Bannerträger des Königs wird getötet. Das Lilienbanner Frankreichs fällt in die Hände der Engländer. Dann töten die Feinde auch noch Gui de la Tremoille, den Träger der Oriflamme. Zwei Pferde werden unter König Philip getötet, eines davon von einem Pfeil. Ein anderer Pfeil verletzt die Wange des Königs.

Johann von Hennegau, der von seinem Angriff mit Johann von Luxemburg zurückgekehrt ist, ergreift die Zügel des Königs und ruft ihm zu:

„Sire, zieht Euch jetzt zurück, denn es ist Zeit; gebt Euch nicht vorsätzlich auf; denn wenn Ihr dieses Mal verliert, werdet Ihr ein anderes Mal siegen.“ [5]

Dann führt er den König vom Schlachtfeld. Der Tag gehört den Engländern.

Der Mundschenk gehört zu dem kleinen Gefolge, das den König und den Grafen von Hennegau begleitet. Durch die Dunkelheit reiten sie nach Norden zur Burg von Labroye.
Das Tor der Burg ist geschlossen. Der König lässt den Hauptmann der Burg rufen. Dieser kommt auf die Mauern und fragt: *„Wer ist der, der hier zu dieser Nachtzeit ruft?“* Darauf antwortet der König: *„Öffne Dein Tor schnell, denn jener ist das Schicksal Frankreichs.“* [5]

Der Burghauptmann erkennt den König und befiehlt, das Tor zu öffnen und die Zugbrücke herunter zu lassen. Der Aufenthalt in Labroye ist nur kurz. König Philip und seine Begleiter erfrischen sich mit Getränken.
Gegen Mitternacht reiten sie weiter nach Doullens und von dort nach Amiens. Zurück bleiben zahlreiche Versprengte. Zurück bleiben Einheiten, die das Schlachtfeld noch gar nicht erreicht haben. Ohne ihren König sind sie führerlos.

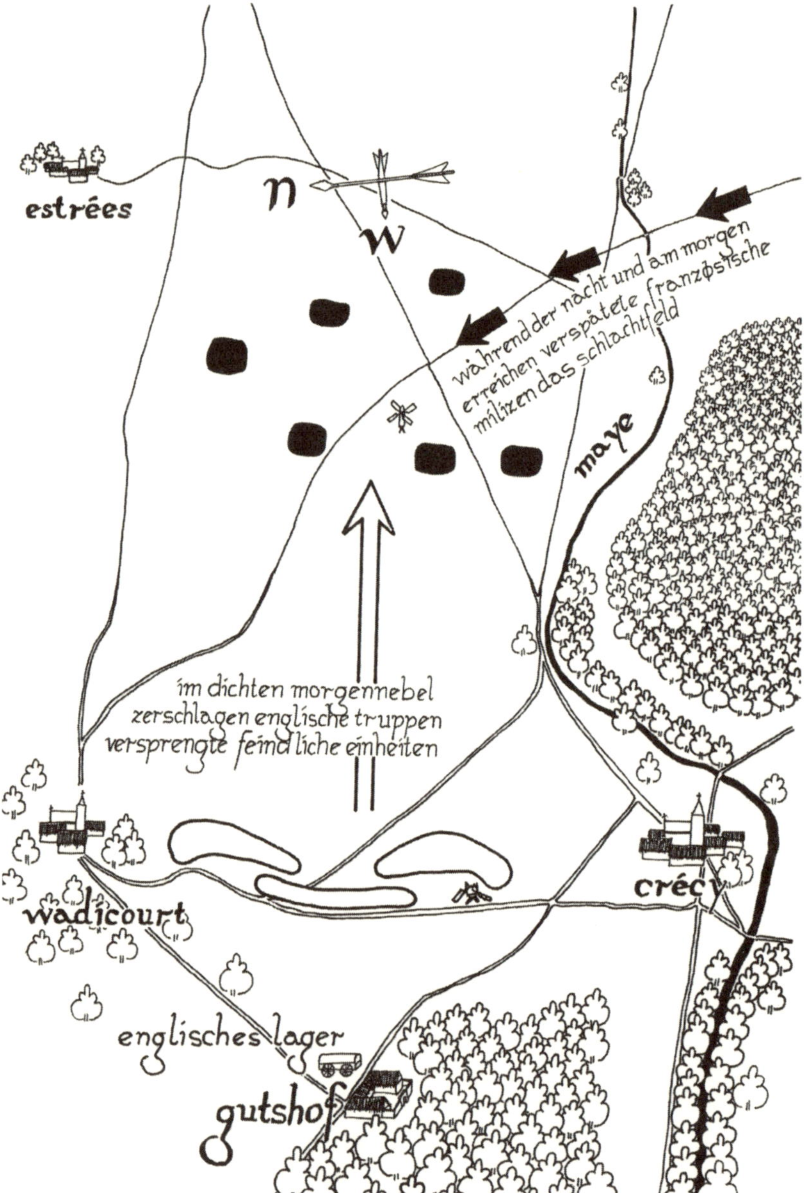
estrées
n
w
während der nacht und am morgen erreichen verspätete französische milizen das schlachtfeld
maye
im dichten morgennebel zerschlagen englische truppen versprengte feindliche einheiten
wadicourt
crécy
englisches lager
gutshof

9. Kapitel

Crécy en Ponthieu, 27. August 1346

Der Centenar tastet sich an der Spitze seiner Männer vorsichtig den Hang abwärts. Undurchdringlicher Nebel bedeckt das Schlachtfeld wie ein Leichentuch. Vor den Männern hallen französische Parolen durch die Nebelschwaden. Schon die ganze Nacht über haben versprengte Franzosen versucht, Anschluss an eigene Truppen zu finden.
Viele feindliche Einheiten, vor allem die Milizen, die zu Fuß unterwegs sind, haben das Schlachtfeld gestern nicht erreicht. Manche sind noch in der Nacht angekommen, manche erst am Morgen – und manche sind vermutlich jetzt noch auf den Landstraßen unterwegs. Die ganze Nacht über waren ihre gerufenen Parolen zu hören, und die englischen Krieger, die die Nacht über in ihren Schlachtreihen ausgeharrt haben, mussten jederzeit mit einem Angriff aus dem Dunkel rechnen.

Bis kurz nach Mitternacht tauchte der fast volle Mond das Feld in seinen fahlen Schein, dann warfen nur mehr die brennende Windmühle und die Wachfeuer ihr flackerndes Licht über den Hang und die Gefallenen. Irgendwann gegen Morgen stieg dann dichter Nebel auf, und für die Engländer wurde es unmöglich, die Bewegungen der Franzosen zu erkennen.
Als klar geworden war, dass sich unten im Tal immer mehr Feinde sammelten, schickte König Edward die Earls of Northampton, Suffolk und Warwick mit fünfhundert Men-at-Arms und Spießknechten sowie zweitausend Bogenschützen los, um einem weiteren Angriff zuvorzukommen.
Die Situation ist nach wie vor kritisch. Wenn es einem der französischen Adeligen gelingt, die verstreuten Truppen zu vereinen, steht das englische Heer einem neuen starken Gegner gegenüber.
Die Stimmen im Nebel werden lauter. Vor dem Centenar schälen sich undeutliche Schemen aus dem Nebel, werden nach ein paar Schritten zu

Silhouetten von Männern – vielen Männern, die Waffen tragen. Noch ein paar Schritte, und die Banner, die über den Männern wehen, werden erkennbar. Die englischen Krieger bewegen sich auf gut zweitausend Milizionäre aus Rouen und Beauvais zu, die vom Duc Raoul de Lorraine und seinem Schwager Comte Louis de Blois und ihren Männern begleitet werden.
Die Franzosen winken und rufen Parolen. Die Engländer nutzen die Chance, die ihnen der Irrtum der Feinde bietet. Sie winken zurück und rufen ein paar Sätze auf Französisch. Auf diese Weise kommen sie den Milizionären immer näher. Dann werfen sie sich auf die überraschten Feinde. Diese erkennen im letzten Moment ihren Irrtum und versuchen zu fliehen, aber es ist zu spät. Zahllose Bürger von Rouen und Beauvais werden getötet. Auch der Duc de Lorraine bleibt tot zurück, während die wenigen Glücklichen, die dem Angriff entkommen können, vom Nebel verschluckt werden.

Der Centenar hält seine Männer zurück. Noch gilt der Befehl des Königs. Niemand darf einen fliehenden Gegner verfolgen. Niemand darf seine Einheit verlassen. Keine Gefangenen werden gemacht. Der Centenar spürt selbst das Hochgefühl des neuerlichen Sieges, aber er sorgt für eiserne Disziplin bei den walisischen Kriegsknechten, die seinem Befehl unterstellt sind. Vorsichtig arbeiten sie sich unter der Führung der drei Grafen weiter durch die Büsche und Hecken, zwischen denen noch immer undurchdringlicher Nebel hängt.
Eine neue Gruppe von Feinden taucht aus dem Nebel auf. Diesmal sind es so viele, dass der Centenar ihre Zahl nicht schätzen kann. Sie werden vom Erzbischof von Rouen und vom Großprior von Frankreich geführt.
Die Engländer fackeln nicht lange und greifen an. Es ist ein harter Kampf, denn die Feinde sind weit in der Überzahl, aber zuletzt können die unerfahrenen französischen Milizionäre den erfahrenen englischen Kriegern nicht standhalten. Der Erzbischof und der Großprior fallen. Fast alle ihre Männer werden getötet, nur wenige können entkommen.
Siegesgewiss setzen die Engländer ihre Jagd im sich lichtenden Nebel fort, treffen auf weitere französische Verbände, attackieren und zerschlagen sie. Als König Edward von der Sonntagsmesse kommt, können ihm seine Hauptleute melden:

„Sire, wir sind sicher, dass es jetzt kein Anzeichen mehr von irgendeinem Eurer Feinde gibt.“ (5)

Später wird man sich erzählen, an diesem Sonntagmorgen seien vier Mal so viele Franzosen gefallen als am Samstag, dem Tag der eigentlichen Schlacht.

Der Kammerherr bekreuzigt sich und senkt den Kopf im Angedenken der Toten der beiden letzten Tage. Auch König Edward und der Prince of Wales und alle anderen Teilnehmer an dieser Heiligen Messe senken die Köpfe, während der Priester segnend das Kreuz über den Lebenden und den Toten vor ihm schlägt. Die Männer im Blickfeld des Kammerherrn halten alle die Köpfe demütig gesenkt, während sie den Segen empfangen. Der König will, dass niemand wegen des Sieges hochmütig sei oder prahle. Stattdessen soll ein jeder demütig und bescheiden Gott danken.
Der Prinz steht zur Rechten seines Vaters. Der König ist mit Recht sehr stolz auf seinen Sohn. Noch in der Nacht hat er mit seinem Gefolge die Stellung des Prince of Wales aufgesucht.
Er hat den Jungen umarmt und geküsst und zu ihm gesagt:

„Du bist mein guter Sohn.“ (5)

Mit dieser Messe gedenken sie vieler guter Söhne. Nachdem der König die Meldung erhalten hatte, dass ihm niemand mehr den Sieg streitig machen könne, befahl er festzustellen, wie viele Tote die Schlacht gekostet habe. Sir Raynold Cobham und Sir Richard Stafford versammelten auf seinen Befehl hin Sekretäre und Priester mit Kenntnissen in Wappenkunde um sich.
Stundenlang zogen die Männer über das Schlachtfeld und identifizierten die Toten anhand ihrer Wappenröcke und Schilde. Diese Hofbeamten – die „clerks“ – geben dem Tal einen neuen Namen: „Vallée des Clerks.“

Niemand kann sagen, wie viele Tote wirklich auf dem Schlachtfeld liegen, denn nur die Namen der Vornehmen, deren Wappen erkannt werden, finden sich auf den Listen der clerks.

Michael de Northburgh wird in die Heimat schreiben, dass 1.542 Männer von adeligem Rang aus beiden Heeren identifiziert und begraben worden seien. Über die zahllosen wappenlosen Männer, die Reisigen, die Milizionäre und die Söldner, die den Tod gefunden haben, wird der Sekretär Edwards III. nichts schreiben.
Die englischen Verluste sind verhältnismäßig gering. Die Männer König Edwards haben nur einige Hundert Tote und Verwundete zu beklagen. Die Toten begraben sie, während sie die Schwerverwundeten in der Obhut von Mönchen im Gutshof von Crécy zurück lassen. Die Mönche werden jene, die trotz ihrer Pflege sterben, innerhalb der umzäunten Ecke eines Feldes begraben, das nie wieder gepflügt werden wird.

Der König hat befohlen, dass die edelsten unter den französischen Toten geborgen werden, damit sie ein angemessenes Begräbnis erhalten. Die große Masse der Gefallenen wird in Massengräbern beigesetzt. Edward III. hat einen dreitägigen Waffenstillstand ausrufen lassen, damit die Landbevölkerung die Toten der Schlacht bestatten kann.
Überlebende Feinde werden nur wenige gefunden. Unter ihnen ist kein einziger, dessen Rang ihn erwähnenswert macht oder der ein nennenswertes Lösegeld wert wäre. Godefroi de Harcourt hätte gerne seinen Bruder Jean gerettet, aber der Comte de Harcourt wird ebenso tot aufgefunden wie der Neffe Godefrois, der Comte d'Aumale.
Zwischen den Massen der Toten, die den Hang vor den englischen Linien bedecken, haben die königlichen Beamten auch den Leichnam Johanns von Luxemburg, des Königs von Böhmen, und die Körper seiner Begleiter gefunden. Ihre Pferde waren immer noch zusammengebunden.
Der entseelte Leib des böhmischen Königs ist gewaschen und in Leinen gehüllt worden und soll auf einer von Pferden getragenen Bahre heim nach Luxemburg gebracht werden.
Der junge Prince of Wales ist so beeindruckt vom Heldenmut des alten blinden Kreuzfahrers, dass er dessen Motto „Ich dien" seinem eigenen Abzeichen mit den drei Federn hinzufügt. Man erzählt sich, er soll den geflügelten Helm des toten Königs aufgehoben und gesagt haben:

„Hier liegt der Fürst der Ritterlichkeit, aber er stirbt nicht." (5)

Die Heilige Messe geht zu Ende, und der Kammerherr wendet sich ebenso seinen Pflichten zu, wie die anderen Gefolgsleute Edwards III. Viel ist noch zu tun, bevor König Edward seine Krieger weiter durch das feindliche Land führen kann. Die Nacht über wird das englische Heer das Feld noch halten. Morgen Früh wird es sich auf den Weg zu seinem nächsten Ziel machen – nach Calais.

Der Gonfaloniere wagt es nicht, sich zu bewegen. Selbst die geringste Bewegung jagt eine Woge von Schmerzen durch seinen Arm, die Augenblicke später seinen ganzen Körper erfasst – aber der Schmerz und die Sorge um seinen verletzten Arm sind beinahe eine willkommene Ablenkung von der tödlichen Gefahr, der er hilflos ausgeliefert ist.
Der Gonfaloniere betastet vorsichtig den Verband, den ihm der Wundarzt angelegt hat. Er ist dankbar dafür, dass die Truppen der italienischen Heerführer von Ärzten begleitet werden – von Ärzten, die Erfahrung in der Behandlung von verletzten Soldaten haben. In anderen Armeen hängt die medizinische Versorgung vom persönlichen Status des Patienten ab.
Dem Gonfaloniere ist klar, dass die Möglichkeit, am lebenden Objekt – oder besser gesagt am toten Objekt – Studien zu betreiben, neben dem guten Sold ein starker Anreiz für die gelehrten Ärzte ist, sich den kämpfenden Truppen anzuschließen. Für die Hilfe, die sie den Verwundeten leisten, erscheint ihm das ein geringer Preis.
Die Behandlung von Pfeilwunden ist für die italienischen Wundärzte Routine, seit die Armbrust vor Generationen zur beherrschenden Waffe der Schlachtfelder ihrer Heimat geworden ist. Was das Entfernen von Pfeilspitzen betrifft, besteht für sie wenig Unterschied zwischen den dicken Bolzen der Armbruste und den schlanken Pfeilen der englischen Bogen.
Der Gonfaloniere kann sich nicht erinnern, wie und wann der Schaft des Pfeils sich von der Spitze gelöst hat und nicht mehr in seinem Arm steckte. Es muss in dem Augenblick gewesen sein, als ihn Schmerz, Schock und Erschrecken gelähmt hatten. Erst später erklärte ihm der Wundarzt, dass die Spitze des Pfeils noch in seinem Fleisch stecke.

Der Arzt führte eine Sonde in den Wundkanal ein, mit der er die Schlinge einer festen Schnur an der Pfeilspitze festmachte. Die Pfeilspitze hatte den Knochen getroffen und steckte fest. Der Doktor musste ziemliche Kraft aufwenden, um sie erst zu lockern, dann aus dem Knochengewebe zu reißen und aus der Wunde zu ziehen. Offenbar hielt der Feldscher nichts von der Empfehlung anderer Mediziner, die Pfeilspitze an der Sehne einer gespannten Armbrust zu befestigen und sie dann durch Abschießen der Armbrust herauszuziehen. Der Schmerz war jedenfalls zu stark.
Der Gonfaloniere wurde bewusstlos. Als er wieder zu sich kam, war um seinen Arm ein Verband mit einer Salbe aus Kräutern gewickelt. Der Arzt und seine Helfer hatten sich bereits dem nächsten Verwundeten zugewandt.
Der Gonfaloniere spürt ein Pochen in der Wunde, das stärker wird, und wie bei jeder Verletzung ist die Angst vor Fieber und vor Wundbrand wieder da. Viele Männer haben Verwundungen und Blutverlust überlebt, um dann später unter grausamen Schmerzen hilflos an Fieber und Krämpfen zu sterben.

Pfeilwunden neigen besonders leicht dazu, sich zu entzünden. Den Engländern sagt man sogar nach, dass sie ihre Pfeile vergiften würden. Der Gonfaloniere weiß, dass das nicht wahr ist. Englische Bogenschützen stecken ihre Pfeile für gewöhnlich vor sich in den Boden um schneller schießen zu können. Dadurch bleibt Erde und Schmutz an den Spitzen hängen, besonders, wenn sie Widerhaken haben. Einige Ärzte behaupten, dass dies der Grund dafür sei, dass sich Pfeilwunden oft entzünden. Pfeile dringen tief ein und bringen auf diese Weise viel Schmutz in den Körper. Die Wunden, die sie verursachen, bluten nicht so stark, dass sie sich selbst reinigen. Ein Treffer in den Leib ist daher fast immer tödlich.
Verletzungen durch Hiebe oder Stiche sind leichter zu überstehen. Die Wunden, die sie verursachen, haben zumeist glatte Wundränder, und so gefährlich der Blutverlust auch ist, schwemmt das Blut doch auch Verunreinigungen weg. Überlebt der Verwundete die ersten Tage und schließen sich seine Wunden, so hat er eine gute Chance zu überleben, auch wenn er vielleicht sein restliches Leben lang an den Folgen der Verletzung zu leiden hat.

Die verschiedenen Arten von Panzerungen verhindern zumeist, dass Handwaffen tiefe Verletzungen verursachen. Ein gut gerüsteter Mann wie der Gonfaloniere hat im Nahkampf weniger mit blutenden Wunden zu rechnen, als mit Prellungen und Brüchen. Sie können leicht gerichtet werden und heilen bei entsprechender Schonung gut.

Schonung hat der Gonfaloniere seinem verletzten Arm bis jetzt wenig angedeihen lassen können. Mit einem guten Teil der überlebenden Genueser ist er nach Amiens gezogen, weit weg von der Bedrohung durch die siegreichen Engländer. Hier allerdings ist er in eine Gefahr geraten, vor der er nicht fliehen kann, der er viel hilfloser ausgeliefert ist, als den Pfeilen der englischen Bogenschützen.
Der französische König ist auf seiner Flucht aus der Niederlage nach Amiens gekommen. Johann von Hennegau ist ebenso wie einige andere Anführer des zerschlagenen französischen Heeres in seinem Gefolge. Hier ist Philip VI. mit Karl von Luxemburg, dem Römischen König und neuen König von Böhmen zusammengetroffen. Auch Louis, der neue Graf von Flandern, und der Graf von Namur sind hierher gekommen. Nachdem ihre Truppen in alle Winde zerstreut sind und sich vermutlich auf dem Heimweg befinden, haben auch die hohen Herren beschlossen, in ihre Heimatprovinzen zurückzukehren.
Die verlorene Schlacht nagt an Philip VI. Sein Stolz ist verletzt. Er kann die Niederlage nicht mit seiner Ehre vereinbaren – also hat er einen Sündenbock gesucht. Für ihn sind die Genueser schuld an seiner Niederlage. Er ist überzeugt, dass die Söldner von seinem Feind Edward III. bestochen worden sind. Die Armbrustschützen haben absichtlich daneben geschossen. Sie haben ihn verraten! Dafür müssen sie büßen!
Philip VI. hat befohlen, die verräterischen Söldner gefangenzusetzen und hinzurichten. Viele Genueser werden getötet, bevor sich der Zorn des Königs abkühlt.

Der Gonfaloniere hat Glück. Er wird ebenso wie der schwerverletzte Carlo Grimaldi in seine Heimat zurückkehren, während die Engländer auf ihr nächstes Ziel zu marschieren – auf Calais.

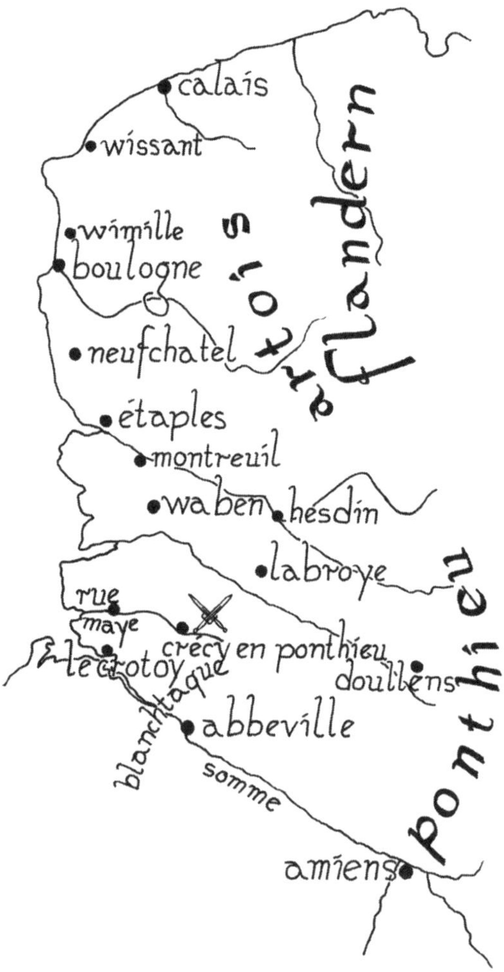
calais
wissant
wimille
boulogne
neufchatel
étaples
montreuil
waben
hesdin
labroye
rue
maye
crécy en ponthieu
le crotoy
blanchtaque
doullens
abbeville
somme
amiens
artois
flandern
ponthieu

10. Kapitel

Calais, 3. August 1347

Der Waffenmeister betrachtet gelassen die große Kanone. Er weiß, dass er sie nicht mehr abfeuern wird, jedenfalls nicht mehr auf diese Stadt. Calais ist gefallen.
Elf lange Monate dauerte die Belagerung, nachdem die Vorhut des englischen Heeres am 3. September des Jahres 1346 das Sumpfland erreicht hatte, das die Stadt umgibt.
Nach dem Sieg bei Crécy zogen die englischen Truppen der Küste entlang weiter nach Norden und hielten dabei ständig Ausschau nach Versorgungsschiffen. Wieder legten sie einen annähernd dreißig Kilometer breiten Streifen Land in Schutt und Asche und zerstörten alle Ortschaften, die nicht zu stark befestigt waren. Étaples, Hesdin, Waben und andere Städte gingen in Flammen auf. Die stark verteidigte Stadt Boulogne griffen sie nicht an.
Am 2. September rastete das Heer bei Wimille, und König Edward überdachte seine Situation. Die Garnison, die er in Caen zurückgelassen hatte, war vernichtet und die Normandie somit nicht mehr zu halten. Für die normannischen Edelleute, die sich Edward III. angeschlossen haben, ist das eine schwere Enttäuschung.

König Edward beschloss, Calais anzugreifen, das seinen Zwecken besser dienen würde als Boulogne. Calais war wegen seiner größeren Nähe zu seinen flämischen Verbündeten und wegen der kürzeren Überfahrt nach England als Basis für zukünftige Operationen im Nordosten Frankreichs besser geeignet. Auf dem Marsch nach Calais zerstörten die englischen Truppen am 3. September noch die Hafenstadt Wimille. Am Tag darauf begannen sie, Calais einzuschließen.
Der Waffenmeister beobachtet Spießknechte, die sich vor der Geschützstellung sammeln. Es sind Waliser, von denen viele rot-weiße Jacken tragen. Ihr Centenar redet in einem unverständlichen gälischen Dialekt auf

sie ein; offensichtlich erteilt er ihnen neue Befehle. Die Männer murren, aber der Centenar hat sie eisern im Griff, und man sieht ihnen an, dass sie gehorchen werden, was immer er ihnen gerade befiehlt.
Dem Waffenmeister war von Anfang an klar, dass die Belagerung lang und aufwändig sein würde. Der doppelte Graben, die hohen Mauern, die erst vor hundert Jahren errichtet worden sind, und die von einem eigenen Graben umgebene Zitadelle machen die Stadt zu einer leicht zu verteidigenden Festung. War Calais aber erst genommen, würde die Stadt einen hervorragenden Stützpunkt abgeben. Ihre Lage am schmalsten Punkt des Ärmelkanals ermöglicht es, sie von See her zu versorgen. Mit einer Bevölkerung von fünftausend Menschen ist die Stadt eine autarke Gemeinschaft, die eine große Garnison versorgen könnte. Sie ist der ideale Ausgangspunkt für weitere Feldzüge im Nordosten Frankreichs.

Anfangs war es schwierig, die Stadt vollkommen einzuschließen. Genuesische Schiffe im Sold des französischen Königs brachten immer wieder Vorräte zu den Verteidigern. Die genuesischen Galeeren stellten auch immer wieder eine Bedrohung für englische Schiffe dar, die das Heer König Edwards mit Nachschub von England aus versorgten. Nachdem Sir John Montgomery wenige Tage nach Beginn der Belagerung die lang erwarteten Versorgungsschiffe über den Ärmelkanal geführt hatte, versenkten die Genueser einige Wochen später eine weitere englische Versorgungsflotte unmittelbar vor Calais.
Zwei Monate lang mussten sich die englischen Truppen darauf beschränken, die Stadt, so gut es ihnen möglich war, abzuriegeln. Für einen Angriff ohne Belagerungsgerät war die Stadt zu stark befestigt. König Edward forderte aus der Heimat Männer und Nachschub für die Belagerung an. In dieser Zeit gelangte einer der wichtigsten Verbündeten Edwards III., Godefroi de Harcourt, offenbar zu dem Schluss, dass er von den Engländern nichts mehr zu erwarten habe und setzte sich nach Brabant ab.
Doch während König Edward vor Calais ausharren musste, erzielten seine Heere an den anderen Fronten dieses Krieges beachtliche Erfolge. Der Befehlshaber der englischen Truppen in Aquitanien, der Earl of Derby, der jetzt auch den Titel eines Earl of Lancaster trägt, ging in die Offen-

sive, als die Franzosen die Belagerung der Stadt Aiquillon in der Grafschaft Agenais abbrachen. Der Duc de Normandie gab die Belagerung Aiquillons auf und führte sein Heer eilig nach Norden, um seinem Vater, König Philip VI., zu Hilfe zu kommen. Der Earl of Derby und Lancaster vertrieb daraufhin in einem nur siebenwöchigen Feldzug die französischen Truppen aus den aquitanischen Provinzen. Ende Oktober zog sich sein kleines Heer siegreich und mit Beute beladen in sein Winterquartier nach Bordeaux zurück.

Am 17. Oktober 1346 wehrte ein Heer unter William Zouche, dem Erzbischof von York, eine schottische Invasion ab. Auf Drängen seines französischen Bundesgenossen hatte König David II. am 7. Oktober mit etwa zwölftausend Männern die Grenze überschritten und war raubend und brennend auf Durham zumarschiert. Mit seinem Angriff wollte er nicht nur Rache für die Niederlagen bei Duplin Muir und bei Halidon Hill nehmen, sondern die Aufmerksamkeit Edwards III. von Calais ablenken. Jetzt bewährte sich die Voraussicht König Edwards, der keine Truppen nördlich des Flusses Trent hatte ausheben lassen. Die Wächter der Grenze, die mächtigen Marcher-Lords, hatten in den Grafschaften Cumberland, Northumberland und Lancashire an die viertausend Männer ausgehoben. Ohne auf weitere dreitausend Krieger aus Yorkshire zu warten, zogen sie unter dem Befehl des Erzbischofs von York den Schotten entgegen und stellten sie bei Neville's Cross, dem Standort eines alten anglo-sächsischen Steinkreuzes, zur Schlacht. Nach harten Kämpfen mit den „Schiltrons", den dicht gedrängten Phalangen der schottischen Speerträger, die teilweise überraschend gut gerüstet waren, errangen die Engländer schließlich doch den Sieg. Der schottische Angriff brach zusammen, nachdem es den englischen Bogenschützen gelungen war, von den Flanken aus die hinteren Bereiche der Schiltrons zu beschießen, wo die weniger gut gerüsteten Krieger ihren Pfeilen hilflos ausgeliefert waren.

Der schottische König David II. hatte flüchten müssen und war von einem englischen Knappen namens John Copeland gefangengenommen worden. Dieser hatte ihn an keinen anderen als König Edward ausgeliefert.

Edward III. hatte den Gefangenen aus dem Tower in London in sein Lager vor Calais bringen lassen.
Im November traf der angeforderte Nachschub aus England ein. Nach dem überragenden Sieg bei Crécy und nachdem sich die Nachricht von der gewaltigen Beute des Feldzuges verbreitet hatte, gab es für Edward III. keine Probleme mehr mit der Rekrutierung von Kämpfern.

Das Heer, das vor Calais liegt, ist eines größten, das je ein englischer König befehligt hat. Der Waffenmeister kennt die Listen der Zahlmeister. Insgesamt sind 32.303 Männer verzeichnet, davon 5.340 Reiter. Nie zuvor sind so viele Bogenschützen versammelt gewesen. Von den 26.963 Infanteristen kämpfen nicht weniger als 20.076 mit dem Bogen. Von ihnen sind immerhin 4.025 beritten. Nicht verzeichnet auf den Soldlisten sind die vielen tausend Pagen, Diener, Knechte und sonstigen Begleiter des Heeres, die nicht zur kämpfenden Truppe zählen.
König Edwards Heer war nun mit dem benötigten Belagerungsgerät ausgerüstet worden. Der Waffenmeister übernahm den Befehl über eine Kanone, die größer und stärker war, als jene, die so überraschende Erfolge in der Feldschlacht bei Crécy erzielt hatten. Sie sollte gemeinsam mit anderen Kanonen, mit Katapulten und Sturmleitern Calais zu Fall bringen. Dies war eine zwiespältige Entscheidung, denn der König wollte die Stadt ja nicht zerstören, sondern nach ihrer Eroberung für seine eigenen Zwecke nutzen.

Den ganzen Herbst und Winter über berannten die englischen Krieger die Stadt erfolglos. Im Februar beschloss Edward III., sie auszuhungern. Der Kommandant der Verteidiger, ein burgundischer Ritter namens Jean de Vienne, wies daraufhin an die zweitausend alte Männer, Frauen und Kinder aus der Stadt. König Edward gab ihnen Essen und ließ sie passieren. Als die Situation in der Stadt verzweifelt wurde, ließ Jean de Vienne weitere Zivilisten aus der Stadt treiben, um den Verteidigern eine größere Chance zum Durchhalten zu bieten. Durch die lange Belagerung war König Edwards Geduld zu Ende: Er ließ die Hungernden nicht passieren.
Fünfhundert geschwächte Bürger verhungerten vor den Mauern Calais.

Während der ganzen Zeit, in der die englische Armee vor Calais lag, brachte es der französische König nicht fertig, die Stadt zu entsetzen. Das kleine Heer, das er heranführte, wagte es offenbar nicht, die Belagerungstruppen anzugreifen, die ihrerseits durch das sumpfige Gelände geschützt waren. Ende Juli brach er sein Lager auf dem Hügel von Sangate ab und zog sich zurück.

Der Waffenmeister wird aus seinen Gedanken gerissen. In die Spießknechte kommt Bewegung. Der Centenar in der rot-weißen Jacke gibt Befehle. Ein Stadttor öffnet sich. Der Waffenmeister fragt sich, ob die Verteidiger der Stadt einen letzten verzweifelten Ausfall wagen, bevor Calais durch Hunger und Krankheit fällt.

Der Kammerherr beobachtet gespannt, wie sich das Tor öffnet und der Kommandant der Stadt eine Gruppe Bürger vor die Mauern führt. Es ist kein letzter, verzweifelter Ausfall. Es ist die Kapitulation. Calais ist gefallen.

Noch am selben Tag, als das französische Heer unter König Philip VI. abzog, hatten die Kapitulationsverhandlungen begonnen. Jean de Vienne, der Kommandant der Verteidiger, hatte die Übergabe der Stadt unter der Bedingung angeboten, dass die überlebenden Bewohner ungehindert abziehen dürften.

König Edward lehnte ab und verlangte die völlige, bedingungslose Kapitulation. Jedes Leben in der Stadt sollte zu seiner Verfügung stehen. Er wollte ein Exempel statuieren, denn er war wütend wegen der langen Dauer des Widerstandes der Stadt und wegen der Verluste, die die Belagerung gekostet hatte. Außerdem war Calais der Ausgangspunkt vieler Überfälle auf die englischen Küsten und auf englische Schiffe.
Die Berater des Königs rieten zur Mäßigung. Sie fürchteten, dass die Franzosen Vergeltung üben würden, wenn sie selbst einmal kapitulieren müssten. Zuletzt gab König Edward nach, aber die Bürger der verhassten Stadt sollten dennoch Genugtuung leisten.

Edward III. wandte sich an seinen Unterhändler, Sir Walter Manny:

> *„Sir Walter, Ihr werdet den Kommandanten von Calais informieren, dass die einzige Gunst, die er von mir erwarten kann, ist, dass sechs der wichtigsten Bürger von Calais aus der Stadt marschieren, mit unbedeckten Köpfen und nackten Füßen, mit Stricken um ihre Hälse und mit den Schlüsseln von Stadt und Burg in ihren Händen. Diese sechs Personen werden zu meiner absoluten Verfügung stehen, und dem Rest der Einwohner wird das Leben geschenkt."* (5)

Jetzt marschieren sie aus der Stadt, die sechs Bürger, barhäuptig und bloßfüßig, die Köpfe demütig gesenkt. Angeführt werden sie von einem Mann namens Eustace de Saint Pierre, von dem man sagt, dass er der reichste Bürger von Calais sei. Der Kommandant der Stadt, der burgundische Ritter Jean de Vienne, begleitet die sechs Bürger. Er reitet, da er wegen einer Verletzung Probleme mit dem Gehen hat. Der Burgunder sitzt auf einem heruntergekommenen Gaul, der – wie durch ein Wunder – dem Hunger der Belagerten entgangen ist. Das ist für einen stolzen französischen Ritter an sich schon demütigend.
Wie Schafe, die zur Schlachtbank geführt werden, folgen die einst stolzen Bürger, die sich geweigert hatten, ihre Stadt an Edward III. zu übergeben, bevor sein Heer Calais endgültig einschloss, dem Stadtkommandanten. Hinter ihnen schließt sich das Stadttor.
Sir Walter Manny wartet auf den Ritter und die Bürger. Er ist als Knappe mit Königin Philippa aus dem Hennegau gekommen, als diese im Jahr 1327 Edward von Windsor, den heutigen König Edward III. von England, geheiratet hat. Der Hennegauer ist einer der fähigsten und unerschrockensten Kommandanten König Edwards. Noch vor einem Jahr verteidigte er an der Seite des Earl of Derby and Northampton die Stadt Aquillon. Nach dem Sieg in Aquitanien ist er in einer abenteuerlichen Fahrt quer durch das feindliche Frankreich zu den Belagerungstruppen gestoßen.

Es wird vollkommen still vor den Mauern von Calais, als Jean de Vienne sein Pferd vor Sir Walter Manny anhält. Der Kammerherr kann die Stimme des Stadtkommandanten deutlich hören, als dieser seine sechs Begleiter an den englischen Unterhändler übergibt:

„Ich übergebe Euch als Kommandant von Calais mit dem Einverständnis der Einwohner diese sechs Bürger, und ich schwöre Euch, sie waren und sind bis zu diesem Tag die reichsten und angesehensten Bürger von Calais. Ich erbitte von Euch, lieber Herr, dass Ihr die Güte habt und den König anfleht, dass sie nicht hingerichtet werden." (5)

Jean de Vienne wendet sein Pferd und reitet zurück zum Stadttor. Dieses öffnet sich, er reitet hindurch, und es schließt sich wieder hinter ihm. Die sechs Bürger stehen alleine vor dem englischen Heer. Sir Walter Manny bringt die Bürger von Calais zu König Edward. Sie fallen vor ihm auf die Knie und bitten um ihr Leben. Der Anblick ist so elend, dass man sich später erzählen wird, dass die hartgesottenen Krieger im Gefolge König Edwards geweint haben sollen.

Edward III. zeigt sich nicht gerührt. Seine düstere Miene zeigt, dass er an die versenkten Schiffe, an die überfallenen Städte in Südengland, an die getöteten Bauern und an seine bei der Belagerung gefallenen Soldaten denkt. Er befiehlt die Hinrichtung der Gefangenen. Die Herrn des Gefolges bitten ihren König um Gnade für die Männer aus Calais.

Der König bleibt hart. Er lässt nach dem Henker rufen. Die hochschwangere Philippa von Hennegau, die Königin Englands, fällt vor ihrem Gatten auf die Knie. Tränen laufen über ihr Gesicht, als sie den König um das Leben der sechs Bürger bittet.

„Ach, gütiger Herr, ich habe das Meer unter großen Gefahren überquert, um zu Euch zu kommen. Ich habe Euch nie um eine Gunst gebeten. Jetzt erbitte ich demütigst als ein Geschenk, um des Sohnes der gesegneten Maria und um Eurer Liebe zu mir Willen, dass Ihr barmherzig gegen diese sechs Männer seid." (5)

Wie jeder im Gefolge des Königs weiß auch der Kammerherr, dass Edward III. seine Gattin jenseits aller dynastischen Pflichten wirklich liebt. Die beiden führen eine ungewöhnlich glückliche Ehe. Es wäre nicht das erste Mal, dass Königin Philippa einen mäßigenden Einfluss auf das ungestüme Temperament des Königs hätte.

Der König schaut sie einen Moment lang an und sagt dann:

> *„Ach, Lady, ich wünschte ihr wärt sonst wo als hier: Ihr habt in einer Weise gebeten, dass ich Euch nicht zurückweisen kann. Ich übergebe sie Euch also, macht mit ihnen was Ihr wollt.“* [5]

Der Kammerherr fragt sich, ob hier nur der liebende Ehemann spricht, oder ob Edward III. nicht wieder einmal sein untrügliches Gespür für den richtigen politischen Akt unter Beweis stellt. Chronisten und Minnesänger werden seinen Großmut besingen.

Der siegreiche König lässt die Bewohner der eroberten Stadt, deren Leben ihm nach geltendem Kriegsrecht verfallen ist, abziehen. Er verlangt dafür nur die Köpfe von sechs der mächtigsten Bürger der Stadt – jenen Führern der Bürgerschaft im Übrigen, die den Widerstand gegen ihn am stärksten geschürt haben. Zuletzt schenkt er auf Bitten einer Dame, seiner Königin, auch den sechs Bürgern das Leben. Wahrhaft eine großherzige, eine ritterliche Tat, Stoff für Loblieder und Geschichten.

Die Königin führt die sechs Bürger von Calais in ihr Quartier. Dort bewirtet sie sie und lässt ihnen neue Kleider geben. Dann lässt sie sie nach Calais zurückbringen. Die Belagerung ist zu Ende. Calais ist gefallen.

Er klopft jedem der Bogenschützen, die vom Kai herunter auf das Deck des kleinen Segelschiffs klettern, auf die Schulter und sagt ein paar Worte, die aufmunternd klingen sollen.

Die Männer in den grün-weißen Jacken und Gugeln sind müde und mürrisch. Kaum einer antwortet etwas. Das kann er verstehen. Er ist selbst noch müde. Für einen Atemzug glaubt er, einen Augenblick seines Lebens zum zweiten Mal zu durchleben, so klar sind seine Erinnerungen an den Aufbruch aus England am 11. Juli im Jahre des Herrn 1346. Der Zufall will es, dass sie für die Heimfahrt an Bord desselben Küstenseglers gehen, der sie damals nach Saint Vaast la Hogue gebracht hat.

Diesmal kommt die Müdigkeit nicht von der Anspannung vor dem Feldzug und von den Strapazen, die die gescheiterten Überfahrtversuche in

der stürmischen See mit sich gebracht hatten. Diesmal sind sie müde vom Feiern und vom Abschiednehmen.
Am Heck des kleinen Schiffes steht der Kapitän. Der Seemann trägt einen prachtvollen pelzverbrämten Mantel. Er fragt sich, ob der Mantel des Kapitäns ein Beutestück aus einer geplünderten Stadt ist. Vielleicht hat auch die Heuer für zahllose Fahrten zwischen der englischen Südküste und dem belagerten Calais den Kapitän so wohlhabend gemacht, dass er sich ein so teueres Stück leisten kann. Für ihn zählen die englischen Seeleute zu den eigentlichen Gewinnern dieses Feldzuges.
Zahlreiche Fuhren mit Booten und Schiffen waren notwendig, um das englische Heer zu versammeln und auszurüsten. Eine ganze Flotte war erforderlich, um die Truppen über den Ärmelkanal nach Frankreich zu schaffen. Viele Schiffsladungen an Beute sandte König Edward heim nach England. Dann folgte die Belagerung von Calais. Fast ein ganzes Jahr lang wurde das Belagerungsheer von England aus versorgt. Manche Schiffe machten die Überfahrt zweimal am Tag, um Männer und Nachschubgüter zu den Belagerern zu bringen. Für all diese Fahrten musste der König oder einer seiner Vasallen aufkommen. Viele Seefahrer sind wohlhabend geworden.
Der Fall von Calais, die Zerstörung der normannischen Kanalhäfen und die Wegnahme oder Versenkung von zahllosen französischen Schiffen hat für längere Zeit die Bedrohung – und die Konkurrenz, was das betrifft – der englischen Seeleute ausgeschaltet. Sie haben ohne Zweifel gewonnen.

Er stellt den Sack mit seinen Habseligkeiten auf das Deck und lehnt sich daneben bequem an die Reling. Während er es dem frischen Wind überlässt, seinen Kopf klar zu machen, beobachtet er die Seeleute, die die Leinen losmachen und das kleine Schiff mit langen Stangen vom Kai abstoßen.
Die meisten seiner Männer haben sich einfach an Deck ausgestreckt und schlafen bereits, bevor der Segler den Hafen verlassen hat. Jeder der Bogenschützen in den grün-weißen Jacken hat sein Gepäck in Reichweite, und jeder von ihnen wäre sofort hellwach, wenn sich jemand ihren Habseligkeiten nähern würde. Jeder von ihnen bringt Beute mit nach Hause – reiche Beute.

Während die ersten Strahlen der Morgensonne durch den frühherbstlichen Dunst brechen, betrachtet er den wundervoll verzierten Dolch, den er am Gürtel trägt. Der Prince of Wales hat ihm die Waffe selbst geschenkt.
Die Bogenschützen aus Flint und aus Chestershire haben auf diesem Feldzug viel Ruhm erworben. Der Prince of Wales wird sie in Zukunft „Meine Eibenhecke“ nennen. Aus Eibe sind ihre Bogen, und Eibe schützt vor den Mächten der Finsternis.

Die Morgensonne wärmt ihn, und er fühlt sich wohl. Das Schiff gewinnt das offene Meer. Die französische Küste bleibt zurück. Für ihn ist der Feldzug zu Ende.

Epilog

Die Zisterziensermönche der Abtei von Louth Park in Lincolnshire führen eine Chronik, in der sie Jahr für Jahr die Ereignisse festhalten, die ihr klösterliches Leben prägen.
Manchmal vermerken sie auch Begebenheiten, die sich in der Welt außerhalb ihrer Klostermauern ereignen.
Für das Jahr 1346 steht in der Chronik geschrieben:

„Im Jahre unseres Herrn 1346, wurde eine Schlacht zwischen Lord Edward von Windsor, dem König von England, und dem Lord Philip von Valois, der sich anmaßte der König von Frankreich zu sein, bei Crécy geschlagen.
In dieser Schlacht fiel der König von Böhmen, der den Franzosen zu Hilfe gekommen war. Auch der Herzog von Lorraine und der Graf von Flandern und mehr große Männer wurden dort getötet.
Im selben Jahr wurde David Bruce, König von Schottland, in der Schlacht von Durham von einem gewissen Knappen gefangen genommen, so sagte man, der John Cowpeland heißt. Und der besagte David wurde bald nach London geleitet und in das Gefängnis im Tower eingewiesen – ohne Ketten.“

Eine Analyse

Das Ende des Feldzuges sieht den englischen König Edward III. als Sieger. Er hat seinen Kontrahenten, den französischen König Philip VI. auf der ganzen Linie geschlagen. Die Erfolge des Feldzuges sind beachtlich. Glanzpunkt ist der Sieg in der Schlacht bei Crécy.

Edwards Zeitgenossen sehen seinen Sieg über Philip von Frankreich als Fügung Gottes, als Beweis für seinen rechtmäßigen Anspruch auf die Krone Frankreichs. So schreibt etwa der englische Kleriker John Erghome in der zweiten Hälfte des 14. Jahrhunderts in York:

> *„Gott der Herr bestimmt die Engländer dazu, Kampfkraft in den Schlachten gegen die Franzosen zu haben, wegen des Rechts, das sie am Königreich Frankreich haben.“* (25)

Philip hingegen muss nicht nur den Schaden seiner Niederlagen hinnehmen, er wird auch zum Gespött. Einer der Spötter ist der englische Poet Laurence Minot, von dem man annimmt, dass er Edward III. auf seinen Feldzügen begleitet hat. In einem seiner elf politischen Gedichte spottet er über den französischen König:

> *„In den Zimmern bist Du ein Schmuck, in der Schlacht beinahe eine Jungfrau.“* (25)

Die Landgewinne Edwards sind im Vergleich zu den weiten Gebieten, durch die er sein Heer geführt hat, gering. Am Ende des Feldzuges bleibt ihm nur Calais. Den Franzosen gelingt es binnen kürzester Zeit, die zurückgelassenen englischen Besatzungstruppen zu vernichten.

Auch den normannischen Verbündeten Edwards gelingt es nicht, sich als neue Herren in ihrer Heimat zu etablieren. Edward baut Calais in den kommenden Jahren zu einem mächtigen Stützpunkt aus. Die vertriebene

Bevölkerung ersetzt er durch Siedler aus England, vor allem durch Händler. Calais wird zur englischen Stadt.
Um seinen wichtigsten Brückenkopf auf dem europäischen Festland zu stärken, verleiht Edward der Stadt das Stapelrecht für Schafwolle und macht sie zum privilegierten Umschlagplatz für den Handel mit Flandern und dem Heiligen Römischen Reich. Die Stadt ist so stark bemannt, dass die Garnison selbst in Friedenszeiten selten weniger als tausend Mann zählt. Erst im Jahr 1553 unter Königin Mary, einer Tochter König Henrys VIII., wird der Duc de Guise Calais für Frankreich zurückerobern.

Die englischen Truppen haben eine gewaltige Beute gemacht. Sie haben große Teile des Herzogtums Normandie geplündert und verwüstet.
Unglaubliche Reichtümer sind nach England gebracht worden. Die Bedrohung, die von den normannischen Küstenstädten für die englische Schifffahrt und für die Gebiete an der englischen Süd- und Ostküste ausgeht, ist, wenn schon nicht gebannt, so doch auf Jahre hinaus gemildert. Damit verbunden ist auch die Schwächung der wirtschaftlichen Konkurrenz zur See.
Die Beute aus dem Feldzug füllt die Kassen Edwards. In den kommenden Jahren wird er keine Schwierigkeiten haben, Männer für seine Feldzüge auf dem europäischen Festland zu finden. Die leicht erreichten Erfolge und die Reichtümer, die seine Soldaten heimbringen, lassen Frankreich für viele als eine Art „Selbstbedienungsladen“ erscheinen, wo ein Mann schnell reich werden kann.
Für die französische Krone ist die Niederlage ein Desaster. Die Verwüstung der Normandie und die Zerstörung der reichen normannischen Handelsstädte bedeuten den zumindest zeitweiligen Niedergang des Handels und der Schifffahrt in Nordfrankreich. Damit verbunden sind erhebliche Einbußen bei den Steuereinnahmen.

Die Verwüstung weiter Landstriche führt zu politischer und sozialer Destabilisierung in einem Herzogtum, dessen Landesfürst ausgerechnet der Sohn Philips, der zukünftige König Jean I. ist. Armut, Hungersnöte und Seuchen bedrohen das einst reiche Land. Menschen müssen ihren angestammten Grund und Boden verlassen und in die Fremde gehen, um überleben zu können – was in einer Zeit, in der das Misstrauen Fremden gegenüber tief verwurzelt ist, besonders schlimm ist. Wie tief dieses Misstrauen sitzt, zeigen Dokumente, die belegen, dass Menschen ohne jede Schuld in Kerker geworfen werden, wo sie aufgrund der unsagbaren Verhältnisse buchstäblich verfaulen – bloß weil sie Fremde sind.

Philip und seine Ritter sind ihrer heiligen Pflicht, das Land vor Feinden zu schützen, nicht nachgekommen. Die adelige Kriegerkaste hat versagt. Erschwerend kommt hinzu, dass die französischen Ritter nicht im ritterlichen Kampf Mann gegen Mann Gleichrangigen unterlegen sind, sondern von niedrig geborenen Bogenschützen besiegt worden sind.
Bei Crécy ist das nicht zum ersten Mal passiert. Französische Ritter sind bereits mehrfach von den Engländern besiegt worden, weil sie dem Pfeilhagel der Bogenschützen nicht haben standhalten können. Bei Crécy ist aber der Maßstab ein besonderer. Hier ist es das Heer des Königs und seiner Verbündeten, von ihm selbst geführt, das von den Pfeilstürmen vernichtet worden ist.

Der Schock ist groß. Französische Ritter, die sich selbst als die Blüte der Ritterschaft des christlichen Abendlandes sehen und darstellen, deren ganze Lebensführung darauf ausgerichtet ist, dem Ideal einer ritterlichen Kriegerkaste zu entsprechen, können von Männern, die in ihren Augen nicht mehr als Bauern sind, in einer offenen Feldschlacht besiegt werden. Der Gedanke an sich ist so revolutionär, dass er im weiteren Verlauf des Jahrhunderts die Grundfesten der hierarchischen Ordnung, auf denen das soziale Gefüge der mittelalterlichen französischen Gesellschaft ruht, ins Wanken bringen wird.
Bis zu einem gewissen Grad liegt im Sieg der englischen Bogenschützen über die französischen Ritter bei Crécy eine der Wurzeln der Aufstände, die Frankreich in der zweiten Hälfte des Jahrhunderts erschüttern werden. Der Bogen ist damit auch zum Instrument der sozialen Umwälzung geworden.

Englische Bogenschützen entwickeln im Gegensatz dazu ein neues Selbstverständnis, das durch die Akzeptanz seitens der anderen Teile des mittelalterlichen englischen Ständesystems die Ordnung des hoheitlichen Gefüges nicht bedroht. Die Bogenschützen sind in England nicht mehr nur bewaffnete Gemeine, die zu nichts als Hilfsdiensten taugen, sich ansonsten aber nach mittelalterlich ritterlichem Verständnis vom eigentlichen Kampf – dem von Ritter gegen Ritter – fernhalten sollten.

Sie haben sich vielmehr zu einer eigenständigen, schlachtentscheidenden Waffengattung entwickelt. Sie werden zu einer Kriegerelite, die Aufnahme in die Gefolge der Adeligen findet und in anderen Teilen Europas, vor allem in Italien, als Söldner geschätzt wird. Einige der niedrig geborenen Schützen können sich sogar die soziale Leiter hinaufarbeiten und schaffen es – geadelt für ihre Verdienste – Eingang in die Reihen der Nobilität zu finden.

Die Kampfstärke der englischen Bogenschütze wird Legende. Selbst Shakespeare wird seinen König Heinrich – Henry V., den Urenkel Edwards – vor der Schlacht bei Agincourt am 25. Oktober 1415 zum französischen Herold Montjoy sagen lassen:

> *„ ...in gesundem Stand, ich sag dirs, Herold,*
> *Ein englisch Paar von Beinen drei Franzosen*
> *Mir schien zu tragen... “* (1)

Es ist nicht das Verdienst der englischen Könige, die ersten zu sein, die der Infanterie neben den Rittern Raum in ihren Heeren geben. Entgegen den von ritterlichen Idealen durchdrungenen Doktrinen der Kriegsführung „Ritter gegen Ritter“ sind mittelalterliche Heere ohne Infanterie, seien es professionelle Kriegsknechte, seien es Milizen aus den Städten oder bewaffnete Bauern, nicht denkbar. Bei Crécy besteht Philips Heer nicht nur zu einem großen Teil aus Infanteristen, diese haben auch – obwohl in den Chroniken kaum erwähnt – den Großteil der Verluste der Schlacht zu beklagen.

Das Verdienst der englischen Könige liegt darin, der Infanterie, nämlich den Bogenschützen, eine neue taktische Rolle gegeben zu haben. Sie sind nicht mehr reine Hilfstruppe der Ritter, sondern sie sind vollwertige

Partner, die eigenständige, die Kampfführung der Ritter ergänzende, Aufgaben zu erfüllen haben.

Englische Armeen nehmen in offenen Feldschlachten für gewöhnlich eine defensive Position ein. Im Allgemeinen stehen sie Gegnern gegenüber, die darauf brennen, so schnell wie möglich im Nahkampf die Entscheidung zu suchen. Das trifft auf die französischen Ritter, die gut gepanzert und beritten oder wie in den späteren Jahren zu Fuß das Handgemenge suchen, ebenso zu, wie auf die schottischen Krieger in ihren lanzenstarrenden Schiltron-Phalangen. Verweigern Gegner den Angriff, wie die Schotten in der Schlacht bei Neville's Cross am 17. Oktober 1346 oder wie die Franzosen bei Agincourt, so werden sie von plänkelnden Bogenschützen durch ständigen Störbeschuss gereizt, bis sie in die Offensive gehen.

Die wichtigste Aufgabe der Bogenschützen ist es, den Angriff der feindlichen Kräfte zu stören, ihre Formationen aufzubrechen und sie – soweit dies möglich ist – zu dezimieren. Sind die Gegner dann herangekommen, weichen sie deren Angriff aus und überlassen den Nahkampf den Men-at-Arms und Spießknechten. War der Beschuss effektiv, so erreichen die feindlichen Einheiten die englischen Linien bereits ungeordnet, was den eigenen Nahkämpfern einen beträchtlichen Vorteil verschafft. Die Schützen unterstützen die Nahkämpfer dann, indem sie die Flanken und die hinteren Teile der gegnerischen Formationen beschießen.
In den Nahkampf greifen die Bogenschützen, die der Beweglichkeit wegen nur wenig gepanzert sind, normalerweise nicht ein. Die Schlacht von Agincourt, wo ein solches Eingreifen vielleicht sogar schlachtentscheidend war, ist eines der seltenen Beispiele für eine solche Ausnahme.

Über die Aufstellung der englischen Bogenschützen bei Crécy und in anderen Gefechten ist in der Literatur viel diskutiert worden. Viele Autoren haben versucht, aus den Begriffen, die die zeitgenössischen Chronisten zu deren Beschreibung verwendet haben, Rückschlüsse auf die Aufstellung zu ziehen. Je nach Ansatz kommen sie dabei zum Schluss, dass die Bogenschützen, wenn schon nicht an den Flanken des Heeres, so zumindest doch an den Flanken der einzelnen Divisionen aufgestellt gewesen sein müssen. Andere Autoren nehmen an, dass die Schützen vor den Nahkämpfern postiert waren und sich dann hinter deren Reihen zurückgezogen haben. Diese Meinung ist nicht unumstritten, da die Schlachtreihen, die von den Nahkampfspezialisten gebildet wurden, oft einige hundert Meter lang waren und die Bogenschützen daher schon frühzeitig ihre Positionen hätten verlassen müssen, um an deren Ränder auszuweichen.

Um einen Angriff wirksam bekämpfen zu können, müssen die Bogenschützen mit ihren Salven so viel des Gefechtsfeldes bestreichen können, wie nur immer möglich. Dazu genügte es nicht, nur an den Flanken der Schlachtreihen zu stehen. Sie müssen über deren gesamte Front verteilt sein, um auch das Zentrum der gegnerischen Formationen erreichen zu können. Die zeitgenössischen Berichte lassen nicht den Schluss zu, dass Pfeilhagel nur auf die Flanken von angreifenden Einheiten niedergegangen sind.

Eine weitere Bedingung für einen effizienten Beschuss ist, dass die Bogenschützen ausharren, bis die Feinde so nah sind, dass die Wucht der auftreffenden Pfeile ausreicht, um die gegnerischen Panzer zu durchschlagen. Auf große Entfernungen ist es zwar möglich, ungepanzerte Ziele wirksam zu bekämpfen, Rüstungen – vor allem wenn sie aus Panzerplatten bestehen – sind aber nur auf relativ kurze Entfernung und mit direktem Beschuss zu durchschlagen. Den ungepanzerten und im Nahkampf kaum ausgebildeten Bogenschützen bleibt also nur wenig Zeit, um dem feindlichen Angriff aus dem Weg zu gehen. Warten sie, bis ihre Pfeile panzerbrechende Wirkung zeigen, kann es ihnen nicht mehr gelingen, sich hinter die Reihen der eigenen Nahkämpfer zurückzuziehen, wenn deren Flanken mehrere hundert Meter weit entfernt sind.

Um optimale Wirkung zu erzielen, müssen die Bogenschützen also die Möglichkeit haben, sich erst im letzten Augenblick zurückzuziehen. Man kann den englischen Bogenschützen getrost zugestehen, dass sie durch Ausbildung und Drill ebenso in der Lage sind, Manöver auszuführen, wie Generationen von Soldaten vor und nach ihnen. Umso mehr müssen die bestausgebildeten aller mittelalterlichen Kämpfer – die Ritter – in der Lage sein, mit anderen Truppen zu kooperieren. Vielleicht liegt das Geheimnis der Erfolge der englischen Armeen, das Neue, das sie befähigt auch eigentlich weit überlegene Gegner zu schlagen, darin, dass die Reihen der Bogenschützen und die Reihen der Nahkämpfer in der Lage sein müssen, einander zu durchdringen, ohne in Unordnung zu geraten und so ihre jeweiligen Fähigkeiten optimal zum Tragen zu bringen.

Vor allem gegen berittene Gegner zeigt sich der Einsatz von Bogenschützen besonders erfolgreich. Pferde sind ein leichtes Ziel. Überwürfe aus Stoff bieten nur geringen Schutz gegen die schweren Kriegspfeile, die von oben mit Wucht einschlagen. Rosspanzer aus Kettengeflecht, die einen besseren, wenn auch nicht völligen Schutz bieten, sind sehr teuer und daher selten.

Werden Pferde getroffen und verletzt, scheuen sie, werden unkontrollierbar und werfen ihre Reiter ab. Verletzungen bei einem Sturz vom Pferd können einen Kavalleristen ebenso effektiv ausschalten wie direkte Waffeneinwirkung. Gegen Reiter wirken die Pfeilstürme so vernichtend, dass deren Angriffe oft zusammenbrechen, bevor sie die englischen Linien erreichen.
Das zeigt sich bei Crécy; zuvor bei Morlaix im Jahr 1342 und in zahllosen anderen Gefechten. Speziell gezüchtete und abgerichtete Schlachtrösser sind sehr teuer und daher schwer zu ersetzen.
Die Effektivität der englischen Bogenschützen gegen berittene Ziele ist so groß, dass die französischen Ritter ihr nur begegnen können, indem sie außerhalb deren Reichweite absitzen und zu Fuß angreifen, wie etwa bei Poitiers am 19. September 1356 und bei Agincourt. Aus den stolzen Rittern, deren Namen nicht zuletzt in vielen Sprachen ausdrückt, dass sie eigentlich Reiter sind, werden Fußkämpfer – Infanteristen.

Damit die Bogenschützen gepanzerte und ungepanzerte Ziele gleichermaßen effektiv bekämpfen können, haben die englischen Waffenschmiede verschiedene Arten von Pfeilspitzen entwickelt. Sie lassen sich in zwei Gruppen teilen:

„Broadheads“ sind flache, im Profil dreieckige, mehr oder weniger breite Pfeilspitzen, die für gewöhnlich mit Widerhaken versehen sind.

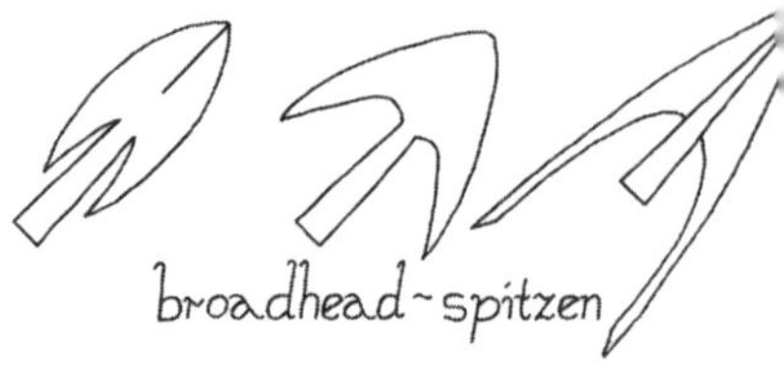

Sie eignen sich am besten für ungepanzerte Ziele und können, wenn sie sehr ausladend geschmiedet sind, weit klaffende Wunden verursachen. Wegen ihrer Form sind sie weniger gut geeignet, um gepanzerte Ziele zu bekämpfen. Je breiter sie sind, desto weniger sind sie in der Lage, Panzerplatten oder Kettenhemden zu durchschlagen und danach noch tief genug einzudringen, um den Gegner effektiv auszuschalten.

„Bodkins“ sind drei- oder vierseitige, pyramiden- oder meißelartige Pfeilspitzen. Sie sind speziell dafür gedacht, die Ringe von Kettenpanzern aufzureißen oder Panzerplatten zu durchschlagen. Besonders lang gezogene Formen werden verwendet, um auf große Entfernung Reiter zu bekämpfen.

Diese Geschosse lassen die Pferde scheuen, wenn sie von oben kommend die Rücken und Flanken der Tiere treffen und mit Wucht die Überwürfe aus Stoff oder die Kettenpanzer durchschlagen.

Englische Bogenschützen sind darauf trainiert, Ziele direkt und indirekt anzuvisieren. Sie trainieren ein schnelles Schießen, das es ihnen erlaubt, zwölf bis fünfzehn Pfeile in der Minute zu verschießen. Das gibt ihnen die Möglichkeit, wahre Pfeilstürme zu entfesseln, bei denen tausende Schützen in schneller Folge mehrere Tausend Pfeile auf einen relativ kleinen Raum konzentrieren.

Wenn auch die Treffsicherheit des Einzelnen unter dieser Art des Schießens leiden mag, so ist es das Prinzip der großen Zahl, das unweigerlich den Erfolg bringt. Je größer die Anzahl der Pfeile ist, die pro Zeiteinheit in eine räumlich abgegrenzte Fläche einschlägt, desto größer ist naturgemäß die

Wahrscheinlichkeit, dass ein Ziel in dieser Fläche getroffen wird. Diese Art des Beschusses wirkt vor allem gegen nichtgepanzerte Ziele verheerend. In den Kriegen gegen die Schotten gelingt es den Engländern mehrfach, die in ihren Schiltrons dicht gedrängt marschierenden schottischen Krieger auszuschalten, bevor es überhaupt zu einem Nahkampf kommt.

Ein Schiltron ist eine Phalanx aus hintereinander gestaffelten Reihen von Kämpfern mit langen Speeren. Es ist die klassische Formation von Gebirgsbewohnern, die in der Ebene auf berittene Gegner treffen. Die makedonischen Krieger der Antike haben mit ihren langen Sarissen ebenso in Phalangen gekämpft wie die pikentragenden Schweizer der Renaissance. Bei Duplin Muir am 12. August 1334 etwa ist der Druck, den die Bogenschützen durch ihren unablässigen Beschuss ausüben, so groß, dass sich die Schotten so dicht zusammendrängen, dass in der Mitte ihrer Formation zahlreiche Männer ersticken, ohne äußerliche Verletzungen davonzutragen.

Auf kurze Entfernung erzielen die Pfeilstürme diese Wirkung auch gegen gut gepanzerte Ritter. Bei Agincourt ersticken französische Ritter hilflos eingekeilt zwischen ihren Kameraden, die durch den Nahbeschuss förmlich zusammengepresst werden. Anders als die schottischen Krieger, die selten mehr als einen Helm zu ihrem Schutz tragen, sind diese Männer von Kopf bis Fuß in Eisenplatten gehüllt. Der Rüstungstyp, den sie tragen, wird in Deutschland bezeichnenderweise „Krebs" genannt. Auf kurze Entfernung geschossen, durchschlagen die Bodkins jedoch die Panzerplatten und treiben die ausweichenden Ritter in dieses mörderische Gedränge.

Je mehr Panzerplatten eine Rüstung enthält, desto eher bietet sie ihrem Träger eine Überlebenschance in den Pfeilstürmen. Nicht zuletzt wird durch den Versuch, eine Abwehr gegen die niederhagelnden Pfeile zu finden, die Entwicklung der Rüstungen – von den Kettenhemden zu den Plattenpanzern – beschleunigt.
Die Entwicklung ist absehbar. Bei Neville's Cross sind die vordersten Reihen der Schiltrons bereits so gut durch Panzer geschützt, dass sie in den

Nahkampf mit den englischen Rittern gelangen. Erst als es den Bogenschützen gelingt, in die Flanken der Schiltrons zu gelangen und die hinteren, schlecht gerüsteten Reihen der Krieger auszuschalten, bricht der Angriff der Schotten zusammen. Bei Agincourt können sie die französischen Ritter, die zu Fuß angreifen, nicht mehr aufhalten. Erst aus nächster Nähe zeigt ihr Beschuss nachhaltige Wirkung.

Der geplante vorbereitende Beschuss durch genuesische Armbrustschützen als Auftakt zur Schlacht bei Crécy zeigt, dass die französischen Heerführer erkannt haben, dass die wirkungsvollste Maßnahme gegen die englischen Bogenschützen ist, sie durch eigene Fernwaffen auszuschalten. Dennoch setzen sie die Armbrustschützen taktisch falsch, nämlich ohne den schützenden Wall ihrer Setzschilder, der „Pavesen", ein. Das lässt erkennen, dass Philip und seine Berater entweder nicht wissen, wie die Söldner optimal einzusetzen sind, oder – was wahrscheinlicher ist – durch das Drängen ihrer Ritter so unter Druck stehen, dass sie nicht zuwarten wollen, bis der Tross mit der Ausrüstung und den Pavesen der Genueser eintrifft.

Das Versagen der genuesischen Armbrustschützen ist in der Literatur viel besprochen worden, wobei der Großteil der Autoren dazu tendiert, dem Wolkenbruch, der die Ausrüstung der Armbrustschützen durchnässt hat, die Hauptschuld zu geben. Dagegen steht die Meinung jener, die einwenden, dass die hoch spezialisierten und gut ausgebildeten Söldner in der Lage gewesen sein müssen, ihre Armbruste vor dem Regen zu schützen, denn Regen vor oder während einer Schlacht könne nichts Ungewöhnliches gewesen sein. Selbst wenn sich die Sehnen der Armbruste mit Wasser vollgesogen, sich daher mehr gedehnt und dadurch an Schnellkraft verloren hätten, hätten die erfahrenen Berufssoldaten in der Lage sein müssen, diesen Effekt auszugleichen.

Der Reichweiteverlust der Armbruste durch die Durchnässung der Sehnen mag ein Effekt sein, der bewirkt, dass die erste – und einzige – Salve der Genueser zu kurz liegt. Die Söldner sind vom langen Marsch an diesem heißen Sommertag ermüdet und sind unwillig, unter den bestehenden ungünstigen Bedingungen zu kämpfen. Sie wissen, dass sie ohne die Pavesen dem feindlichen Beschuss schutzlos ausgesetzt sein werden. Beides wirkt sich mit Sicherheit negativ auf die Moral der Söldner aus.

Mit einer Armbrust visiert man das Ziel direkt an. Die von ihr abgeschossenen Bolzen beschreiben im Gegensatz zu Pfeilen, die von einem Langbogen verschossen werden, eine flache Flugbahn. Das macht einen Schuss hangaufwärts schwierig. Nicht zuletzt müssen die Armbrustschützen direkt in die tief stehende Nachmittagssonne schauen. Es mag sein, dass die Kombination all dieser negativen Faktoren zum Versagen der Genueser führt, während sie sonst aufgrund ihrer Routine ohne weiteres mit dem einen oder anderen störenden Einfluss fertig werden könnten. Richtig eingesetzt hätten die Armbrustschützen die Schlacht unter Umständen schon in den ersten Minuten zu Gunsten der Franzosen entscheiden können.
Wie wenig Gedanken sich Philip und seine Kommandeure über den eigentlichen Wert der Söldner gemacht haben, zeigt die Tatsache, dass offenbar niemand versucht hat, die abziehenden Genueser aufzuhalten, um sie erneut – diesmal vielleicht taktisch richtig – zum Einsatz zu bringen.

Essentiell für die englischen Erfolge ist auch die Wahl des richtigen Geländes. Die englischen Heerführer haben die Fähigkeit, den richtigen Standort für ihre Truppen zu finden, zur Perfektion entwickelt. Sie schaffen es bei faktisch jeder größeren Auseinandersetzung, ein Gelände zu finden, das ihre Art der Kriegsführung begünstigt und den jeweiligen Gegner benachteiligt. Diese Fähigkeit fehlt ihren Gegnern offenbar. Das geht so weit, dass die Franzosen den Engländern im Zuge der Manöver vor der Schlacht bei Agincourt sogar erlauben, in eine weitaus günstigere Position vorzurücken, obwohl jede Initiative bei ihnen liegt.
Darüber hinaus lassen englische Kommandanten zum Schutz vor feindlicher Kavallerie regelmäßig vor den Stellungen ihrer Einheiten Feldbefestigungen anlegen. Bei Morlaix heben sie vor ihrer Front einen Graben aus und tarnen ihn, bei Crécy sind es zahllose getarnte Stolpergruben, und bei Agincourt sind es in den Boden gerammte und angespitzte Pfähle, an denen die französischen Reiter scheitern. Feldbefestigungen sind auch den

Feinden der Engländer nicht unbekannt, wie etwa die mit Baumstämmen abgesicherten französischen Reihen bei La Flamengerie am 22. Oktober 1339 zeigen. Bei Crécy erkennen die Franzosen die Falle entweder zu spät, oder sie sehen keine andere Möglichkeit, als das Hindernis mit Bravour zu überwinden, um an die englischen Eindringlinge heran zu kommen.

Selbst wenn die Ritter bei Crécy neben den englischen Bogenschützen nur eine Nebenrolle zu spielen scheinen, wäre es falsch, sie zu unterschätzen. Ritter gründen ihre Daseinsberechtigung und ihren Herrschaftsanspruch auf die Tatsache, dass sie es sind, die im Kriegsfall ihr Leben für ihren Herrscher und damit auch deren Untertanen einsetzen.

Zu jener Zeit, als die germanischen Eroberer in Europa und auf den Ruinen des Römischen Imperiums ihre Reiche errichten, ist jeder Volksgenosse – also jeder der einem Anführer folgt – auch ein Krieger. Die Ausrüstung der germanischen Krieger ist einfach, besteht oft nur aus einer Handwaffe und einem Schild. Im Lauf der Zeit wird die Bewaffnung und Schutzkleidung der Kämpfer den steigenden Anforderungen entsprechend immer aufwändiger und damit immer teurer. Die Gefolge der Mächtigen müssen beritten sein, um ihre Aufgaben erfüllen zu können. Es wird notwendig, dass mehrere Familien dazu beitragen, dass ein vollwertiger Kämpfer ausgerüstet werden kann. Diese Männer machen den Krieg zu ihrem Beruf und dienen ihren Anführern in der Folge auch als Personal bei der Verwaltung ihrer Territorien. Das bessere Leben, eine spezialisierte Ausbildung und die Verantwortung, die sie tragen, hebt sie aus der Masse des Volkes hervor, macht sie „edel". Der adelige Ritterstand entsteht.

In der auf germanischen Wurzeln ruhenden mittelalterlichen Gesellschaft sind die Ritter die Krieger, die Kämpfer. Ihre ganze Lebensführung ist auf diesen Zweck hin ausgerichtet. Von frühester Jugend an werden sie ausgebildet, um diese Aufgabe bestmöglich erfüllen zu können. Sie lernen, wie sich ein Ritter zu verhalten hat und vor allem wie er welche Waffe einzusetzen hat. Ihr ganzes Leben ist dem Training ihrer kriegerischen Fertigkeiten gewidmet. Der ideologische Höhepunkt ihres Daseins ist der Kampf – der

Kampf gegen einen gleichgestellten adeligen Herrn, zu gleichen, ritterlichen Bedingungen, versteht sich.

Ritter sind universelle Kämpfer. Sie sind dazu ausgebildet und trainiert, mit jeder bekannten Waffe und unter allen denkbaren Umständen zu kämpfen. Ein Ritter ist ebenso befähigt, an Belagerungen – sei es als Angreifer oder Verteidiger – teilzunehmen, wie in einer Seeschlacht oder in einer offenen Schlacht an Land zu Fuß oder beritten zu kämpfen. Seine Ausbildung ist mit jener heutiger Kommando-Einheiten zu vergleichen.
Die „klassischen" Waffen des Ritters sind das Schwert und, wenn er beritten ist, die Lanze, aber man erwartet, dass er auch jede andere Waffe beherrscht. Bogen und Armbrust gelten auf dem Schlachtfeld als „unritterlich". Der Einsatz der Armbrust ist eigentlich seit dem Zweiten Laterankonzil im Jahr 1139 aufgrund eines – allerdings wirkungslosen – kirchlichen Verbotes nur mehr gegen Nichtchristen erlaubt. Da diese Schusswaffen dem Adel aber als Jagdwaffen dienen, üben die Ritter auch ihren Gebrauch. Die Jagden und die immer prunkvoller werdenden Turniere dienen letztlich auch der Übung in den kriegerischen Disziplinen.

Das Wissen um ihre Fähigkeiten und ihre kämpferische Überlegenheit verbunden mit der Betonung ihrer adeligen Abkunft schafft bei den Rittern, vor allem in Frankreich, ein übersteigertes Klassenbewusstsein. Die Ritter versuchen, dem mittlerweile von der höfischen Literatur entwickelten heroisch-romantischen Bild des idealen Ritters gerecht zu werden. Das bedingt, dass sie sich jederzeit – vor allem vor anderen Angehörigen ihrer Kaste – entsprechend diesem Ideal beweisen müssen. Das wiederum führt auf dem Schlachtfeld dazu, dass sie bestrebt sind, sofort jeden Gegner anzugreifen, um ihren Mut unter Beweis zu stellen. Das aber macht die Ritter für ihre Anführer nur schwer kontrollierbar.

Bei Crécy kann Philip seine kampfbegierigen Ritter nicht lange genug zurückhalten, um einen koordinierten Angriff aller ihm zur Verfügung stehenden Kräfte zu organisieren. Eine Verlegung des Angriffes auf den nächsten Tag ist gänzlich unmöglich. Zuletzt ist ja auch Philip ein Ritter, und der Vorwurf der „Renardie“, der unritterlichen, „füchsischen Gerissenheit“ nagt mit Sicherheit seit der verweigerten Schlacht bei La Flamengerie ebenso an ihm wie die zahlreichen Spottgedichte, die ihm Übervorsicht, wenn nicht sogar Feigheit vorwerfen. Gleichzeitig macht es diese Geisteshaltung den französischen Rittern aber möglich, sich nach den gescheiterten Angriffen auf die englischen Positionen immer wieder am Fuß des Hanges zu sammeln und erneut anzugreifen. Das erfordert nicht nur viel persönlichen Mut, sondern auch ein starkes Selbstbewusstsein und einen unverbrüchlichen Glauben an die „gute Sache“, für die sie kämpfen. Man darf nicht außer Acht lassen, dass die französischen Ritter mutige und hochmotivierte Kämpfer sind, die unter anderen Bedingungen vielleicht dennoch den Sieg hätten erringen können.

In England haben die Ritter offenbar erkannt, dass die Zusammenarbeit mit den Gemeinen auf dem Schlachtfeld jenseits aller Standesdünkel über Sieg oder Niederlage, Leben oder Tod entscheiden kann. Daraus resultiert, dass sie diesen – vor allem den Bogenschützen – eine deutlich bessere Stellung einräumen, als dies ihre Standesgenossen im Rest Europas, ausgenommen vielleicht in den italienischen Stadtstaaten, tun.

Edward sorgt in seinem Heer für eiserne Disziplin. Zwar ahndet er es offenbar nicht, wenn seine Soldaten seinem Plünderungs- und Brandschatzungsverbot auf dem Marsch zuwider handeln, aber auf dem Schlachtfeld selbst ist die Disziplin absolut. Keiner seiner Männer, weder Ritter noch Gemeiner, verlässt die Schlachtreihen ohne Befehl, nicht einmal durchgebrochene Gegner werden verfolgt.
Diese absolute Disziplin ermöglicht es Edward, in jedem Stadium der Schlacht die Situation zu beherrschen. Er kann daher jederzeit die notwendigen Maßnahmen ergreifen, um auf die französischen Angriffe zu reagieren, wie dies etwa die Entsendung des Bischofs von Durham und seiner Begleiter zur Stabilisierung des Zentrums der Vorhut zeigt. Sein Heer ist damit den unkoordiniert angreifenden Franzosen jederzeit überlegen.

Die Disziplin ist so groß, dass Edward seinen Truppen, Rittern wie Fußvolk, in der Nacht den Gegenangriff befehlen kann, ohne dass er riskiert, dass seine Einheiten den Zusammenhalt verlieren. Die ganze Nacht über und bis zum endgültigen Sieg am nächsten Tag lässt die Disziplin nicht nach, und nie besteht die Gefahr, dass das englische Heer so zerfällt, dass ein Angriff auf einzelne seiner Einheiten möglich wäre.

Die Überlegenheit des englischen Heeres bei Crécy beruht also im Wesentlichen auf der Fähigkeit, das richtige Gelände für die bevorstehende Schlacht auszuwählen, auf der absoluten Disziplin, der die englischen Truppen unterworfen sind, und auf dem koordinierten Einsatz der abgesessenen Men-at-Arms und der Bogenschützen.
Über all dem steht als verbindendes Element der Genius des charismatischen englischen Kriegerkönigs Edward III.

* * *

Literaturverzeichnis

1. Baier, Dr. Johann: *Die Schlacht bei Agincourt*
   Verlag Angelika Hörnig, Ludwigshafen 2006
2. Bartlett, Clive; Embleton, Gerry
   English Longbowman 1330–1515
   Reed Consumer Books Ltd, London 1995
3. Bickerstaffe, Pip *Medieval War Bows, A Bowyer's Thoughts*
   I. P. Bickerstaffe, 2006
4. Black, Jeremy (Hrsg.) *70 große Schlachten der Weltgeschichte*
   Köhler & Amlang Verlag GmbH, Leipzig 2005
5. Bourchier, John Lord Berners
   The Chronicles of Froissart
   P. F. Collier & Son Company, New York 1910
6. Bradbury, Jim *The Medieval Archer*
   The Boydell Press, Woodbridge 2002
7. Clare, John D. *Fourteen-Century Towns*
   Gulliver Books, 1992
8. Curry, Anne *The Hundred Year's War*
   Osprey Publishing Ltd, Oxford 2002
9. Delbrück, Hans *Geschichte der Kriegskunde, Das Mittelalter*
   Nikol Verlagsgesellschaft mbH & Co KG,
   Hamburg 2006, 1. Aufl. Berlin 1901
10. Embledon, Gerry *Ritter und Söldner im Mittelalter*
    VS-Books Carl Schultze & Torsten Verhulsdonk
    GbR, Herne 2002
11. Funken, Liliane und Fred *Waffen und Rüstungen*
    Orbis Verlag, München 1990
12. Gravett, Christopher *English Medieval Knight 1300–1400*
    Osprey Publishing Ltd, Oxford 2002
13. *Die Welt der Ritter*
    Carlsen Verlag GmbH, Hamburg 1996

14. GRAVETT, CHRISTOPHER, HOOK *Medieval Siege Warfare*
R. & C. Reed Internat. Books Ltd London 1990
15. HÄGERMANN, DIETER *Das Mittelalter, Die Welt der Bauern, Bürger, Ritter und Mönche*
Tosa Verlagsgesellschaft m.b.H., Wien 2001
16. HARDY, ROBERT *Longbow*
Robert Hardy, 1992
17. HOPKINS, ANDREA *Knights, the complete story of the age of chivalry, from historical fact to tales of romance and poetry*
Quarto Publishing plc, London 1993
18. KEEGAN, JOHN *The Face of Battle ,*
Pimlico, London 1976
19. MACKSEY, KENNETH *The Guiness History Of Land Warfare*
Macksey and Guinness Superlatives Limited, 1973
20. MARCOTTY, THOMAS *Bogen und Pfeile*
Verlag Angelika Hörnig, Ludwigshafen 2002
21. MEYER, WERNER; LESSING, ERICH
Deutsche Ritter, Deutsche Burgen
Weltbild Verlag GmbH., Augsburg 1998
22. NEUBECKER, OTTFRIED *Heraldik, Wappen – Ursprung, Sinn und Wert*
Orbis Verlag, München 2002
23. NICOLLE, DAVID *Italian Medieval Armies 1300–1500*
Osprey Publishing Ltd, Großbritannien 1983
24. *French Armies of the Hundred Year's War*
Osprey Publishing Ltd, Oxford 2000
25. *Crécy 1346, Triumph of the Longbow*
Osprey Publishing Ltd, Oxford 2002
26. *TeutonicKnight 1190 – 1561*
Osprey Publishing Ltd, Oxford 2007

27. Nicolle, David; Hook, Christa
Italian Militiaman 1260–1393
Osprey Publishing Ltd, Oxford 1999

28. Rothero, Christopher
The Armies of Crécy and Poitiers
Reed International Books Ltd, London 1981

29. *The Scottish and Welsh Wars 1250 – 1400*
Osprey Publishing Ltd, Oxford 1989

30. Pope, Saxton
Jagen mit Pfeil und Bogen
Verlag Robin Sport, 1985

31. Rollason, David; Prestwich, Michael
The Battle of Neville's Cross 1346
Shuan Tyas, Stamford 1998

32. Seehase, Hagen; Krekeler, Ralf
Der gefiederte Tod
Verlag Angelika Hörnig, Ludwigshafen 2001

33. Strickland, Mathew; Hardy, Robert
The Great Warbow
Sutton Publishing Ltd, 2005

34. Wise, Terence; Embleton, Gerry
Medieval European Armies
Osprey Publishing Ltd, Oxford 1975

Ausrüstung & Schießtechnik

Praktisches Handbuch
für Trad. Bogenschützen
Hilary Greenland

Basisbuch über traditionelle Bogen mit Anleitungen zum Pfeile-, Sehnen- und Bogenbau und Pflege.
ISBN 978-3-938921-06-7
Bestellnr. 027

18,00 €

Traditionell Tunen
Feinabstimmung von Langbogen & Recurve

Theorie und praktische Anleitung zur Selbsthilfe für einen geraden ruhigen Pfeilflug.

ISBN 978-3-9805877-1-1
Bestellnr. 002

10,00 €

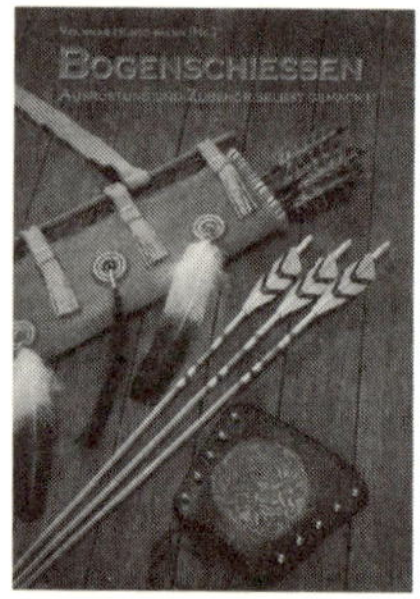

BOGENSCHIESSEN -
Ausrüstung & Zubehör selbst gemacht

Das komplette Zubehör, die ganze Ausrüstung eines traditionellen Bogenschützen zum Nachbau. Vom Armschutz über Bogensehnen, Pfeile, bis zur Zielscheibe.
ISBN 978-3-938921-03-6
Bestellnr. 024

39,80 €

DER BEFREITE SCHUSS
Von der Scheibenpanik zum harmonischen Schießen

Ekkehard Höhn hat eine konkrete Anleitung zur Überwindung von Scheibenpanik entwickelt, und die Freude am befreiten Schießen wiedergefunden.
ISBN 978-3-938921-09-8
Bestellnr. 030

20,00 €

INSTINKTIVES SCHIESSEN 1

Fred Asbell stellt seine Art des Instinktiven Schießens vor, gegründet auf 30jährige Erfahrung als Bogenjäger.
ISBN 978-3-9805877-2-X
Bestellnr. 003

17,80 €

INSTINKTIVES SCHIESSEN 2

Asbells zweites Buch zum Instinktiven Schießen, mit besonderen Tipps zu Langbogen, Recurve+Compound.
ISBN 978-3-9805877-9-7
Bestellnr. 008

19,80 €

Bogenschiessen/
Werfen mit dem Bumerang
E. Mylius / O. Faber
Reprint von ca. 1920
Für viele Generationen von Bogenschützen war dies die einzige Anleitung zum Bogenschießen. Historisches Kleinod und Schießanleitung zugleich. 84 Seiten geb.
ISBN 978-3- 938921-00-5

Bestellnr. 021 **12,80 €**

Klassiker

Bogen und Pfeile
T. Marcotty

Originalgetreuer Reprint von 1958. Wunderschönes Lesebuch mit Geschichten um die Bedeutung und Handhabung des Bogens. Vergnüglich und informativ zugleich. Geb.
ISBN 978-3-9805877-8-9
Bestellnr. 009

19,80 €

Das Magazin

TRADITIONELL BOGENSCHIESSEN
Fachmagazin für Langbogen und Recurve

4 mal im Jahr Berichte aus der Szene, Geschichte, Bogenbau, Schießtechnik und selbst gemachte Ausrüstung. Mit großem Terminkalender für Kurse und Turniere.
Im Bahnhofsbuchhandel oder beim Bogensporthändler, oder direkt beim Verlag.

Einzelheft	6,- €
4er ABO Deutschland	24,- €
Europa	30,- €
Weltversand	35,- €

Bogenbau

Das Bogenbauerbuch
Europäischer Bogenbau
von der Steinzeit bis heute

Anleitungsbuch für verschied. Bogentypen, vom mittelsteinzeitlichen über den englischen bis zum modernen, laminierten Langbogen.
21 x 27 cm geb.
ISBN 978-3-9805877-7-0
Bestellnr. 010 **29,80 €**

Auf der Spur des Osage-Bogens

Dean Torges
Einmalige und wertvolle Tipps zum Holzbogenbau, von einem echten Könner für Fortgeschrittene Bogenbauer.
Sehr unterhaltsam zu lesen!
A5, 216 Seiten
Bestellnr.: 0013 **19,80 €**

Bogenbau & Geschichte

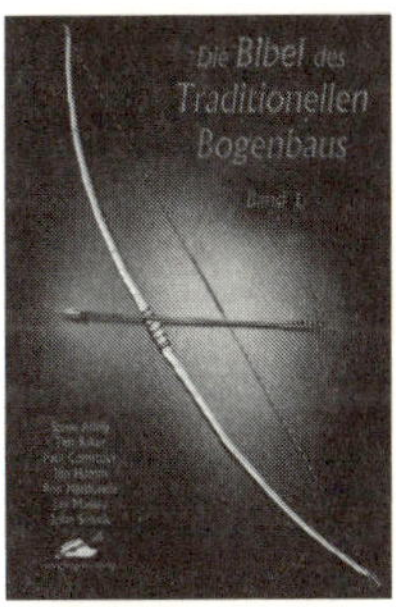

Die Bibel des Traditionellen Bogenbaus
Band 1

Holz fällen u. Lagern, Eibenbogen, Flachbogen aus Osage, Bogen d. westl. Indianer, Leim u. Klebstoffe, Sehnenbelag, Tillern, Selbstgebaute Pfeile.
360 S. geb.
ISBN 978-3-9808743-2-X
Bestellnr. 014 **34 €**

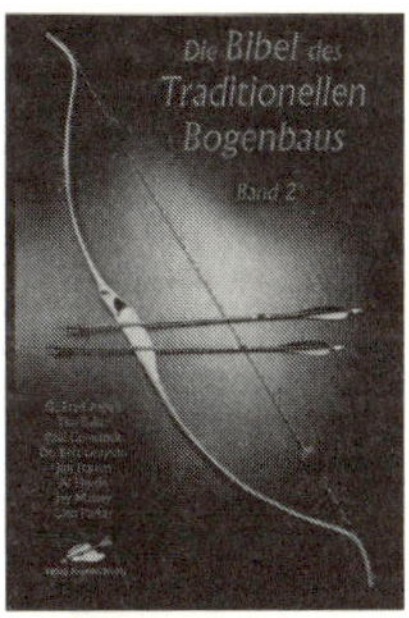

Die Bibel des Traditionellen Bogenbaus
Band 2

Bögen aus Brettern, Bogen d. östl. Waldlandes, Bogen d. europ. Vorgeschichte, Komposit-Bogen, Holz biegen, Recurves, Sehnen, Köcher u. Zubehör.
360 S. geb
ISBN 978-3-9808743-5-4
Bestellnr. 016 **34 €**

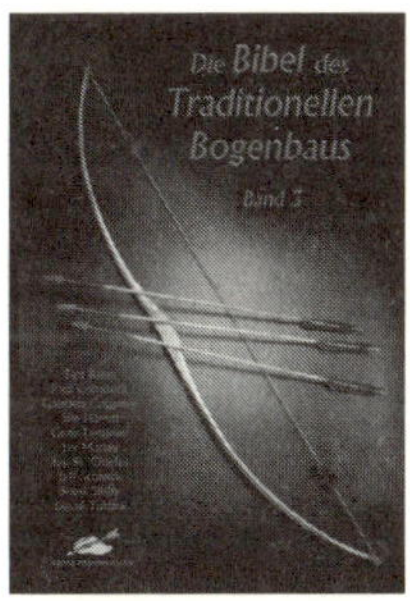

Die Bibel des Traditionellen Bogenbaus
Band 3

Werkzeuge, Bogen der Welt, koreanische Bogen, afrikanische Bogen, Take-Down-Bogen, Steinzeit-Bogen, Steinspitzen, Holzpfeile.
18 x 25 cm, geb.
ISBN 978-3-9808743-9-7
Bestellnr. 019 **34 €**

Die Bibel des Traditionellen Bogenbaus
Band 4

Bogenholz, laminierte Bögen, Wärmebehandlung, Bogen aus der Kupferzeit, Pfeile aus aller Welt, Ishis Ausrüstung, Dein erster Holzbogen.
18 x 25 cm, geb.
ISBN 978-3-938921-07-4
Bestellnr. 028 **34 €**

Geschichte

Die Schlacht bei Agincourt
Dr. Johann Baier

Seit Shakespeare wurde von dieser Schlacht nicht mehr so lebendig und anschaulich berichtet!
144 Seiten, A5, geb.
ISBN 978-3-938921-01-3

19,80 €

Der gefiederte Tod
H. Seehase / R. Krekeler

Die Geschichte des englischen Langbogens in den Kriegen des Mittelalters.
246 Seiten, A5
ISBN 978-3-9805877-6-2

19,80 €

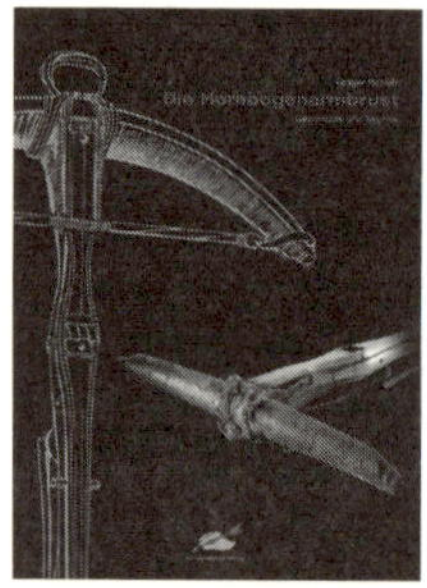

Die Hornbogenarmbrust
Geschichte und Technik
Holger Richter

Einmalige Dokumentation von Meisterwerken der Bogenbaukunst: Komposit aus Horn und Sehnen. Zahlreiche Detailfotos und Maßangaben von historischen Stücken.
192 Seiten, geb.
ISBN 978-3-938921-02-1

39,80 €

Artbook

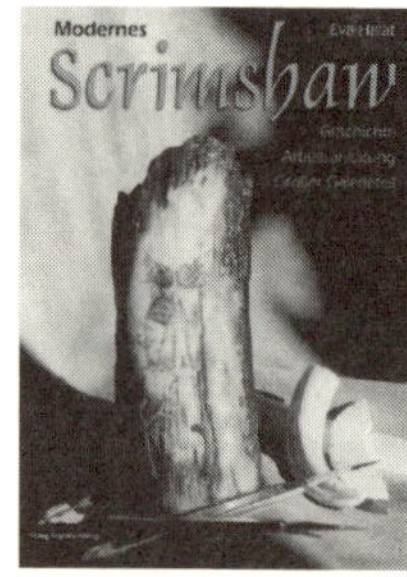

Modernes Scrimshaw
Eva Halat

Scrimshaw, eine Punktier- und Ritztechnik auf Horn, Knochen und Elfenbein. Geschichte, Anleitung, Großer Galerieteil. Viele prachtvolle Farbabbildungen.
21x27 cm, 224 Seiten, HC.

35,00 €

Romane für Bogenbegeisterte

Das Horn des Hasen

Günther Bach
Roman über einen verschwundenen Freund und die Faszination des Bogenschießens, spannend wie ein Krimi geschrieben.
170 Seiten

12,50 €

Pfeile im Nebel

Günther Bach
Die Fortsetzung. 15 Jahre später hat sich einiges gewandelt, und wieder einmal verändert das Bogenschießen auch das Leben der Menschen.
264 Seiten

15,50 €

Gegen den Strom

Wer zur Quelle will, muss gegen den Strom schwimmen, so sagt es das chinesische Sprichwort. Der dritte Bogenschützen-Roman von Günther Bach setzt die Geschichte von Rolf und Erhard in den kanadischen Wäldern fort.

14,50 €

Abenteuer

Tavua - Der weiße Kannibale
Rick Williamson, bogenschießender Abenteurer, hat sein Leben mit einem unbekannten, primitiven, kannibalischem Pygmäenstamm im rauen Inneren von Espiritu Santo leben, dokumentiert.
21x27 cm, 144 Seiten, geb.
Bestellnr.: 0025 **28,00 €**

REFLEXBOGEN
Geschichte & Herstellung

Reflexbogen, Kompositbogen, Reiterbogen...werden all die Bogentypen mit ihrer auffallend geschwungenen Form genannt. Auch heute noch, oder besser: heute wieder, ist die Herstellung und Handhabung eines Kompositbogens eine Herausforderung, ein Abenteuer, denn vieles von dem hierfür benötigten Wissen war verloren gegangen und musste erst wieder mühsam rekonstruiert werden. In diesem Buch wird dargestellt, wie man diese Bogen baut, und welche Bedeutung sie in der Geschichte hatten.

Recurvebogen auf steinzeitlichen Felsbildern | Skythen-Bogen | Der Bogen des Odysseus | Asiatisches Bogenschießen in Europa | Pfeilspitzen der Reitervölker | Pfeil und Bogen in Japan | Horn im Bogenbau | Grundbauplan für einen Kompositbogen | Holzrecurve in Laminatbauweise | Nachbau eines Osmanen-Bogens | Der amerikanische Recurvebogen | Bogenphysik

336 Seiten in Farbe, HC, geb. ISBN: 978-3-938921-12-8

48 €

BOGEN, PFEILE, KÖCHER aus sechs Kontinenten

DIE CHARLES E. GRAYSON SAMMLUNG

Als Waffe und Jagdwerkzeug hat der Bogen die menschliche Geschichte und Kultur in der ganzen Welt verändert. Dieses Buch zeigt die Stücke einer weltweit einzigartigen Sammlung im Missouri-Columbia Museum, USA.
Über 300 der schönsten Exponate werden in diesem Bildband vorgestellt, geordnet nach den großen Weltregionen und mit Einführungen in den kulturellen und historischen Kontext. Eine kurze Biografie schildert das Leben von Charles E. Grayson.
224 Seiten Broschur durchgehend mit vielen farbigen Fotos und detailierten Beschreibungen

ISBN 978-3-938921-17-3 **28 €**